2時間ごとの
あなたの運勢が
ズバリわかる！

守護神占い

辻　光花

はじめに

今回、本の出版のお話を頂いた時、〝私に書く事が出来るのだろうか〟と言う思いが一瞬頭の中をよぎっていったのですが、それよりも〝面白い！書いてみたい！〟という思いの方が強く出て来てしまい、「出します♪」と言っていた自分がいました（笑）。

占いの種類としては『命（メイ）・相（ソウ）・卜（ボク）』というものに分かれます。命は四柱推命や西洋占星術などの、生年月日から大きな運勢の流れや性格など変化の無いものを見ていくのに適していて、相は手相や人相・家相など、形から見ていくもの、卜は易やタロットなど、偶然性に必然性を見ていく占いで、細かな事を占うのに適しています。

この本は易の内容をメインにしていますが、卜の良い所と、命の良い所を合体した新しい占いです。易は哲学と占いの二面を持っており、とても素晴らしいのですが、従来の易の本はとても難しいものが多く、一般の方が手に取りにくいものとなっています。

Prologue...

はじめに

この本は易そのものではありませんが、自分の運気の流れを、細かく分かりやすくしてありますので、この本を手に取り占う事により、自分の運勢の流れに上手く乗っていただき、〝易って、占いって何なんだ？〟と少しでも感じていただけたらと思い、書き上げました。

まだまだ未熟な私ですが、本を出しませんかと声を掛けて下さった田所宏祐先生、また出版に不慣れな私に色々と指導して下さった、リビング新聞編集長の中島幸子さん、そして、この本を作り出すのに一番に協力してくれ、一緒に計算方法をひねり出してくれた旦那様でもあり心理カウンセラーでもありソウルカウンセラーである辻空希先生に感謝いたします。

平成27年11月吉日

辻　光花

守護神占いとは

この守護神占いとは一体何を占うものなのか？
少し説明したいと思います。

今、この瞬間の時間一つをとっても、人が違えばみなそれぞれ違う状況になりますよね。この守護神占いでは、一人一人の運気の状態を過去・未来において２時間ごとに細かく区切って表してくれる占いです。

例えば、未来のことなら「この日に旅行に行きたい！」と思ったときに、気をつけた方が良いことや運気をあらかじめチェックしたり、過去のことなら、何故そのようなことが起こったのか検証し振り返ることにより、次に進むための材料にしたりと、そんな場面でこの占いは力を発揮してくれるでしょう。

本書の使い方としては、占いたい年月日時と占いたい人の生年月日をP.140~175の『年月日早見表』とP.6『時間早見表』から探し、P.6~7『守護神算出方法』に書いてある計算法で「二体の守護神」と「時期」を探し出してください。

そして、守護神の『並び』と『時期』が書いてあるページをP.10～11『守護神の並び早見表』で探していきます。該当する見開き右側のページには『二体の守護神』とその時の運気の全体的な意味が、左側のページの内容は全体的な運気の中でその『時期』に特に影響のある出来事が書かれています。
まず、右側に書かれている全体的な運気を確認して、次に左側に書かれている発生しやすい出来事を見てください。

最後に一つ、みなさんに知ってもらいたいことがあります。それは、人の運勢・運気が決まっているといっても、人生の中で起きる出来事は努力によって変えることも可能だということです。
もし、算出した運気の出来事を嫌だな、避けたいな、と思った時は、全体的な運気の流れを考慮しつつ、起きやすい出来事を回避する努力をしてみてくださいね。

Contents

もくじ

守護神算出方法

守護神は左と右の守護神と時期をそれぞれの計算で算出します

① **左の守護神** の算出方法は、**占いたい年月日**を**年月日早見表（P.140〜175）のA**から探します。

次に**占いたい日の時間**を**時間早見表のC**から探します。

※一日の運気を見る時は、12時で時間を取ってください。

そして、**AとCを足します**。もし足した数が8より大きい場合は、8を引きます。

ここで出た**答えの数字を守護神表**で見てください。

② **右の守護神** の算出方法は、**占いたい年月日**と**あなたの生年月日**を**年月日早見表のA**から探します。

そして、**占いたい日のA**と**生年月日のA**を**足します**。

この時も足した数が8より大きい場合は、8を引きます。

ここで出た**答えの数字を守護神表**で見てください。

③ **運気の時期** の算出方法は、**占いたい年月日**を**年月日早見表のB**から探します。

次に**占いたい日の時間**を**時間早見表のD**から探します。

※一日の運気を見る時は、11:00〜13：00で時間を取ってください。

そして、**BとDを足します**。もし足した数が6より大きい場合は、6を引きます。

ここで出た**答えの数字を時期表**で見てください。

時間早見表

時刻	C	D
23:00〜 1:00	1	1
1:00〜 3:00	2	2
3:00〜 5:00	3	3
5:00〜 7:00	4	4
7:00〜 9:00	5	5
9:00〜11:00	6	0
11:00〜13:00	7	1
13:00〜15:00	0	2
15:00〜17:00	1	3
17:00〜19:00	2	4
19:00〜21:00	3	5
21:00〜23:00	4	0

守護神表

	守護神
1	龍
2	猫
3	孔雀
4	バンビ
5	ヘビ
6	モグラ
7	ゾウ
0	カンガルー

時期表

	時期
1	赤ちゃん
2	子供
3	青年
4	成人
5	中年
0	老人

左の守護神　（占う年月日の）**A**＋（占う時間）**C**
※8以上は8を引く

右の守護神　（占う年月日の）**A**＋（生年月日の）**A**
※8以上は8を引く

運気の時期　（占う年月日の）**B**＋（占う時間）**D**
※6以上は6を引く

For example...

1967年1月30日生まれの方が、
2015年7月7日の**11時**からの**運勢**を見る場合。

①**左の守護神**は、
年月日早見表から
2015年7月7日のAを探します。

占う年月日のAは**1**となります。

占う時間は**11時**からなので、
時間早見表で**C**を探します。

占う時間のCは**7**となります。

占う年月日のA＋占う時間のCですから、
1＋7＝8　※**8以上なので**
8－8＝0　←**守護神の番号**
守護神表で0は**カンガルー**なので、
左の守護神は
「カンガルー」となります。

②**右の守護神**は、
2015年7月7日と**1967年1月30日**の**A**
を探します。

占う年月日のAは**1**＋**生年月日のA**は**0**
ですから、
1＋0＝1←**守護神の番号**
守護神表で1は龍なので
右の守護神は**「龍」**となります。

③**運気の時期**を調べるには、
占う年月日のBと**占う時間のD**を足します。

占う年月日のBは**3**＋**占う時間のD**は**1**
ですから、
3＋1＝4　←**時期の番号**
時期表で4は成人なので
この時間の**運気の時期**は
「成人」となります。

以上の結果からこの時間の運気は…

「カンガルー」＋「龍」の「成人」

となりますので、「守護神の並び早見表」から
該当する運気を探します。

守護神説明

猫
ちゃん

Cat

陽気でキャピキャピ、いつも笑っておしゃべりしているけれど、落ち着きがないのが難点な猫ちゃん。お酒、お金が大好き。将来は女優さんになりたいんだって。

龍
ちゃん

Dragon

一家のお父さんのように周りをまとめ、厳格で活動的でスケールが大きい龍ちゃん。強い運気を持っているが、勢いに任せて調子に乗りすぎることも。

モグラ
さん

Mole

暗い所が大好きなモグラさん。地下の酒場で一人酒。考えることが大好きで作家になるのが目標です。日々研究していたら、中年になっちゃった。

ヘビ
ちゃん

Snake

ニョロニョロといろいろな所を行ったり来たり。旅に行くのが大好きなヘビちゃん。優しい口調で社交的。でも、優柔不断で迷いやすいの。趣味はお部屋にお花を飾る事。

バンビ
ちゃん

Fawn

ピョンピョン跳ねるのが大好きなバンビちゃん。どんな楽器を弾くのもお手の物、でもちょっと短気なのが玉にきず。何でも直ぐに行動していつもみんなを驚かせます。

孔雀
さん

Peacock

美しさに磨きをかけるのが命の孔雀さん。派手で目立ちたがり屋でちょっと怒りん坊。でも、頭が良くて芸術家、先見の明があります。

カンガルー
さん

Kangaroo

いつも優しく、かわいい子どもを世話するカンガルーさん。畑仕事が大好きで働き者。ちょっとケチで「質素倹約！」が口癖なの。育児の合間にボランティアに出掛けています。

象
さん

Elephant

ドッシリまじめな象さん。一度止まるとテコでも動かなくなるのが困りもの。瞑想好きなのはあまり知られてないかもね。いつもは山の門番として、みんなをしっかり守っています。

守護神の並び早見表

孔雀	猫	龍	左＼右
⑭ P.38	㊸ P.96	① P.12	龍
㊳ P.86	(58) P.126	⑩ P.30	猫
㉚ P.70	㊾ P.108	⑬ P.36	孔雀
㉑ P.52	⑰ P.44	㉕ P.60	バンビ
㊿ P.110	㉘ P.66	㊹ P.98	ヘビ
(64) P.138	㊼ P.104	⑥ P.22	モグラ
(56) P.122	㉛ P.72	㉝ P.76	象
㉟ P.80	㊺ P.100	⑫ P.34	カンガルー

カンガルー	象	モグラ	ヘビ	バンビ
⑪ P.32	㉖ P.62	⑤ P.20	⑨ P.28	㉞ P.78
⑲ P.48	㊶ P.92	㊿ P.130	61 P.132	54 P.118
㊱ P.82	㉒ P.54	63 P.136	㊲ P.84	55 P.120
㉔ P.58	㉗ P.64	③ P.16	㊷ P.94	51 P.112
㊻ P.102	⑱ P.46	㊽ P.106	57 P.124	㉜ P.74
⑦ P.24	④ P.18	㉙ P.68	59 P.128	㊵ P.90
⑮ P.40	52 P.114	㊴ P.88	53 P.116	62 P.134
② P.14	㉓ P.56	⑧ P.26	⑳ P.50	⑯ P.42

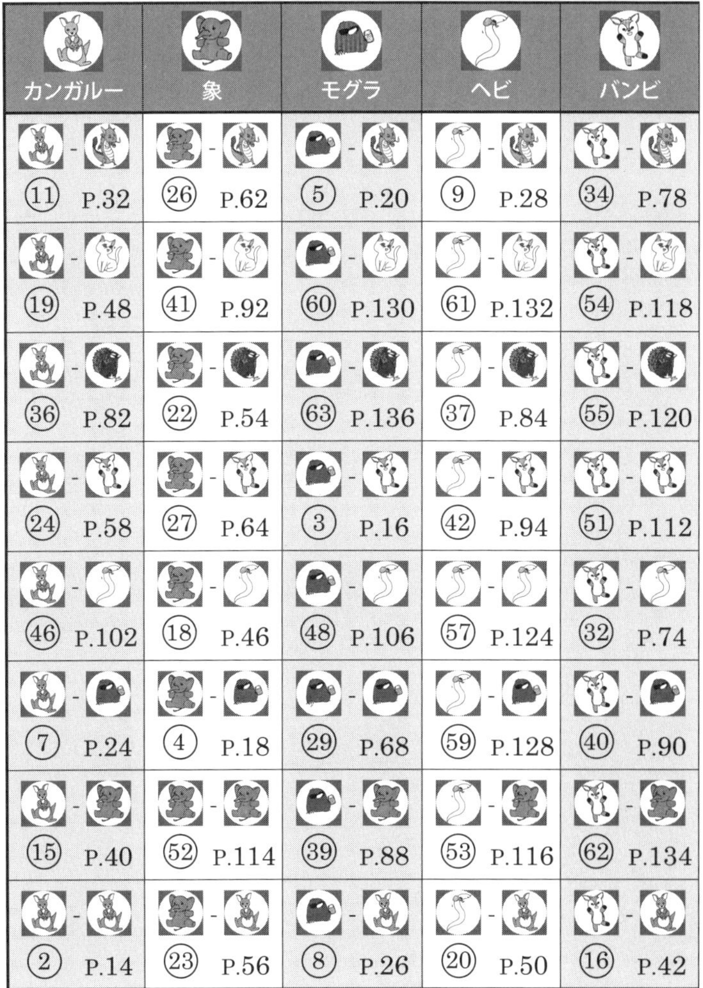

①龍·龍

 ＋ 

＜パワーで天に向かう＞

龍ちゃんが二匹、宇宙のエネルギーを感じながら、天に向かって伸び伸びと勢いよく登っているこの守護神の並びの時は、とてもパワフルで幸運期。待ちの姿勢では×。自分の思考を信念を持って貫き、積極的に行動すると良い結果になるでしょう。また、休む間もなく動き回っても疲れを知らない状態です。物事が上手くいき過ぎて、ついつい調子に乗って無理をし過ぎると、思わぬ失敗をしてしまいます。責任が重く緊張感のある割に、物質面ではあまり実りは多くありません。女の子にとっては強すぎる運気です。短気は損気なので傲慢や高飛車はダメですよ！

守護神の時期

赤ちゃん

才能や実力はあるけれど、まだ出番ではありません。龍ちゃんたちは、地上に出るのを今か今かと土の中でうかがっている状態です。今は焦らずコツコツと努力を続けていれば、のちに必ずチャンスを得られるでしょう。

子ども

使えなかった才能を少しずつ出し始める時です。いろいろな人に会い、信頼出来る人の意見を聞いて謙虚に進んでOK!　大きな態度をとったりすると折角の流れを逃すことになりますよ!

青年

「出来る出来る」と自信満々で、わがままに行動しやすく、いろんな意味で取り逃がしやすい時となります。ここは日々忙しくまじめに、本業に専念していく事が一番です。特に女性のわがままは注意です!

成人

まだ時期ではないと足踏みしてしまい、チャンスを逃しやすい時です。すぐには結果が出なくとも、何をやりたいかちゃんと目標を決めていれば、努力をし続けることで必ず流れがやってきます。風邪をひきやすいので注意!

中年

とても良い運気で、積極的に動ける時です。人の中心になることも。新しい事を始める時は、成功者や心の豊かな人の言葉など、思わぬところで援助者が現れ助けられるでしょう。年上や頭の良い年下の人がキーポイント♪

老人

まだまだ大丈夫と調子に乗りすぎて、勢い余って失敗する時です。書類関係のちょっとしたミスが、大きなトラブルになってしまったり、ついつい言ってしまった言葉によって、ケンカをしたりすることもあります。そんな時は、よく周りを見て前に出ず、退くことが良いでしょう。

②カンガルー・カンガルー

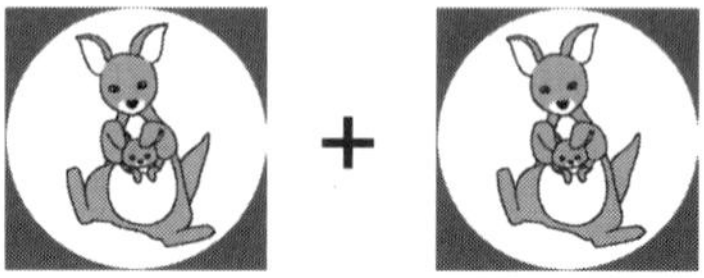

＜一歩譲って守る＞

カンガルーさんが二頭、龍ちゃんがお父さんならカンガルーさんはお母さんという感じの守護神の並びです。この時は、母なる大地の様に、優しく地味な姿で人の後ろを一歩下がって皆を守り、柔順に耐えるという時。人の意見に合わせていくことは大変ですが、この時期は相手の身の上に立って裏方として柔らかな態度で地道に進む方が成功します。旧を守り、人の世話苦労などの障害に出くわしても、コツコツとやっていけば、目的・目標を達成することが出来ます。つまり、この時期は謙虚＝◎ 出過ぎ＝× となります。旅行は三人以上で出掛けるのがベスト。病気は消化器系に注意！ (長引きやすいかも) 不動産や土地関係の話が出てくるでしょう。

守護神の時期

赤ちゃん

ちっちゃな事と思ってあぐらをかいていたら、とても大変な状態になってしまった!!　という状況になりやすい時。常に慎重に行動し、早目早目の対処が必要となります。一攫千金などを夢見てはダメ!　探し物は戻ってくるでしょう。

子ども

今までコツコツとやってきた事で、信用を得る事が出来たり、人の上に立つ様な事に抜擢される時です。人を指導する事により、予想外の幸せが舞い込んでくるはず。運気盛大!　このチャンスを逃してはダメです。

青年

あなた自身は実力があるのですが、いろいろとタイミングが整わず、上手く物事が進みません。こんな時は焦らず時を待ちましょう。今は「能ある鷹は爪を隠す」時期かもしれません。信用できる人を見つけて、従っていきましょう。

成人

言葉に注意し、慎みながら行動した方が良い時です。予測が外れたりと先見の明がない時なので、投資など金銭の動きには注意。ついつい財布の口も緩みやすくなっていますよ!　暴飲暴食にも注意!!

中年

よく自分の立場を弁えて、相手に対して配慮をしっかりとしていれば、良い流れとなります。しかし、自慢をすればトラブルの元になりますので、気を付けて!　多くの人と楽しくするには、人の意見を良く取り入れる様にしましょう。

老人

欲を出し過ぎて分不相応な行動に出てしまい失敗しやすい時です。トラブルも次から次へとやって来る時なので、とにかく上手く回避する様に!　売られたケンカを買うとお互いに傷つきますよ!

③モグラ・バンビ

＋

＜外に出れない苦しみ＞

暗い所でジッと動かずに居るモグラさん。すぐ後ろのバンビちゃんはピョンピョン飛び跳ねたいのに前が詰まってしまい、動くに動けません。そんな姿が見えるこの守護神の並びの時は、いくつかある守護神の中でも、大変困難な運気の時となります。全てが思う通りにいきにくく、悩み、挫折しやすい状態で、動きたいのに大きな壁という困難に直面するので、もがけばもがくほど最悪の状態へと陥ります。こんな時は慎重に慎重を重ね、時期が来るのをじっと耐えて、焦りを抑えて待つのが良いでしょう。旅行はお勧めできない時で、水難にも注意が必要となります。

守 護 神 の 時 期

赤ちゃん

とにかく動かず、じっとチャンスを待つ時です。邪まな心を捨てて、急がず努力をすることを忘れずに！　引越しなどを強引にすると、悪い土地に移動することになるので注意です。天候の急な変化にも注意!!

子ども

無理をして行動したら失敗し、引き下がろうとしても引き下がることが出来なくなる時です。女性は甘い罠に惑わされるので、しっかりしてください！　結婚している人はパートナーに誠心誠意を尽くせば難を逃れることが出来ます。節度・節操を固く守って吉♪

青年

盲信して進めば、ますます困難の中に入り込んでいきます。進まず、止まる勇気を持つことが大切です。悩み困ったときは、自分一人で解決しようとせずに、目上の人の力を借りましょう。

成人

苦しい状態から抜け出す事が出来る、変化の時です。目的が二つ以上出てきて悩んだ時は、人の意見を聞いてそちらの方向へ行きましょう。変化には良い時期なので、引越しや転職などはGOサイン！　です。

中年

良い運気の様に見えますが、「再び戻る」という意味が裏に隠れていますから、よくよく準備や事の成り行きを見ていくことが大切になっていきます。小さな事はOKですが、大きな企画・出来事を進めるのは難しいでしょう。思いつきの行動は×！

老人

運気はどん底です。どんなに苦しい事があっても、それに負けない心が必要です。自暴自棄にならずに、先の光を信じる事により、次にやって来る幸せをより感じる事が出来るのです。どんなに辛くても落胆せず、自分を信じて頑張りましょう！

④象・モグラ

 ＋ 

<先が見えなく迷う>

作家になりたいモグラさんが、自分の進むべき道が良くわからなくなって迷っていると、象さんが瞑想の方法を教えてくれ、落ち着きました。そんな守護神の並びの時は、自分の方向性がわからなくなってしまっているので、無理に自分の勘や知識に頼って進んでいくと、周りと衝突を起こすことになります。象さんのような、どっしりとした知識ある師の様な人からの指導を素直に求めた方が良いでしょう。また、反対に指導的立場にある人は、迷って先が見えていない者に対して、甘やかさず、かつ厳し過ぎぬ態度で接しましょう。何事においても慎重に、下準備をしっかり行って、待ちの姿勢でいるとよいでしょう。学問・芸術・習い事は大吉です。書類関係では騙される事もあるので要注意。

守護神の時期

赤ちゃん

最初が肝心です。先が何も見えず力も無いのに、突っ走って進んでしまうと、知識が無いために周りの皆に迷惑を掛けるでしょう。上に立つものは、初めは厳しいくらいの態度で基礎を固めておくと良いですが、程々に抑えておきましょう。転職・開業は見合わせて！

子ども

運気が上がってきています。周りの人達があなたを慕って集まってきます。指導的立場になるでしょう。家庭内でも、自分を中心に物事が進んでいきます。お見合い話などには、乗ってみるのが良いでしょう。

青年

欲という欲に流されてしまい失敗してしまいます。異性問題は特に注意!!　お金などの物欲目当ての打算的な行動は、後でしっぺ返しが来て後悔する事になりますよ！　金銭トラブル要注意です!!

成人

今までの自分がとってきた悪い行動によって、友達・師・上司などから見放され、一人取り残される可能性があります。人の忠告などを聞かずにいたせいなので、まずは自分の我を抑え、周りの話を素直に聞きましょう。

中年

素晴らしい援助者や指導者があなたの前に現れます。その人たちの援助・指導によって夢が叶います。ただし、ウソ偽りなく、真心を持って受け入れる事が前提です。それが出来れば、解決への道は開かれます。

老人

人に対しての言葉や態度が過激になりすぎて、嫌われてしまいますので、言葉や態度には要注意です！　災いを防ぐためには、前に出過ぎず、後ろに一歩下がって干渉し過ぎない事です。盗難に注意！

⑤モグラ・龍

＋

＜急がば回れ！＞

モグラさんは暗い土の中で一人苦難に耐えていますが、力強い龍ちゃんが、のちに苦難を乗り越える力を与えてくれます。そんな守護神の並びの時は、今すぐ何か願い事が叶うことはありませんが、時を待っていれば必ず叶うので、今はじっと待つことが大切であることを表しています。どんなに良いアイデアがあったとしても、タイミングを外してしまえば通りません。準備などをするためにも時間は必要ですし、困難な壁を乗り越える事も必要となります。希望を持って待ちましょう♪　また、飲食や会食を楽しむ事を表しているので、お食事しながら時が来るのを待つのも良いでしょう。旅行や水難には注意！　お墓参り等でご先祖様に手を合わせる機会を作ってみると良い流れになりますよ。

守護神の時期

赤ちゃん

進もうと思っても運気がイマイチで障害にぶつかりやすい時です。心がざわつきやすいので、気持ちをどっしりと構え日常の事を続けてください。新しい事は×。結婚生活などでは、パートナーの動きを調べてみると問題が見えてきますよ！

子ども

思いがけない事故や災害などの妨げがあり、知らず知らずのうちにビクビクして無駄な動きをしがちです。そんな時は、物事に動じない心を持ち、言葉での争い事などに注意して、謙虚に過ごしましょう。引越し・旅行は×。

青年

何事も願いは叶いませんし、とにかく良くない運気です。盗難・水難・病難などが次々とやって来るので油断大敵です！　今はジタバタしない事。無理せず静かに過ごす事が大切になります。

成人

無理に動けば、傷が深くなります。人からの災いを受けてしまい苦しい時です。難を逃れようと、自ら動いてしまうと上手くいきませんが、上司や目上の人からの援助で難を逃れることが出来るでしょう。「逃げるが勝ち」もありかも。

中年

ゆったりと心穏やかにして、チャンスを待っていれば、良い流れがやってきます。喜び事などの宴会もありそうですが、ハメを外さないように注意！　結婚・交渉事・開業などは吉。入院中の人は退院が決まるでしょう。

老人

力が弱ってきているのに、そこに困難が押し寄せてきます。でも、思わぬ援助が入って物事がスムーズにいきます。その援助は、三人の人・三つの条件・三つの出来事のいずれかでしょう。我を張らずに素直に受け入れ進めば吉。

⑥龍・モグラ

＋

＜激しい対立や揉め事＞

龍ちゃんは天高く上り、モグラさんは地中深くに潜っているので、出会うことはありません。そのため、お互いの意見が相容れることはないでしょう。この守護神の並びの時は、自分には全く非が無いのに、人から非難されたりと、誤解や逆恨みなどの災難にあってしまう時となります。それに対して、怒りにまかせて戦いを挑んでいってもらちが明かず、反対に訴えられて裁判沙汰になったりします。難を逃れたいのであれば、丁度良い塩梅の時に、思いとどまる事が出来れば吉となります。しかし、いつまでも立ち止まっているのはかえって良くありません。今までとは全く違うやり方で、方向転換することをお勧めします。

守護神の時期

赤ちゃん

人との言い争いや、人から迷惑を被ることになりやすい時ですが、勝ち目はあまりありません。そこに拘らず早目に争い事を避ける様に動くことにより、後には良い流れとなるでしょう。

子ども

「忍耐」の一言に尽きます。運気的に良くないのに強情を張り、勢いに任せて動けば災いを招きます。師弟関係のある、信用できる目上の人からのアドバイスによって道が開かれます。意地を張らずに聞いてね！　病院から出た薬にはちょっとだけ注意！

青年

自分自身の身の丈に合った動きをしましょう。外部からの誘惑話には慎重に対応しないと、失敗してしまいますので注意！　新規事業などは一人で勝手に進めず、目上の人の意見を求めましょう。

成人

今までケンカしていた相手の気持ちの変化によって、和解することになるでしょう。また、良くも悪くも相手の心変わりがありますが、相手に従っていけば、最終的には良い結果となります。

中年

あなたの主張が通り、あらゆる願望が叶う時となります。対立していた事は解決し、周りの人はあなたの味方となります。裁判事は勝ち♪　正義のために堂々と戦って吉となります。

老人

苦労という苦労がやってきて、頑張っているのに成果が全く出ない時です。ちょっとした喜び事はあるのですが、そこで調子に乗ると、恥ずかしい目にあったりします。実質的には残念な状態と言えるでしょう。

⑦カンガルー・モグラ

＋

＜争いでの苦労＞

畑仕事の大好きなカンガルーさんは畑仕事をしています。モグラさんは普段通り、地面の下から穴を開けていました。しかし、穴を開けた場所はカンガルーさんの大切な畑の真ん中だったので、トラブルになってしまいました。そんな守護神の並びの時は、何かの争い事に巻き込まれるという、危険な状態を表しています。一対一のトラブルというよりは、一対大勢という争いとなりやすいのですが、上司や目上の人の意見を聞く事により、難を逃れる事が出来るでしょう。また目下の能力・知力がある人を育成する事も良い時です。物事の始まりは辛い事が多くありますが、後々良い方向へと流れていきます。論争・色欲・盗難に注意！　待ち人は忘れた頃にフッと現れるでしょう。引越しは×。

守護神の時期

赤ちゃん

準備不足のために、物事がなかなか上手く進まない時となります。思いつきでなくしっかりとした先の見込みを立てて動かないと失敗します。とにかく最初が肝心なので、邪まな心で行動しないように！

子ども

人の上に立ち、世話苦労は多いけれど、引き立てを受ける事もあり成功します。三回は良い事が続くでしょう。大きな事業を始めるのも良いです。ただし、健康面には細心の注意を払ってください。

青年

気持ちだけは人一倍あるのですが、自分の能力以上の行動をしてしまい、大失敗してしまう時です。とにかく今は現状維持、もしくは、動かずあきらめる事も必要となってきます。

成人

何事においても「進んではいけない」と言うくらい悪い時期となります。物事の全体をしっかりと見て、周りの状態を把握し、時が来るのを待ちましょう。部下がいる人は一緒に退き、現状を守りましょう。

中年

損害賠償などで名誉を傷つけられた人は、名誉を回復するのに良い時となります。また、人の上に立つ事がある場合は、良く周りを見て人を適材適所に配置して、自らは動かず、人に任せる様にすると吉。体に激しい痛みが出た場合は要注意!!

老人

少しずつ良い運気の流れが見えてきます。しかし、恩を仇で返される時でもあるので、よくよく人の内面を見てお付き合いをする人を選びましょう。この時は、情に流されてはいけません。

⑧モグラ・カンガルー

 + 

＜同じ目標で集まる＞

モグラさんからの声掛けで、モグラさんのお友達である沢山のミミズさんが、カンガルーさんの畑を良くしようと集まってくれました。そんな守護神の並びの時は、人と人との和合の時で、幸運期となります。一人で何かを進めるのではなく、多くの同じ目標を持っている人と協力し合い、物事を進めていくと、運気がアップします。良い援助者や良いライバルも出てきて、お互いに競争しながら上へ上へと上がっていく事が出来ます。ただし、もたもたと尻込みしていると、他の人にアッという間に話を持っていかれてしまうので要注意。また、人のお世話をする事が増えるでしょう。出費も多く、何かとお金が必要な時となります。

守護神の時期

赤ちゃん

しっかり基盤を作り、一生懸命に勉強していけば、信頼を得られ幸せになるでしょう。また、予想外の良い事や人が舞い込んで来て、目的・目標を達成することが出来ます。病気で悩んでる人は、意外な人から出た話から良い流れになるでしょう。引越しは◎。

子ども

年長者や上司などからの援助でラッキーな流れになる時です。姿形ばかり気にせず、自分の内面を素直に表現していれば良いでしょう。ただし、恋愛においては相手に溺れたり、溺れられたりとトラブルになりやすいので注意！　健康面はおかしいと思ったらすぐに病院へ！

青年

とても親しくしていた人から迷惑を掛けられる時です。そしてその時にやっとその人物が悪い人だと気づくことになります。人からの甘い言葉や話などには要注意！　新規のお仕事などは絶対に進めないでください。

成人

目上の人や有力者からの引き立てがある時です。また、自分の世界だけに目をやるのではなく広い分野の人達と誠心誠意を持って交流すると、知識が広がり成功へと繋がっていきます。女性は良い結婚生活がやって来るでしょう。

中年

いろいろな人から信頼を得て管理者的な役職に就くので、目下の人や部下などとも交流をしっかり取り、相手に完璧を求めず、去る者は追わずの態度でいれば吉となります。開業・転職は吉。友達からお食事会に誘われるかも♪

老人

周りに頼る人もいなくなり、物事が上手く回らなくなってしまう時となります。古い考え方は捨てて、方向転換をしてみましょう。悪い友達がいるのであれば、ここできっぱり縁を切る事！　何事においても静かに過ごす事が良いでしょう。

⑨ヘビ・龍

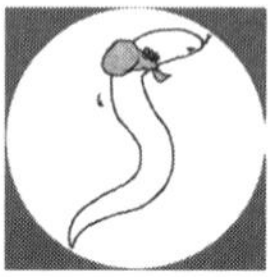 ＋ 

＜何かに止められる＞

旅好きのヘビちゃんは、怖い龍ちゃんお父さんに旅に出るのを止められて、ちょっとイライラ！　そんな守護神の並びの時は、力不足で自分の思い通りに動けないので、悩みや迷いが出てきそう。そんな時は焦らずにゆっくりとしているのが一番良いでしょう。また、女性は強くなる時で、夫婦間ではつい口やかましくなりやすいので、旦那さんの事を考えるなら、少し抑えてくださいね♪　職場においても、男性社員に圧力をかけないように注意です。いろいろな事がちょっと遅れがちにやって来るので、少しの我慢がポイントとなります。引越し・結婚はやめておきましょう。男性は婿養子になるかも。

守護神の時期

赤ちゃん

今現在進んでいる事を再検討する事により、難を逃れることが出来るでしょう。今は調子に乗らず、下準備をしっかりして時を待つ姿勢が必要です。小さな願いは叶いますが、大きなことは難しいです。健康管理はしっかりとしてね♪

子ども

友達からの意見やサポートが大きな助けになります。上司からの圧力で、進みたくても進めず落ち込みやすくなりますが、年下の友人や部下としっかりコミュニケーションを取りながら、忍耐強くこの時期を過ごしましょう。ポイントは人の意見を聞くことと思い止まる勇気です。

青年

イライラが募り、人の意見を聞かず自分勝手に強引に進もうとして、災いを招くことになります。会社でも家庭でもパートナーとの意見がかみ合わず恥をかいたり不和を招く事になります。今は自分を抑えましょう！　退職・事業は不振となります。

成人

立場的にはまだまだ辛い時ですが、人に対して誠意を持って接していれば近くの人からの助けで、問題解決していきます。とにかく今は「忍耐」です。妊娠中の人は無理をしないように気を付けてください。交通事故に注意！

中年

運気が上がってきます。経済的・物質的には充実してきますし、人と協力して良い流れとなります。しかし、自分の都合の良い人とばかりつるんでいると、本当の意味での友達を失ってしまう事になるので、気を付けてください。

老人

今まで良い運気であった人は、これ以上を望まず欲を出さない方が良いでしょう。この先は少しずつ運気が下がるので、後輩の援助など、人を育てる事を心がけて。もう自分の時代ではありません。有終の美を飾る努力をしましょう。

⑩ 龍·猫

＜謙虚な気持ちで実践する＞

怖いお父さんである龍ちゃんの後ろを、か弱い猫ちゃんがチョコチョコとついて歩いています。そんな守護神の並びの時は、いろいろと不安定な状態ではあるのですが、正しく礼儀を尽くして実践していく事で危険を避けることが出来る時です。ただし、いい加減な態度や、強引に物事を始めてしまうと、後で大きな不安や悪い流れになっていきます。先輩や目上の人の話を謙虚な気持ちで聞くと良いでしょう。ルールは守った方が吉。なにかしら人の後を引き継ぐ事があるでしょう。色恋沙汰などの問題が出やすく、三角関係や金銭問題には注意。探し物は落としたであろう経路を思い出して探せば出てきます。新しい靴を購入して開運♪

守護神の時期

赤ちゃん

欲のままに動いたり、新しい事をすると失敗します。ありのままの自分で、飾らず素直に時の流れに任せるのが良いでしょう。運気の波は激しいので、引越し・結婚・転職など、新たに動くことはしない方が良いでしょう。

子ども

目立つ行動は控え、静かに裏方に徹するのが良い時です。急いで物事を決めたり、目先の事にばかり欲を出すと失敗します。家の中では家事の分担をしっかり決めましょう。孤独になりやすい時ですが、時を待てば良い方向に向かいます。

青年

分不相応な事をして、大事故にあいやすい時となります。大きな事を考え暴言を吐いてしまい、会社に居ずらくなるかも。嫉まれたりし、突然の災いにもあいやすいので要注意。旅行・引越しは×。

成人

とにかく慎重に事を運ぶという事につきます。そのまじめな態度が高じて、上司からの引き立てがあるでしょう。ただ、女性は愛情問題にトラブルが発生するかも。盗難・一人旅には注意！

中年

運気が上がり始め、幸運期が見えてくる時です。目下の能力のある人に相談する事により、目標が達成します。自ら動かなくても周りから地位・名誉が舞い込んできます。しかし、油断は禁物！　強情さは災いを招きます。

老人

願い事は達成していて、安泰の時となります。今まで失敗してきた自分を振り返ると、その中から何かしらのヒントが見えてくるので、しっかりと将来の再設計をしてみましょう。

⑪ カンガルー・龍

＜平穏で安泰＞

母なるカンガルーさんが、父なる龍ちゃんを立てています。龍ちゃんもカンガルーさんを守り、とても仲良くしています。この守護神の並びの時は、理想の形。とても安らかで幸せな時といえます。芸術や精神的な活動、勉強や研究ということに関してはとても良い時期です。しかしその反面、物質的には欲を出し過ぎないようにしなければならない時です。金儲けに走ると痛い目に・・・。今現在はとても運気が良いのですが、後に運気が下がってくるので、現状維持を心掛けていく事が大切になります。「幸せだから♪」と言って調子に乗っていると、大やけどをする事になりかねないので、慢心しないでください。恋愛面・家庭生活は◎。

守護神の時期

赤ちゃん

全体的に見ると良い時になります。新しい事業など、厳しいかもと思われている事も進めて吉です。しかし、自分一人で突き進んではいけません。仲間・協力者と共に少しずつ進めていく事が良いでしょう。旅行話などが急に持ち上がる事もあります。

子ども

私情を挟まず、周りの状況をしっかり判断し、思い切って実行に移すと、とても流れが良くなります。また、思わぬ大きな仕事を任される事にもなるでしょう。男性は女性問題がチラホラ見え隠れするので注意してください。

青年

表面上は良くても内情は苦しく大変な時となります。こんな時は苦しくとも、耐え忍び、努力に努力を重ねていけば、後に運気は上がっていくので、我慢の時となります。今は現状維持で、進んではいけません。

成人

頑固になりやすくなるので、注意してください。謙虚さが必要となります。先輩はもちろん目下の人でも、知識を豊富に持っている人には援助を求め、疑わず信用していく事です。私的な事より公的な事に力を注げば光が見えてきます。

中年

自分自身が動くというよりも、部下や目下の人で良い人材がいるのであれば、その人達と協力しあう事で目的を達成する事が出来ます。今までの考え方を変えて、人に任せてみるのも良いでしょう。

老人

運気が下がり、辛いことが多くなる時です。望み事は通らず仕事もうまくいきません。会社でも家庭でもバラバラになり、信用も失われ、どこかに逃げたい気持ちになるでしょう。こんな時はひたすらチャンスを待つしかありません。

⑫ 龍·カンガルー

 + 

<正しい言論が通らない>

活動的な龍ちゃんは、どんどんと天高く登っていき、カンガルーさんは地上で畑仕事をしているので、考えや行動がなかなか噛み合いません。この守護神の並びの時は、恋愛も対人関係もこちらが正しい事をしていたとしても拒否されたりと、通じる事がありません。また、生活も苦しく八方塞がりとなり、最低の時となります。しかし、後々には運気が少しずつ上がってくるので、自分の感情などは抑えて、つまらない人とは関わらない様にした方が良いでしょう。カップルや夫婦の間では、言葉での傷つけ合いが起こるので注意しましょう。探し物は残念ですが見つかりません。体の調子が少しでも気になるのであれば、すぐに病院へ行きましょう。売買はともに損をします。

守護神の時期

赤ちゃん

自分が信用できる仲間と共に、同じ目標に向かって進んでいくと良いでしょう。ただし、悪い仲間からの困った誘いなどもあるので、注意が必要です。事業主の人は労働組合などの争いに巻き込まれる可能性があります。

子ども

自分のやりたい事が出来ない状態です。自分の立場が下であれば周りに従えば上手く事が運びますし、自分の立場が上であれば目下の人から苦情を投げかけられるでしょう。自分の信じる道はしっかり心の中に置き、才能があっても今は隠しておきましょう。

青年

この時期は、自分の内側や、もしくは周りの人の中で、良からぬ秘密事を隠し持っている状態です。自らの事であればそれは上手くいきませんのでやめましょう。周りの人であれば、しっかりと気を配っておく事が大切になります。

成人

幸運が少しずつ見え始めてきた時です。この幸せも、自分一人だけでなく家族全体・会社全体の喜びとなるでしょう。目上の人に従ったり、突然の友の出現での出来事で共に分かち合う幸運がやって来ます。恋愛では間に人を入れず、自分の力でGOすれば◎。

中年

今まで苦労して辛かったことが順調に流れていく時となります。しかし、ここで油断すると、また失敗する恐れがあるので、流れが良くても、慎重に物事を進めていきましょう。

老人

辛い時もやっと終わり、明るい道が前に広がっていきます。昔の友人との再会やケンカしていた人との仲直りが出来るでしょう。願い事は叶います。突然の引越しなども起こるかもしれません。

⑬ 龍·孔雀

 ＋ 

＜思いが同じ友と＞

いつも活動的で突き進んでいる龍ちゃんと、前に前にと出ていく孔雀さん。この守護神の並びの時は、お互いに同じ目的・目標を見て進んでいく事が出来る時です。いつも周りに人が集まり、協力してくれるので、物事がスムーズに進んでいきます。しかし欲に走ったり、情に溺れる事があってはいけません。わがままもダメですよ！　同じ思いや志を持った仲間となら、一人では出来なかった事でも、上手く話が運ぶでしょう。上司からの引き立てがありますが、ライバルも出現します。探し物は早ければ見つかりますが、時が経つと出にくいでしょう。病気は急変しやすく熱に注意！　もしかしたら、プロポーズがあるかも♪

守護神の時期

赤ちゃん

自分の枠から外に出て、多くの人と交わり知識を入れる時です。修行の時でもあるので、急に結果は出ませんが、必ず花は開きます。私利私欲に走らず、自分の意思を貫いていきましょう。

子ども

自分の身内や仲間ばかりと動き回り、好き嫌いで人を色分けしていると、敵を作ることになりかねません。広く周りを見る事が出来る人からのアドバイスをもらって行動しましょう。下手な小細工は運を下げるだけです。

青年

あれやこれやと計画していたことは上手くいきません。せっかくの苦労も水の泡になります。反対に人からの苦労を背負わされる事になりそうです。身の程を知り、成り行きに任せ、野心は横に置いておきましょう。

成人

あなたは自分の力量を超えた事をやろうとして、失敗する事になります。早く見切りをつけて次の計画を立てましょう。物事は一気には進みません。誤算による破産の恐れがあるので、十分に注意しましょう。

中年

初めに妨害されるような事があっても、後半には好調になり成功を収める事が出来ます。資金なども最初は辛い投資と思いますが、後に利益が出てきます。古き友人と再会する事もあり、良き部下にも恵まれます。

老人

自分が前に前にと出るのではなく、静かに相手の出方を待つのが良いでしょう。無理をすれば、悪い結果となるので気を付けましょう。もし仕事で地方に行く事があっても、へそを曲げないで。

⑭ 孔雀·龍

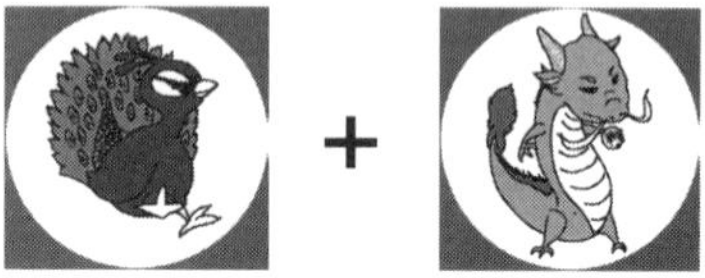

＜頼れる女王＞

夏の様にエネルギッシュな孔雀さんを、財力のある龍ちゃんが支えています。このような守護神の並びの時は、強い運気に恵まれています。物質的にも恵まれ羽振りも良く、多くの人から信頼を得て支持され、順風満帆となります。その反面、頼まれごとを沢山持ちかけられたりし、苦労をする事にもなるでしょう。心や力の強い人は問題ありませんが、心も力も弱く流されやすい人は、日々がめまぐるしく、出費が多くなってしまい、動く割には実益が無いという事にもなりかねないので、注意が必要です。こういう時は、決断を早めにして、面倒な事は早く片づけておきましょう。また、この時期は女性が強くなるので、行動が派手になりやすく男勝りの活躍が出来ます。

守護神の時期

赤ちゃん

才能はありますが、まだ時期ではありません。積極的に動こうとすると裏目に出やすくなります。今は内部を固める時なので、慎重に行動をしましょう。また、あまり前に出過ぎると、人に嫉まれたり嫌われたりするので、わがままは程々に！

子ども

待ちに待った幸運期になります。もっと努力をし勉強すれば、ますます報われる事となります。大きな仕事を任されたり、自分の本当の能力を発揮する事が出来ます。ただし、病気(炎症・発熱や目)と火事には要注意です。

青年

流れが良くても幸運を逃しやすい時です。目上の人の引き立てはありますが、ケチになったり公私混同してしまいトラブルになります。信用を失ってしまうことにもなるでしょう。何事も堅実に！　結婚話は今は進めないように。

成人

勢いがあり上司や目上の人からの引き立てもいろいろと多くなってきます。しかし、傲慢さが目に付くと叩かれる事になります。謙虚な姿勢でいるのが一番です。また、愛情・異性問題が出てきますので誤解されるような行動は慎んでください。

中年

人に対して誠の心で接する事によって、人気を得て信頼と尊敬の目で人から見られるでしょう。また、有力な部下を使う事により、成功へと導かれていきます。しかし、仕事の方が良いと家の中で問題が発生します。女難の時でもありますが、しっかりと周りを観察していれば難を逃れられます。

老人

運気最高潮♪　多くの人達から信頼を得る事が出来ます。また、才能のみならず、「これは天からの助けか！」と思うくらい、多くの人達から援助を受ける事が出来ます。恋愛・家庭・その他全てにおいて大吉の時となります。

⑮ カンガルー・象

<有り余っている物を人に与える>

力持ちの象さんが、自分より力の弱いカンガルーさんの畑の準備を偉ぶらずに手伝っています。この守護神の並びの時は、自分に才能や能力があっても謙虚に事に当たり、たとえその能力が初めは認められなくとも、投げ出さずに忍耐と努力を重ねていけば、ゆっくりと光が見えてきます。何事も控え目に、人に譲る気持ちが大切になっていくでしょう。また、物事の初めは多少の困難やスランプは覚悟しておいてください。後にはゆっくりと良い流れになります。株は急落するので注意！　探し物も発見しにくいでしょう。男性は女性からの援助はありますが、色恋沙汰には要注意です。ゆっくりと物事を進めて吉。

守護神の時期

赤ちゃん

何事にも縁の下の力持ちに徹して前に出ず、ひたすら謙虚にしていれば、吉となります。人の上に立って何か行動したくなっても、今は静かにしておきましょう。言動には要注意。

子ども

上司などの目上の人からの引き立てにより、思わぬ良い話がやって来ます。とにかく今は我を張らずに、その目上の人についていきましょう。あなたの努力が認められます。健康には注意。

青年

幸運期ではありますが、何かと苦労する事にはなるかもしれません。しかし、あきらめずに進んでいけば必ず報われるでしょう。大きな事業に着手しても大丈夫。ただし、異性関係にはよくよく注意してください。

成人

ついつい謙虚さを忘れ、自分の能力を過信し、苦境に陥りやすい時となります。どんなに地位があっても、実力が伴っていないので大人しくしている方が無難となります。盗難・水難には要注意。

中年

退くにも退くことが出来ない時なので、強い態度と意思で物事に向き合う必要があります。弱々しい態度は周りから信頼されなくなります。義理を通す事で、お金が出ていく事があります。全般的に女性には良い時期となります。

老人

会社や身内の中であなたの才能を嫉み、何か企んでいる人がいるようです。それが誰なのか、しっかり見極めて、その相手に知られないように振る舞う事が必要となります。今はジッと時を待ちましょう。

⑯ バンビ・カンガルー

＜準備していた事が整う＞

バンビちゃんとカンガルーさんは、前々から準備していたパーティーで食べたり踊ったりして楽しんでいます。この守護神の並びの時は、準備→喜び→怠るという流れが含まれています。目上の人からの引き立てもあり、順序をしっかり踏んで怠けなければ、大成功を収める時となります。ただし、調子に乗って怠け心が出ると大失敗をしてまうので、注意しなければなりません。今は物質的な事よりも心の喜びを求めましょう。ご先祖様のお墓参りをすると運気がアップします。引越しやその先での苦労がありそうです。デートはコンサートや演奏会がGoodです。探し物はあきらめた方が良いでしょう。

守護神の時期

赤ちゃん

他の人をあてにして、その運を分けてもらおうなどと、ずる賢い事を考えて行動するとトラブルの元になります。自分の本分を守って、着実にコツコツと進んでいけば流れが良くなっていきます。忘れ物のチェックはこまめにしましょう。

子ども

他の人のものが不思議と自分より良いように見えてしまいます。「他人は他人」と、自分のあるがままを受け止めて現状を守っていきましょう。何かを決断する時期を誤ったり、契約の解約・解消なども起こりやすくなります。判断は早目の方が良いでしょう。

青年

自分の力量以上の仕事に手を広げ過ぎて、失敗をしやすい時となります。早目に対処しなければ大変な事になります。また、楽しい事ばかりして怠けていると、社長や上司から見放される恐れも出てきます。早く軌道修正をしてください。

成人

大変良い時期となります。大きな仕事を任されたり、多くの人から信頼や協力を得られるでしょう。また、親戚や友人の中心的役割をする事になるでしょう。ただし、私情は挟まないようにした方が良さそうです。

中年

いろいろな事が停滞する時となります。食生活の乱れやお酒の飲み過ぎ、男女間の乱れた交際などによる病気に要注意です。こんな時は、意地を張らずに人の意見を聞き入れると運が開けてきます。まずは、焦らず内側から直していきましょう。

老人

遊びが楽しく、快楽に溺れ過ぎて死ぬ思いをするかもしれません。今までの考え方を180度変えて、もう一度やり直してみると物事が良い方向へと向かうでしょう。転職・引越しには大変良い時となります。

⑰ 猫･バンビ

 ＋ 

＜臨機応変に従う＞

お昼寝大好きな猫ちゃんが、気持ち良さそうに道の真ん中で寝ています。バンビちゃんは通りたいのですが通れません。仕方がないので、バンビちゃんも猫ちゃんと一緒にお昼寝をしました。こんな守護神の並びの時は、気持ちを切り替えると吉。その場その場で臨機応変に対応し、相手に従っていけば相手も喜び運気も良くなります。「従う」とありますが、受け身で待っているのではなく、自分から積極的に「従う」という意味になります。「この人についていこう」と思える人が現れたのであるならば、タイミングを逃さずついて従ってください。この時期は、とても変動の激しい時なので、引越し・転職などには良いでしょう。三角関係には注意。再婚は吉。

守護神の時期

赤ちゃん

自分の世界から飛び出して、いろいろな人と交流する事により、運気が上がっていきます。今までとは違う状態になっていきますが、この変化はラッキーを引き寄せます。心配しなくても大丈夫ですよ。転勤・転職・移動にはとても良い時です。

子ども

小さな事に目がいき、それが欲しくなり手に入れようとして失敗します。もっと良く「本当の目標・目的は何か？」を考えてください。折角の良い出会いの話やチャンスも見落とし、悪い相手と関わってしまう可能性があるので注意してください。

青年

良い仲間といると悪い人を遠ざける事が出来ます。何事においても幸運期となります。小さな事をやるよりも、大きな事を企画したりすると大きな利益を得ます。旅行も、近隣よりも遠方へ行くと吉。女性は玉の輿に乗れるかも♪

成人

自分を慕ってくれる人が出てきて、気分がとても良くなる時です。しかし、よくよく人を見極めないとダメ。私利私欲に走れば、周りからの疑惑・嫉妬・誘惑に振り回されてしまいます。謙虚に人に従っていれば難を逃れる事が出来ます。

中年

意見の合う友人と共に、一緒に仕事をして吉となります。目上の人からも信頼を得ますので、人との関わりが全て良い方向へと作用します。ただし、体に異常を感じた場合は、しっかりとメンテナンスをしてください。隠れたライバルが出現するかも！

老人

人間関係では、約束事の縛りがキツく、少し窮屈さを感じる事になるでしょう。したがって、自分の思う通りには運ばない事もあります。頑固になれば災いを招く事に。病気は重くなりやすいので要注意。お墓参りなどに行くと運気アップです！

⑱ 象·ヘビ

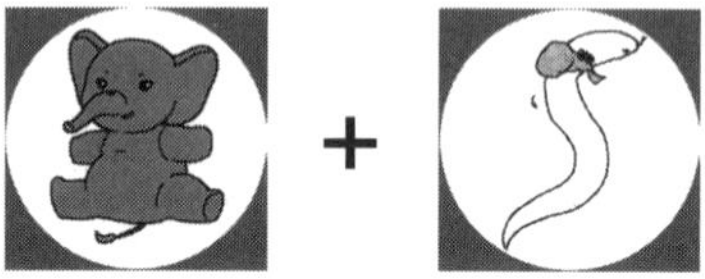

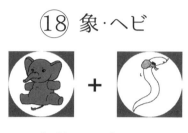

＜内部から崩れる＞

象さんはドッシリと落ち着いているのですが、象さんの足元に居るヘビちゃんがニョロニョロ、そわそわと騒がしくしているので、象さんはそれを避けようとしてバランスを崩し倒れてしまいそうです。そんな守護神の並びの時は、小さな動きからでも、大きな事が壊れていく事を表しています。とてもドロドロとした混乱の中にいるため、いかにこの状態を克服し改革していくかを考えなくてはいけない時となります。財産も減っていき人を疑う事で迷い、ドツボにはまっていきます。親子関係も、トラブルが発生して来るでしょう。親しい友人とも別れる事になったりします。女難の相あり。病気は治りにくいので用心してください。交渉事はまとまりません。

守護神の時期

赤ちゃん

親や先輩などが残していった失敗の後始末をする羽目になりそう。しかし、傷が浅いうちに早目に対処する事によって、初めは苦労も多くなりますが、最終的には上手く解決していくでしょう。ただし、傷が浅いからといって油断は厳禁です。

子ども

物事に対して、急いで強硬策に出ると危険です。なかなか思い通りに事が運ばないのですが、穏やかにチャンスを待ってから行動しましょう。正論は通らないので、裏の手を使った方が良いでしょう。転職・引越し・旅行は×。

青年

障害が出てきて、なかなか取り除くのが難しい時となります。危険性もありますが、辛くとも最後までやり抜く事が大きな成功へと繋がっていくでしょう。強く出たら出たで反発され、優しくすれば改善できない辛い時です。夫婦間での金銭・異性問題が発覚しやすいので要注意！

成人

何をやっても上手くいかず、無理に進もうと行動すれば、かえって傷を深くすることになります。自分の優柔不断さや、中途半端な態度が問題となるでしょう。争い事は出来るだけ避けてください。火災や事故に注意！

中年

親しい人や目下の人の助けによって、大きく成功を収める事が出来る時です。一度失敗した事も、新しくやり直せば吉となります。新築・引越し・転職・旅行全てにおいて行って良いでしょう。ただし体調面には注意して下さい。

老人

自分の周りの人や会社・家庭などの動きを冷静に観察し、第三者的な立場で手を出さず、一歩退いていた方が良いでしょう。新たに何らかの行動はせず、隠居をするつもりでいた方が物事が上手く回るでしょう。

⑲ カンガルー・猫

＋

＜これから良くなる＞

お母さんの様なカンガルーさんと、娘の様な猫ちゃんはとても親しく仲の良い関係♪　そんな守護神の並びの時は、とても盛運で、目上の人から目下の人に対して親しみを持って接したり、目上の人が目下の人を支配・保護するということを表した時期でもあります。また、物事を急速に進める時は、事の流れの折り返し地点でどうなるのかをしっかりと把握しておかなくてはいけません。望み事は叶いやすく、希望も大きく持てる時となります。住む所ではトラブルも出てくるかもしれませんが、目上の人に助けられます。感情的になったり焦ったりは禁物です。驚く事がありますが大丈夫、思い切って行動しましょう。結婚は吉。女性は婦人科系の病気に要注意！

守護神の時期

赤ちゃん

目上の人と協力をして物事を運ぶには、良い時となります。家業を継ぐのであれば、しっかりと親から仕事を学び取りましょう。男女間では相思相愛の関係となり、ラブラブとなるでしょう。独断で動き回らず人と協力して◎。

子ども

とても良い運気となっています。仕事場でもプライベートでも、上司や年上の人からの信頼を得て、順調に物事が進んでいきます。その分、年下の人を良く引き立ててあげる様に、日頃から細かな配慮・努力は惜しまなければ必ず成功します。

青年

自分の認識の甘さが命取りとなります。人を見る目をつけましょう！　また、口先だけで動いていると、あなたの名を使って悪事をする人が出現したり、思わぬ所でしっぺ返しにあうでしょう。早く自分の非を認め謝る事が出来たなら、災いを避けれるでしょう。

成人

自分には無い能力を持った部下や年下の人を上手く使う事で、事の成り行きがスムーズにいきやすい時です。そして、感謝の気持ちを表す様にするとさらに吉です。女性は男性にアピールし過ぎる傾向があります。思わぬ失敗に注意。

中年

何事にも強い運気の時です。知恵・直感で「この人！」と思う人を選び、大きな仕事を任すのが良いでしょう。自分は表に出ずに人材をいかに指導し、配していくかが大成功へのカギとなります。ドンッと落ち着いた態度でいましょう。

老人

外見ばかりを整えるのではなく、自分の内面や、仕事場の内部を固め整える時となります。大きな範囲を見て、物事を見極めていきましょう。自分・家・会社など、後を継ぐ人が出てきます。ボランティア活動は吉を呼びます。

⑳ ヘビ・カンガルー

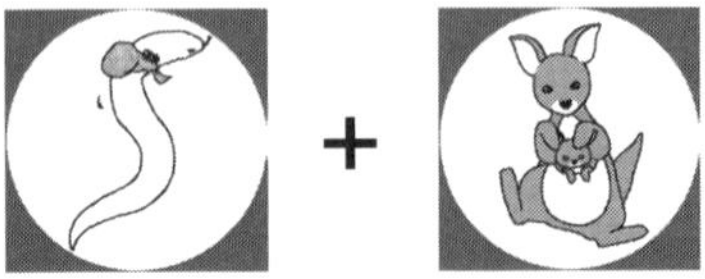

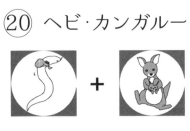

＜静観する＞

ヘビちゃんが大地の色んなところを動き回っている様子を、カンガルーさんがジッと見つめています。この守護神の並びの時は、上から下、そして下から上へと良く見て観察し、目だけでなく心からも物事を見て、精神的な事や時の変化を感じ見る時です。したがって、宗教・教育・文化に関する事は吉となりますが、物質的・経済的には苦しいでしょう。精神的には落ちついているので、多くの人から尊敬されたり相談事を受けやすい時期です。住所は変わるかも。旅行は吉。女難・盗難には要注意！　焦りやすい時となりますが、今は静観してチャンスが来るのを待ちましょう。探し物は出にくいですが、棚などを探してみてください。

守護神の時期

赤ちゃん

知識・見識が幼稚すぎて見通しが立たない様な願望を持ちやすい時です。新入社員ならまだ良いのですが、人の上に立つ立場だと困難に陥りやすいでしょう。つまり人に使われるのであれば良いのですが、指示する立場は×。引越し・転職はやめておきましょう。

子ども

早く何か大きな事をしたいと焦りがちですが、ここはグッと我慢をして、周りを良く見てみましょう。晴れ舞台はまだまだ先です。小さな事は叶いますが、スケールの大きな事は叶いません。素直に人の意見を聞いて勤めていれば、いつかは時を得ます。

青年

自分の力を良くわきまえて、事前に分相応の方針・計画を立てて挑めば大丈夫でしょう。誰かと何かをするのではなく、独自に進めていった方が良い時です。今ある物から新しい物を作ってみると上手くいくでしょう。引越し・旅行は吉です♪

成人

表面的には良く見えても、中身は・・・・ということがありそう。良く観察・研究をして行動すると、フッと良い事がやって来ます。経済的には苦しい時ですが、悩みは信頼できる上司などに相談すると良いでしょう。グズグズしているとチャンスを逃します。

中年

誠実に行動する事を第一に考えてください。自分の行動が良くも悪くも帰って来ます。ここで気を緩めると、反感を買いやすくなります。また、可愛がっていた後輩から恩を仇で返されるような事もあるので要注意です。

老人

少し心がお疲れモードの様子。人の世話苦労が多くなりやすいので、少し一人になれる環境を作る事をお勧めします。小さな事は気にせず、ドッシリと構えておきましょう。ライバル出現！　注意です!!　神仏を祀ると吉となります。

㉑ 孔雀・バンビ

＋

＜積極的に除去する＞

孔雀さんとバンビちゃんはライバル同士。そんな二人の間には一つの壁が出来ています。この壁にお互い立ち向かい、取り除いたので二人は仲良くなりました。こんな守護神の並びの時は、ライバルも多く、物事の途中で困難がやって来る事がありますが、全力でその困難や邪魔者に立ち向かい、除去する事により、新たに前進する事が出来ます。中途半端な行動はせず、断固とした態度で挑まなくてはいけません。ただし、怒りを全面に出すと損をする恐れがあります。裁判事はOK。最初に困難な事があっても、後に整います。言葉に要注意。体調が悪い人は段々と悪化しますので、早目の対処を！妊婦さんは食べ物に注意！

守護神の時期

赤ちゃん

周りを良く見ずに勢いだけで進みやすい時となります。そのため、大失敗しやすいでしょう。今考えている計画や方針を、今一度検討する事が大切になります。また、人間関係や仕事でのトラブルも起こしやすいので要注意です。

子ども

悩みなどの見たくない事が先に見えてしまい、精神的に追い込まれてしまいます。自分を守るために大きく見せようとするのですが、相手は手強く反発してきます。こんな時は良く工夫して根気よくソフトに対処すると流れが良くなってくるでしょう。

青年

自分の身の丈に合わない事を考え、実行してしまうと失敗に終わります。新しい企画や転職など、大きな出来事は叶いませんが、小さな願い事は叶います。また、食べ過ぎ飲み過ぎには要注意！　健康面には特に注意して過ごしてください。

成人

今まで苦労して来た甲斐があり、障害物や重大問題の原因が分かってきます。そして、大変ですがやっと障害や問題を取り除く事ができます。人は努力し続けていれば、必ず成功への道が見えてくるのです。

中年

知識や能力が揃った人に助けられ、大きな成功を収める事が出来る時となります。障害は全て取り除かれました。多くのモノが収穫出来、予想以上の利益を得られる時となります。何事にも積極的に動いてよしです。

老人

無計画に我を通して進もうとしやすい時です。周りの人から注意・警告を受けていたにも関わらず、耳を傾けずに進んでしまい災いが起こる事となります。今は自分の意見よりも、人の意見をしっかりと聞きましょう。

㉒ 象·孔雀

＋

＜格好を付ける＞

いつもは、真面目で保守的な象さんの足元を、美しい孔雀さんが彩りを加えて明るく飾っています。この守護神の並びの時は、外見ばかり綺麗にしたり、言葉を巧みに操って使ってはいるけれど、実際のところは中身があまり無い状態です。物事の途中で障害が発生し悩み、動きが止まる事もあります。言葉の行き違いによって人間関係のトラブルとなりますので、短気には気を付けて！　夫婦間のトラブルは、特に慎重に対処してください。また、書類上での間違いにも注意が必要となってきます。ただし、芸術・芸能・装飾・広告関係は吉で、それらに関わっていると人気もアップしてきます。引越し・旅行は吉。探し物も見つかるでしょう。

守護神の時期

赤ちゃん

自分らしく動き、他の人の力を借りて楽をしようとはせずに、しっかりと自分の基礎を固めていく事が一番大切になります。他からの誘惑には乗らずに、初心を忘れず旧を守れば上手くいくでしょう。つまり新しい事は全てダメです！

子ども

見識のある上司や有力者と交際する事が多くなる時期です。その様な人たちに従えば、物事がスムーズに流れていくでしょう。まずは控え目に、我を張らずに進んでいく事がポイントとなります。

青年

ついつい自分を飾りたてて、人よりも大きく見せたくなる時です。しかし、その気持ちを抑えて、贅沢や見栄を張らないでいる事が幸せへの近道となるでしょう。今は遠回りと思っても、物事の決断を急がないようにした方が良いでしょう。

成人

控え目で飾らず、質素にしている事で、自分にとっての良い理解者を得る事が出来るでしょう。年下の人からのお誘いもありますので、これには、バンバン乗った方が良さそうです♪

中年

今まで質素倹約をしてきた努力が実る時となります。ウソ偽りの姿は捨て去り、誠の心を持って過ごしていれば良いパートナーとも結ばれるでしょう。植物園やガーデンパーティーなどに行くと良い事が起こるでしょう。ただし、気を緩め過ぎて遊び過ぎない様にしましょう。

老人

精神的な喜び事はあるのですが、経済的には少し苦しい状態となる時です。公私共に派手にせず、質素倹約を心掛けて欲を抑える事が出来れば、良い流れがやって来るでしょう。今は内面を磨いて！

㉓ 象・カンガルー

＜足元から崩れる＞

なんと！　象さんの住んでいる山が麓からゆっくりと崩れ、カンガルーさんの畑の方に土砂が流れて、畑がぐちゃぐちゃになってしまいました。そんな守護神の並びの時は、段々と物事が崩壊していく時となります。こんな時は、何事においても行動を起こさない方が良いでしょう。志が高すぎて失敗しやすいので、チャンスを待つ事も必要となってきます。病気については、癌など、手遅れになりやすいものに罹りやすいので、早目早目にお医者さんへ行ってください。また、財産などを失う事もあるので、人と関わる時はよくよく注意をし、女性は男性を小ばかにする態度は控えてください。災難・転落など苦難が一杯ですので、とにかく忍耐です。登山やハイキングは危険です。

守護神の時期

赤ちゃん

自分の足元に危険が及んでいる時となります。例えば、人には言えない悩みや部下の裏切りとか、今は小さな事であっても、後で危険が増してくる事があります。また、人からの非難も受けやすくなります。早目に対策を取る事をお勧めします。

子ども

知らぬ間に災いが大きくなってきている時です。ちょっとした言葉の擦れ違いからトラブルになったり、幼稚な考えの人を世話した事により、窮地に陥る事になりそうです。一刻も早く逃げ出した方が良いでしょう。

青年

誘惑が多く迷いやすい時です。しかし、たとえ一人になったとしても正しい道を選択すべきでしょう。そうすれば、つまらない人との縁も切れ、本当の仲間を見つけられます。欲に走れば災いがやって来ますよ！

成人

大変危険な時で、災いを受けやすいでしょう。自分の力ではどうしようもない状態なので、今すぐに方向転換をして退いてください。色難・災難や、特に感染症などの病気に関しては要注意です。

中年

上司や目上の人からの引き立てがある時です。欲を出さずに堅実に物事を運びましょう。そうしなければ失敗します。色恋沙汰のトラブルで身を滅ぼす事にも成りかねませんので要注意。体のメンテナンスは針や灸などが吉です。

老人

崩れ去って行き止まりの時期となります。しかし落ち着いて物事の処理を行い、苦しい時でも耐えて自分の力を蓄えておけば、やがて幸運がやって来ます。少しずつですが、新しい状態に変化していくのを高望みをせず待ちましょう。

㉔ カンガルー・バンビ

＋

＜次第に良くなる＞

カンガルーさんのお腹の袋の中に居た子どものように、冬の間ジッとしていたバンビちゃんが、やっと春になり外でぴょんぴょんし始めました。こんな守護神の並びの時は、次第に物事の流れが良くなっていきます。焦らず順を追って物事を進めていきましょう。元に戻るとか復元する・復縁という意味もある時で、昔の友達と再会したり、いろいろな事の再出発にはとても良いです。しかし、結婚に関して再婚は良くても初婚はあまり良くありません。お金の貸し借りは吉となります。引越しなどの住所の変動で苦労はしますが、長引くことはありません。探し物は見つかりますよ♪　一つアドバイスするとしたら、この時期は「短気は損気」です！

守護神の時期

赤ちゃん

一時の過ちはありますが、身を守り退いた事により少しずつ良い方向へいく時です。知識豊富な人の指導を得て進み、節約することが必要となっていきます。今はチャンスを待つためにも、足元をしっかり固めておきましょう。

子ども

運気の良い時で、積極的に行動する事により吉となります。運の良い年下の人と協力して仕事に取り組めば、上手くいくでしょう。また、頭の良い人からのアドバイスを取り入れる事により、願いが叶うでしょう。

青年

何度となく失敗を繰り返し、苦労する割には利益や実益に結びつかない事があります。落ち込む事も多くなりますが、こんな時は、ゆっくりとしっかり自分の進む道を見定めて、軽々しく動かない事が大切となります。

成人

まだまだ運気が弱い時となりますが、悪い仲間と縁を切り、一人良い道を歩む事が出来れば盛運となるでしょう。また、控え目にすれば吉。独自で動けば裏目裏目となります。

中年

他の人からの援助はありません。苦労はあるでしょうが、自分の力で誠心誠意を尽くして行動していく事が出来れば、徐々に光が見えてきて幸運や徳を得る事が出来ます。自分を信じて進みましょう。

老人

今までの動きをしている様では衰運へと落ちていきます。人の事ばかり羨ましがったり、短気を起こし人の話を聞かなかったり、独断で行動すると大変な事になります。まずは、自分の我欲を抑える事から始めましょう。

㉕ 龍・バンビ

 ＋ 

＜自然のままに＞

厳格で誠実な龍ちゃんの元で、自由気ままにバンビちゃんはピョンピョンと飛び回っています。こんな守護神の並びの時は、誠の心を持って動いていれば問題ありませんが、下心があったり下手な小細工をしてしまうと、災いが降りかかって来ます。そんな時は短気を起こさず、良くも悪くも自然の成り行きのままに、それを受け入れていくと良いでしょう。また、文学・勉強・芸術などの精神的な動きは、とても良い流れとなります。しかし、天災などの不意に起こる災いや盗難などには注意しましょう。また、火の災いには特に注意が必要となります。引越しや旅行はやめておきましょう。お金が絡むことはしばらく慎んでいた方が良さそうです。

守護神の時期

赤ちゃん

成り行きに任せて誠実に動いていれば、精神的にも安定し良い流れとなっていくでしょう。しかし、下手に欲を出してしまうと、お金は出ていくばかりで苦しくなります。芸術・芸能・知識を学ぶ事はとても良い事です。

子ども

相続など、思いがけない利益を得る事があります。しかし、心なき者からのトラブルで何かを横取りされることがあるかもしれません。今は新しい事よりも、コツコツと前を見て今まで通りの動きをしましょう。足元注意です！

青年

自分は誠実にしていても、災いに巻き込まれる事がある時です。人の罪を被されたり、やってもいない事で疑われたりと最悪です。火難・盗難に注意ですが、異性問題でもビックリするような事が起こる可能性が大きいので慎重に行動してください。

成人

他人の方がたとえ良く見えても、自分の今を守り続ける事が大切です。他の人に何と言われても、軽率な態度や行動はとらないようにしましょう。欲を出して動くと損をします。ひそかな恋は、自分の心の中だけに収めておきましょう。

中年

自然に運が開けてくる時です。ちょっと邪魔をする人も出てきますが、それも気にならない状態になります。今までの努力が、思いがけない好結果に繋がっていきます。病気は薬が無くとも自然回復する時です。学ぶ意力が運気アップさせますよ♪

老人

運気がとても落ちてきている時です。不慮の事故には要注意。したがって、旅行・新築・転職や契約事などはやめておきましょう。大きな望みは持たないように！この時期は、ほとんどの災いは人災となります。

㉖ 象·龍

 + 

＜実力を養う時＞

象さんは大地に突き刺すくらいの力強いエネルギーを、龍ちゃんは天に届く位の莫大なエネルギーを持っていて、それをお互いに蓄えています。こんな守護神の並びの時は、自分自身の能力や英気、知識、人材、お金などを大いに蓄える時期です。そして多くの困難がやって来た後に、この蓄えにより成功への道へと歩んでいく事が出来るのです。そのために、人との関わりの中では、礼儀と和を大切にし、多くの人に出会うために外へと出て行った方が良いでしょう。しかし、我を押し通してはダメです。焦らずじっくりと腰を据える気持ちで進みましょう。結婚は今は待ちの時、まとまるのは遅くなりそうです。探し物は見つかりにくく、病気に関しては少し長引くでしょう。

守護神の時期

赤ちゃん

まだ時が来ていません。あなたの足を引っ張ろうとする人がいる可能性があります。そんな時は一旦止まって周りを良く見る事が大切です。今与えてもらっている状況を大切に、コツコツと歩んでいきましょう。自惚れはダメですよ!

子ども

進もうとすれば何らかの邪魔が入る時です。現状を守る事が大切です。知識もお金もあるのですが、今は動かない方が一番良いです。夫婦間では、離婚や別居などの話が出てきやすいので要注意です。

青年

苦しき時を過ごしてきて、やっと願いが叶う時となります。昇進や昇給など、それまで自分に厳しく努力してきたのであれば、上からの引き立てがあり、良い流れとなるでしょう。ただし、事を急ぎ過ぎると失敗するので要注意です。

成人

物事がスムーズに流れ、良い運気となります。地位・時・人材も良い物を得る事が出来ますから、新しい企画や転職などにも良い結果が出てきます。物事の始まりだけはとても重要ですので、しっかりと下準備をしておけば災いは未然に防げるでしょう。

中年

とても良い運気です。大企業の社長さんや目上の人などにも、上手く取り入る事が出来るので、いろいろな話が上手く進みます。ただし、猛進はしないように!
また、今まで影に隠れて悪い事をしてきた人を、見つける事が出来る時になります。

老人

最も良い時となります。今まで蓄えてきた知識・お金・人材を使い成功を収める事が出来ます。しかし、いくら良い時期とは言えども、調子に乗ると判断を間違える事にもなるので注意しましょう。飛行機を使う旅行は吉です。

㉗ 象・バンビ

 + 

＜動いて止まる事を知る＞

ドッシリとして動かない象さんを見ていた、ちょっと短気なバンビちゃんは、余計な事を言って、象さんとケンカになってしまいました。そんな守護神の並びの時は、口に関係する事、例えば言葉や飲食に関して特に注意しなくてはいけません。食べ過ぎや不摂生によって体調を崩しやすくなります。「口は災いの元」と言う様に、ちょっとした一言や大ぼらを吐いた事により、信用を失ったり訴訟にまで発展する事にもなるので要注意です。口先の上手い人や女難にも注意の時となります。ほかには、知識や精神的な物を養うという事も表しています。また、パーティーなどに誘われやすい時です。探し物は何かの間に紛れ込んでいるでしょう。

守護神の時期

赤ちゃん

せっかく才能があるのにもかかわらず、人を羨んで人の物を欲しがったり、もっと上へと欲を出したりします。そして、仕事や異性関係でも目移りをして、最終的には失敗してしまうという状態に陥ります。他人は他人、自分を信じましょう。

子ども

お金の出費が多いのにも関わらず、思うような収入はありません。人に頼ろうにも助けてもらえず、苦しい時となります。こんな時は、自力で頑張っていくしかありません。怠惰にしていると、親戚にも見放されるので要注意です。

青年

何をしても上手くいきません。自分の能力以上の事を行えば、身体を壊す事になり、身動きが取れなくなるか大損します。今の野望は捨てて静かに瞑想し、自分自身の何が悪かったのかをしっかり考えてみると良いでしょう。

成人

少しずつ運が開けてくる時です。しかし、油断は禁物です。虎視眈々と根気よく進めば、暫くしてから願いが叶うでしょう。また、知識のある人に付いていくのもよいです。近い場所より遠方に吉事ありです。火災や悪人との出会いには要注意!

中年

実力が今一歩足らない時ですが、人からは良く見られ尊敬される時です。したがって、ボロが出ないようにしっかりと人の意見を聞き、欲に走らず新しい事には手を出さない様にしましょう。控え目にしている事が大切な時となります。

老人

とても危険な事があっても乗り越えられ成功する事が出来る時です。人の為に動く事が多くなりますが、誠心誠意尽くすことで運気がアップしていきます。再婚話は吉。また、遠方からの話なども吉となります。

㉘ 猫・ヘビ

 ＋ 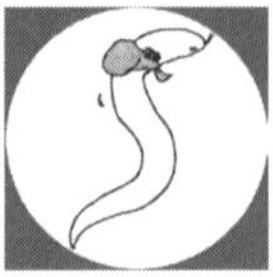

＜身に余る重圧＞

いつも陽気で自由な猫ちゃん、そのお世話をしているヘビちゃんは、猫ちゃんに振り回されて右往左往してしまい「もう、無理！」と言っています。この守護神の並びの時は、いろいろな仕事を引き受け過ぎて、パニック状態になっている時かもしれません。使ってはいけないはずのお金に手を付けてしまったり、思わぬ大困難に陥ったりもするので要注意です。また、沢山の人があなたに対して、あれこれと意見を言ってきます。その中でも毅然とした態度で、なおかつ腰を低くして立ち向かわなくてはなりません。物事の初めと終わりは良くなく、異性関係や水害などのトラブルには注意が必要となります。足元には要注意です。葬式などの悲しい別れもあるかもしれません。また、探し物は出にくいです。

守護神の時期

赤ちゃん

控え目にして細心の注意を払いながら過ごしましょう。人からの圧力などで、身動きが取れない時でもあり、焦ってしまいがちです。しかし、焦りは怪我や事故の元となるので落ち着いて行動しましょう。

子ども

一時の落ち込んだところから、復活のチャンスがやって来ます。部下や年下の人の若い力を借りましょう♪　随分と年の離れた異性に入れあげる事になるかもしれませんが、それもアリです。

青年

人の意見を聞かずに強引に物事を進めた結果、誰もあなたの事を助けてくれずに、苦しい立場に陥る事を示しています。経費ばかり掛け過ぎて何とも身動きが取れなかったり、見当違いな事をしてしまうので謙虚な心で反省しましょう。

成人

小さな事には惑わされず、今ある道をただ一心に突き進んでください。そうすれば、引き抜きの話や人からの援助などの話があり、難を逃れて成功への道へと近づく事が出来るでしょう。

中年

一時は華やかで幸運を得られます。しかし、直ぐに足元を掬われそうになります。日頃の行いを振り返り、色事や人に騙されない様に気を付けましょう。また、バランスを崩しやすいので要注意です。女性を立てると良い事がやって来ます。

老人

自分の実力を考えずに軽率な行動をしてしまい、最悪の事態に陥ります。また、人に対して義理を立てようとして、トラブルに巻き込まれる事があるので要注意。まずは進まず、自分の身を守る事が大切です。水難や災害に要注意。

㉙ モグラ・モグラ

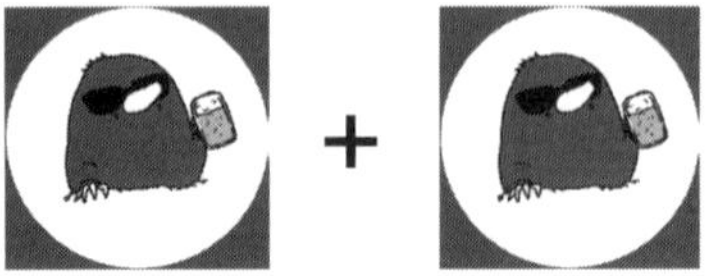

＜闇の底の底＞

モグラさんたちは、二人して暗くお酒を飲みまくりながら、ドンドンと穴の中に入り込み、さらに飲みふけりグダグダと落ちぶれています。こんな守護神の並びの時は、次から次へと災難が降り掛かって来ます。近隣とのトラブルや、住む所が無くなったり、色難・水難・病難がやってきたりします。また、会社などでは赤字・倒産などの例が挙げられます。こんな時は、ジタバタとあがく程どん底に落ちていく事になるので、アタフタ焦らず、まずは冷静に状況を見て、この困難が過ぎ去るのを待つしかありません。いかにこの時期に腹を据えて乗り越える事が出来るかで、これから先の道に光が当てられるかどうかが決まります。とにかく今は忍耐です！

守護神の時期

赤ちゃん

一番深い穴の中に居る様な時で、どうする事も出来ない程に心が安定せず困難に陥ります。今はジッと動かず静観していましょう。水の事故やくだらない争いに巻き込まれやすいので要注意です。

子ども

苦しい時ではありますが、少しだけ光が見えてきます。大きな願いや仕事は叶いませんが、小さな願い事であれば叶うでしょう。ただし、思いがけないトラブル、例えば盗難や空き巣などには要注意です。

青年

進みたくても進めず退きたくても退けない時です。どうしたら良いのか途方に暮れてしまう事もあるでしょう。また、盗難にあったり、お酒で失敗する事もあるので要注意！　今は忍耐しかないので、ファイトです!!

成人

やっと困難の先に明るい道が見えてきます。正当法ではなく、ちょっと突拍子もない方法で成功したりします。また、仲間からの援助もやって来るでしょう。恋愛事は、内密に進めていく事が良いでしょう。神頼みも頼りになるかも♪

中年

やっと辛く苦しい時から解放され、悩みの七～八割は無くなっている時です。今は土台をしっかりと作り、実直に進む事が大切となります。就職も勉強も全力を出してぶつかっていくと良いでしょう。病を患っていた人は快方へと向かいます。

老人

人の道を踏み外してはいないか？　と思うような出来事が起こる時です。その事によって、争い事や住む所を無くしたり、罪に問われる事になるかもしれません。そして、身も心もズタズタになり抜け道が無くなります。良く反省し、心に緩みが無いようにしましょう。

㉚ 孔雀·孔雀

＜情熱・知性・移り変わり＞

二羽の、とてもプライドが高い孔雀さん同士が、お互いに一歩も引かず、どちらに教養があるかを競っています。この守護神の並びの時は、学問や文学・芸術事を進めるにはとても良い時となります。また、女性にとっては、美しさを磨くのに良い時です。心の変化も激しく、贅沢をするなど、表面的にはとても煌びやかで華やかですが、内状は火の車の事が多く、経済的には苦しい時となります。また、二つの目的や目標が出て来て悩んだり、女難や火事などにあいやすいので要注意。人との出会いや別れなども多くなる時となります。探し物は早く探せば見つかります。書類関係は慎重にミスの無いようにしましょう。

守護神の時期

赤ちゃん

見通しが悪く、足元が良く見えない時です。簡単に物事を進めれば失敗する事になります。初めはしっかり丁寧にしていく事が必要です。物事の八割出来ればOKと思いましょう。移り気・金銭トラブルに注意！　親しき仲にも礼儀はありますよ！

子ども

財運・知識・学問・芸術などでは、とても良い結果を得る事が出来る時です。しかし、公正さや慎重さは忘れてはいけません。いろいろな事が有利に動いていくので実力を発揮していきましょう。

青年

運気は下り坂となります。あなたの我の強さが邪魔をし、人と上手くコミュニケーションを取る事が出来なくなります。そして、一人ぼっちになる可能性があります。焦れば焦る程、災いが押し寄せてきますので、今は一歩下がって反省すると良いでしょう。

成人

自分の力を過信して進み過ぎ、人から嫉妬や嫉みの対象とされるような災いがやって来るので要注意です。その場の勢いで行動を起こしたりすると、後で何ともならない状態になりますよ！　火事や色恋事に要注意です。

中年

人に騙されたりと苦労がある時ですが、上司や目上の人からの助けを得る事により、『凶を転じて吉となす』と言う様に、運気は上がっていきます。目の病気になりやすい事もありますので注意！

老人

とても良い時となります。何が何でも前進あるのみで、積極的に進んでいけば成功間違いなしです！　新しい事はドンドンやりましょう。また、先頭に立って指揮を執る時で、成果の出た時は寛大な処置を取る様にすると良いでしょう。転職・引越しは吉。

㉛ 猫·象

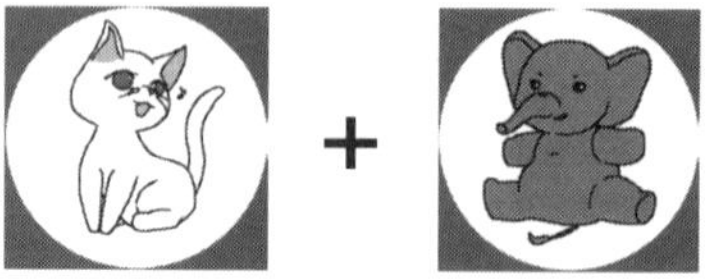

＜意気投合する＞

猫ちゃんが、象さんの背中の上でゴロゴロニャーッとお昼寝をした後、象さんは猫ちゃんに毛繕いをしてもらい、お互いに気持ち良さそう。こんな守護神の並びの時は、男女の間では、相思相愛で意気投合する時となります。また、心も体も燃え上がる時ですが、情に流されやすくセックスに溺れやすいので要注意。決断事や何か行動する時は、直感が冴える時となるので、早目早目と動いた方が良いでしょう。その時に迷ったりすれば、人に騙されたりして、余分に手元からお金が出ていく事になります。しかし、株は利益が出るでしょう。また、遠方の知人・友人からの情報にはアンテナを張っておいて吉。信頼関係はとても大切になります。探し物は早ければ見つかります。

守護神の時期

赤ちゃん

早急に物事を運ぶ時ではありません。こんな時は誰かに助けを求めてください。初対面の人と会う時は言葉使いに注意して。男女間では、始まりの一歩の時、焦らず相手の出方を見ましょう。旅行は友人と一緒なら吉となります。

子ども

周りの変化が激しく見えてしまい、つい自分も動き出したくなる時となります。しかし、ここは一旦ストップしましょう。じっくりと待っていれば人からの引き立てがあるので、それまでは現状維持です。動けば信頼を失う事になるでしょう。

青年

上手い話や誘惑話が多くやってくる時となります。しかし、その話に乗ってしまうと、今までの努力も水の泡となり、信用も信頼も失います。また、色欲のままに流されない様に注意しましょう。プライドを捨てて人に助けを求めて吉です。

成人

小さな事で心が不安定になりやすい時です。しかし、今は自分の感情を一旦横に置いて、物事を淡々と進めると良いでしょう。部下などの世話苦労が多い時ですが、現状維持で頑張ってください。

中年

何があっても欲を出さずに進んでいく事が出来れば、小さな願い事は叶います。そのまま私情に惑わされず進んでいけば、後に目的は達成します。結婚話などは、急いで進めるのではなく、焦らずしっかり形式を踏んで進めましょう。

老人

口先だけの話などにのせられやすい時です。また、軽はずみな発言をした事により、信用を失う事になるでしょう。しっかりと話の内容を確認して、騙し騙されないように細心の注意を払ってください。

㉜ バンビ・ヘビ

＋

＜変わらぬもの＞

バンビちゃんは毎日楽しく跳ね回り、ヘビちゃんはニョロニョロ好きな所を這い回り、何も変わらずそれぞれの領域を守って時が過ぎています。そんな守護神の並びの時は、久しく変わらず安定した状態を表しています。例えば、男女の間では結婚して何年か経った夫婦の様です。倦怠期と言う言葉がある様に、お互いに好きな事をしていて心がすれ違ってはいるが、変化を求めあっていないので長続きしている状態になります。そんな時なので、仕事は新しい企画などは通りません。また、住居ではトラブルがあるでしょう。病気は、良くも悪くも変化しません。探し物は見つからないでしょう。この時期は、忍耐で波風を立てずにゆっくりと歩んでいってください。

守護神の時期

赤ちゃん

怖い者知らずで、グイグイと前に出てしまい、深入りして失敗してしまいます。また、自分の力量を考えず、いろんな企画を立て人に頼みごとをしても上手くいきません。今は、ゆっくりと確実に計画を見直して物事を運んでいきましょう。

子ども

今までやって来た方法や考え方を変える様な事はせず、自分の信念を曲げず努力をし続ける事が大切な時です。そうすれば、必ず願いは叶えられるでしょう。新しい事業や新しい企画などに心を惑わされると失敗します。

青年

ついつい情欲に惑わされたり、考えが定まらず迷走したりする時です。また、人とケンカしやすく絶交する事もあるでしょう。お金の面では、いらぬ所で使ってしまい信用を失います。夫婦間・パートナー間のトラブルにも注意！　今は冷静さが大切です。

成人

時も場所も好機を得ていないので、どんなに頑張っても利益が出ません。今は、方針を変えるかもしくはやめる方が良いでしょう。イライラすると無駄なお金を使ってしまうので、まずは深呼吸！　反省が必要な時です。

中年

決断する力も無く、人に頼る事ばかり考えて優柔不断になりやすい時です。したがって、物事はマイナスへと流れます。こんな時は、本業に精を出し地道に努力する事が必要となります。平社員や女性にとっては良い時です。上司や夫に尽くし従えば吉となります。

老人

「心此処に在らず」で、いろいろな事に目がいってしまう時です。したがって、忙しく動き回っているのにも関わらず損をしてしまいます。目標を立てずに進んで、大きなトラブルにぶつかったりします。自分の能力を自覚し、慎重に行動しましょう。新規事は×。

㉝ 龍·象

+

<撤退する勇気>

威厳のある龍ちゃんがプライドを捨てて、象さんの山に助けを求めて隠れにいきました。この守護神の並びの時は、運気が落ちてきていて、時も人も味方してくれない時となります。会社などは内部から崩れていきます。こんな時は、人事を尽くして天命を待つという様に、やる事をやったら、見栄や外聞は置いて一歩退く勇気を持つことが大切。自分の身の振り方を考えましょう。退くタイミングを見失うと大変な事になるので要注意！　この時期は、退職・転職する様な事が出てきます。俗世間を離れて静かな隠居生活を送るのは吉。結婚は×。倒産、夜逃げなどがあるかも。探し物は出ません。ただし、芸能面や客商売は儲かるでしょう。

守 護 神 の 時 期

赤ちゃん

住む所が変わるかもしれません。でも、それによりあなたの事を助けてくれる人が周りに現れるでしょう。今は退き、前に出ない事が一番です。出れば大失敗となります。目立たずジッと静かに時が来るのを待って吉です。

子ども

退くべきか進むべきか、時の流れや変化をしっかり見て決めなくてはいけない時になります。何か気持ち的に縛られる感じがし、身動きが取れずチャンスを逃しやすいので要注意！　旅行・引越しなどはやめておきましょう。

青年

退くことも進むことも難しく、不自由で災難に合いやすい時です。特に女性にかかわるのは注意。こんな時は環境を一変して、静かに生活する事をお勧めします。また、直接自分は動かず、人を雇って動いてもらうのも良いでしょう。

成人

面倒くさい友人から迷惑を被ったりしやすい時となります。いくら普段仲良くしていても、お金関係にルーズな人や欲にまみれている人とは離れるべきです。また、新しい事は進めない方が良いでしょう。

中年

やっと危険地帯から離れる事が出来、光が見えてきます。部下が居れば、その人に仕事を一任してみましょう。結婚している人は、夫が家出をして帰ってこない事もあります。また、お金はあっても世間から逃げたくなるかもしれません。

老人

やっと悪い事が過ぎ去り、吉運が見えてきます。優雅に新しい道への始まりがやって来るでしょう。退職し隠居生活を楽しむにはとても良い時となります。また、人気商売や芸能事は儲かります。

㉞ バンビ・龍

＋

＜進み過ぎる＞

元気いっぱいのバンビちゃんと、活動的で激しい龍ちゃんが二人一緒だと、勢いが凄くて目標より進み過ぎてしまいます。こんな守護神の並びの時は、外から見ると活動的でとても良く見えるのですが、中身が無く見かけ倒しだったりします。また、血気盛ん過ぎて、災難にあったり、車の事故を起こしたり、短気を起こして人とのトラブルなどを引き起こしやすいので要注意。金銭面でも苦労したり、無理難題を人から持ち込まれたりするでしょう。こんな時は、何事も勝気で強引に進みやすいのですが、礼儀を守って進んでいけば、最初は上手くいかなくても、後に自然と目的を達成する事が出来ます。競輪・競馬は当たるかも♪

守護神の時期

赤ちゃん

力不足なのに、気ばかり先に行ってしまって、何事においても失敗しやすくなります。また、短気を起こしやすく、自分が出来ていない事を棚に上げて人を責めトラブルへと発展してしまいます。今は我慢が必要です。

子ども

精神的にも物質的にも、ある程度恵まれる時です。しかし、そこに胡坐をかいて、「不満だ!」と身の程知らずの言動をすると失敗します。現状維持を心掛けて、自分のペースを守っていけば利益が出るでしょう。

青年

勢いに任せて動きたくなる時です。しかし、実力が伴っていないので、強気に出ても墓穴を掘る事になるので要注意。まずは、最初に何にでも首を突っ込まず、人の後について、内容をしっかりと確認してから行動を起こしましょう。

成人

運気が良く道が開ける時となります。今まで悩んできた事や障害が綺麗に無くなったら、とにかく、動けなかった分しっかり前を向いて全力で進んでいきましょう。転職や引越しは吉です。

中年

人からの思いがけない中傷や恨み・嫉みを買う事になるかもしれません。こんな時は、そういう小さい人間は相手にしてはいけません。言いたい人には言わせておきましょう。反論しても『暖簾に腕押し』になります。

老人

動いてはいけない時なのに動いてしまい、自ら災いを招いてしまう時になります。速やかに私利私欲を捨て、自らの行動を反省し、身の丈に合った事をしてください。また、家庭内のトラブルにも要注意!　今は忍耐です。

㉟ 孔雀・カンガルー

 ＋ 

＜豊かな朝日＞

孔雀さんは、カンガルーさんの畑に日の出と共に出てくる毒虫や毒蛇を食べてお腹いっぱいに。カンガルーさんは仕事がはかどりニコニコ。こんな守護神の並びの時は、運気上昇！　何事にもGO！GO！　の時となります。また上司の引き立てなどで、昇進や出世のチャンス到来！　才能を認められ仕事も楽しく、何事においても良い変化が訪れるでしょう。転勤や引越しなども起こります。ケンカ別れした人との仲直りや古い友達との再会がありそうです。ただし、物事の外見は華やかですが、内面は地味であることも多いです。探し物は、早く見つけなければ遠くに持ち去られる事があるかも。病人は、高熱や急変する事があるので要注意。

守護神の時期

赤ちゃん

平社員や新入社員の様に、自分の能力を発揮する事が出来ない時です。途中で障害にあい上手く物事が流れていきません。心に余裕を持って、時を待つ事が出来れば近いうちに願いは叶うでしょう。

子ども

障害や邪魔が入る時です。しかし、上司や目上の人から気に入られて、良い抜け道が見えてきます。急げば失敗しますが、コツコツと努力をしていれば、それが認められ、思いがけない幸せがやって来ます。投げ出さないことが大切。

青年

友人や同僚から信頼・信用される時です。上手く社会に溶け込み前進していく事が出来るでしょう。したがって、周りの空気を良く読み、人とのコミュニケーションをしっかり取る事が大切となります。

成人

欲を出し自分の力を過信して、方向性がズレてしまう時となります。怠け心が出て来て、思い掛けない災いや親からの世話苦労がやって来ます。苦しい立場に立たされるかもしれません。良く周りを見て！　危険はすぐそばにあるかもしれません。

中年

多少の心配事や目先の損得に惑わされず、勇気を持って自分の能力を出し切る事が出来れば、上手く流れに乗る事が出来るでしょう。ここでのポイントは「先を見る目」です。しっかりと見ていけば障害は消えていきます。

老人

部下などに厳しく当たり、反感を持たれトラブルになりやすい時です。また、怒りが爆発しやすい時ですが、心を大きく持ってください。冷静に対処できなければ、事故を起こし失敗します。家族内でもトラブルが発生しやすいので要注意。

㊱ カンガルー・孔雀

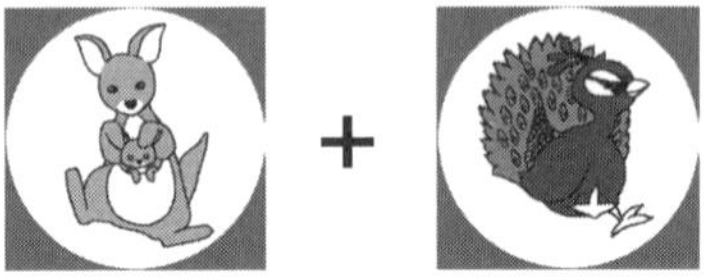

＜傷つき迷う＞

カンガルーさんの袋の中に孔雀さんが入れられて、自分の美しさを表現できない状態です。この守護神の並びの時は、「出る杭は打たれる」ので、能力のある人はそれを隠すためにバカを演じていれば、難を逃れる事が出来ます。言葉や表現を慎まずにそのまま表現してしまうと、嫉妬やいじめなどの災いが目白押しに。人に騙されたり、火事・盗難・女難にも要注意です。また、突発的に起こる事に迷ったり、突発的な事故が家の中でも外でも起こります。離婚話に注意。ただ、水商売系はとても良い時です。他はやはり大きな事は考えず内部固めをしっかりしておきましょう。病気は軽く見えて意外に重いです。

守護神の時期

赤ちゃん

とにかく何をやっても上手くいかない時です。苦労も多く自分の能力も出す事が出来ず、仕事を辞めなくてはならなくなることも。動けばドツボにハマるので、今は逃げるが勝ちとなります。パートナーとの間にも微妙な空気が流れるかも。

子ども

なぜか、人から迷惑を掛けられる時です。しかし、部下や目下の人が助けてくれたり、お金が舞い込んできたりと難を逃れる事が出来ます。その時は大急ぎで対処をしなければいけません。仕事も方針を早目に変えると良いでしょう。

青年

とても良い運気の時となります。いろいろな物事を進めながら、障害を取り除いていく事になるので、迷わず、焦らず、じっくりと進めていくと良いでしょう。この時の良い方角は南です。

成人

関わっている人や、今いる環境の邪悪な部分を知る事が出来る時です。早く対処をして、その場を離れる様にしないと危険になります。地位や名誉を失う前に、古い物・悪い人とは縁を切り次に進んでいきましょう。

中年

進む事も退く事も出来ない立場になり、運気はガタ落ちとなる時です。今は、現状を努力と忍耐で維持し、ピエロになった気持ちで時を過ぎるのを待つしかありません。新しい企画や転職などは止めておきましょう。

老人

初めは天に上るがごとく物事が上手く流れていきますが、ついつい調子に乗りすぎて人に迷惑を掛けてしまい、大失敗に終わってしまう時です。今は謙虚な姿勢で、時が来るまで待つしか方法はありません。

㊲ ヘビ・孔雀

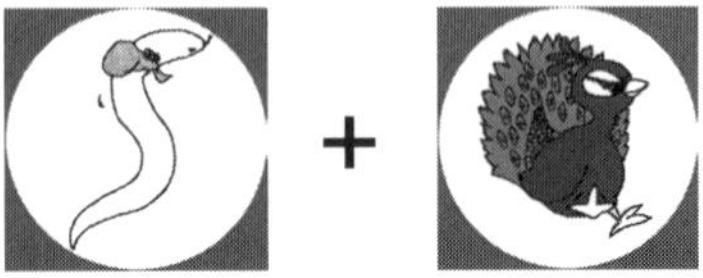

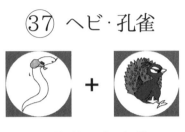

＜女性的・家庭的＞

ヘビちゃんの趣味のお花を使い、孔雀さんが女性的感性で、家の中を芸術的に飾りました。この守護神の並びの時は吉運で、家庭的な事や本業をしっかり守る事が大切になります。少し家庭の問題が出てきますが、家を守る気持ちでいれば吉。今は内部を固め基礎をしっかりする時です。外回りより事務処理の仕事をしっかりしましょう。また、仕事は一人でするのではなく、人と協力してやるか、人に任せてしまった方が良いでしょう。願い事などは、平凡な小さな事は叶いますが、大きな事は叶いません。急に会いたい人から連絡が来るかも！　女性が仲介役をすると吉。三角関係やお遊びの恋愛は凶。探し物は早ければ見つかるでしょう。

守護神の時期

赤ちゃん

本当の目的や目標を忘れない様に進む事が大切です。途中で心が動かされそうになる事があっても、ブレずに進んでいけば発展していきます。周りの事は気にせず無駄を省き、とにかく進みましょう。

子ども

上司や夫などの動きを中心に考え、サポーターとして、相手が動きやすい様にする事が大切です。自分の仕事は着実に行い、出しゃばらない事です。自分の欲で行動するのはダメです。旅行や引越しは止めておきましょう。

青年

人や自分に厳しくしても甘くしても、物事は上手く流れていきません。人に任せていた事は一度チェックをしましょう。また、しっかり内部をまとめるために、コミュニケーションの勉強はとても大切です。色恋沙汰はトラブルの元になるので要注意！

成人

運気がとても良く、家庭内は安定し、お金にも不自由する事が無い時となります。学問・研究をしてきた人は世に名を残せそうです。また、新築・引越し・旅行・恋愛に良い流れが来ています。ただし、火事には注意をしてください。

中年

まだまだ運気が好調です。家庭も会社も円満で、家族や社員の協力により成功への道が開けてきます。ただし親バカになってはいけませんよ！　また、大変であろう新天地で、一から事を始めても必ず大成功となるでしょう。

老人

ずっと努力していた事がやっと報われて、良い成果が得られる時となります。威厳や信頼を得る事が出来、次の世代への引き継ぎを考え始めると良いでしょう。改善・修繕は吉となりますが、新規な事は辞めて吉。情に流されないことが大切です。

㊳ 孔雀・猫

＋

＜仲違いする＞

頭が良く先見の明がある孔雀さんは、軽い感じでおしゃべりばかりの猫ちゃんとは意見が合いません。そんな守護神の並びの時は、意見の食い違いや内部での不和があったりと、苦労が多い時です。また、嫁姑や会社内の中年女性と若い女性、男同士でもぶつかり合いがあるでしょう。人の変化も激しく、意見がコロコロ変わる事もあります。その為、大きな企画は通りませんが、小さな話は進むので、知識がある人に相談すると良いでしょう。文章や芸術や研究していた事を発表するのも良い時です。色恋に溺れて散財する事があるので、要注意となります。病気を患っている人は良くなっていきます。探し物は出てこないでしょう。

守護神の時期

赤ちゃん

いろいろな事で行き違いがあり、上手く事が運ばないことがあります。それに背を向けず、じっと待っていれば好転していく時です。また、トラブルに巻き込まれる事もあります。人を見極めて良い人なら従い、そうでなければ線を引きましょう。

子ども

物事が思い通りに運ばない時ですが、意外な裏道や見識ある人からの助けが入り、道が開けてくるでしょう。ただし、途中で邪魔する人や誘惑がありますが、それにも負けずに進むことが大切です。また、ケンカしていた人から仲直りの話が来るでしょう。

青年

思わぬ誤解から災いがやってきます。そのため、物事を軽く見ていると酷い目にあうでしょう。そんな時は、なるべく関わらない様に慎重にしている事が大切です。親は子どものケンカには口を出さない様にしましょう。

成人

誤解されていた事がやっと解消し、仲直りが出来る時となります。その時は人に仲介を頼みましょう。一人で動けば、我が強くなり過ぎて孤立しやすくなるので、誠実に物腰柔らかく助けを求めて。出費はかさむでしょう。

中年

一人で動かず仲間と共に協力し、事を運ぶと良いでしょう。また、部下からのアイデアで難を逃れる事になります。今は、何事も控え目にすることが大切。株の売買は今は止めておきましょう。また、ケンカした親族と仲直り出来るかも。

老人

疑いやトラブルがやっと解消し、敵だった人とも仲良くなれます。まずは、積極的に行動して運を味方につけましょう。願い事はゆっくりですが、叶っていきます。契約事にはとても良い時です。

㊴ モグラ・象

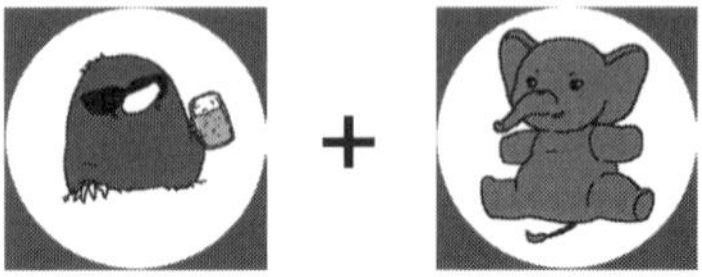

＜悩んで止まる＞

お酒を飲みながら考え込むモグラちゃんと、何を言っても動かない象さんが二人で重苦しい空気を漂わせています。この守護神の並びの時は、進もうと思っても進めず、下がろうにもさがれない八方塞りの時となります。また、とても苦しい時で、焦って進もうとすれば破滅する事になります。したがって、今は静かに動かず、時が来るのを待つしかありません。謙虚にしていれば、知恵ある目上の人や友人からの援助があるので、自ら動かず待っていましょう。住む所で悩んだり、家庭内でのトラブルや、金銭問題・病難・水難・盗難・詐欺などに要注意です。山に行く人は、雪崩・遭難という事もあるので注意して。特に東北は要注意！　西南は吉方向となります。

守護神の時期

赤ちゃん

前方にトラブルがあり、気にせずに近づいていけば、失敗する時となります。相手から折れてきた話は上手くいき、利益が出ます。しかし、新しい企画・開業は避けてください。流れを良く見て今は動かない様にしましょう。

子ども

困難の多い時となりますが、欲を捨てて自分の出来る事をしっかりやっていけば、力ある人から助けがあるでしょう。精神的・肉体的にも辛い時ですが、自分のメンテナンスをしっかりしておけば幸運が訪れます。

青年

自分から戦いを仕掛けたくなる時です。しかし、ただ闇雲に動いても失敗します。まずは自分の内側や会社内部の整理、統一をしましょう。そうすれば、身内からのアドバイスで難を逃れる事が出来ます。敵対する相手から動きがあれば、そこがチャンスです！

成人

辛い事がありますが、上司などと協力し事を進めていけば、上手く物事が流れていくでしょう。あと少しで災いも去っていくので、多くの人とのコミュニケーションが大切となります。知識・知恵をしっかり集めて時を待ちましょう。

中年

希望の光が見えてきました。今まで動きを止められていた事も、知識ある友人や同僚と共に解決して行けば成功へと道が開けてきます。ほんの少しでも道が開ければ、大丈夫！　あとは努力あるのみです！

老人

大変苦労していた事が、やっと大成功へ近づいてきました。今まで努力を欠かさず、コツコツとやり続け、目上の人や上司の意見を良く聞いて来た人は、これまでの損を取り戻せます。ただし、焦って動いてはダメです。

㊵ バンビ・モグラ

 ＋ 

＜出口が出来る＞

バンビちゃんが奏でる音楽は、創作活動が煮詰まっているモグラさんに大きなヒントを与えました。こんな守護神の並びの時は、困難な状態からの解決・解散など、希望が見えて脱出できる時となります。しっかりと速やかに進んでいけば、心も安定し悩みも解消できます。ただし、今まで順調に物事が進んできた人にとっては、その物事が解消してしまうという怖さもあります。つまり、良きも悪きも解消してしまうので、その人の状態によって判断の仕方が変わります。また、多忙な時ともいえます。契約の解消や人との別れがあったり、結婚は出来ても、その後お互いを見ていかないと離婚と言う事もあるので要注意。西南の方角は吉。

守護神の時期

赤ちゃん

自分一人では上手くいきません。上司など、人からの助けを受けると願い事は叶います。必ず相手に礼儀を尽くして従いましょう。しかし、物事の流れの途中で、誘惑や邪魔が入りますので要注意です。

子ども

努力・忍耐する事により、運気が上昇していきます。実力や実績が認められ、名誉やお金が手に入ります。しかし、不正な動きをしている人が居るので、しっかりとチェックして排除する事が必要です。

青年

自分を過信し過ぎ、分不相応な動きや派手な行動をして、陰口をたたかれる時となります。その事に気づかず、調子に乗っていると失敗に終わるので注意が必要。解任・解雇・離婚などが起こりやすいです。引越し・旅行は控えてください。

成人

くだらない腐れ縁は切って、友達の整理をする時です。そうすれば、真の友人が見えて来て、その人に助けられるでしょう。イライラして怠け心が起こったりしますが、責任者と協力して動くと良いでしょう。女性は婦人科系に注意です。

中年

経営者など上に立つ人は、不正を働く人に対して、情に流される事なく切っていく事が大切となります。早目に手を打てば、一度困難な状態になったとしても、安泰の道へと進むことが出来るでしょう。今は、人の中身を良く見る事が重要になります。

老人

障害や災いがやって来ますが、上手く取り除くことが出来ます。その障害は上司や目上の人の場合があります。冷静に、今自分が持っている知識を集約して事に当たれば難を逃れられます。引越し・新築・旅行は吉。

㊶ 象·猫

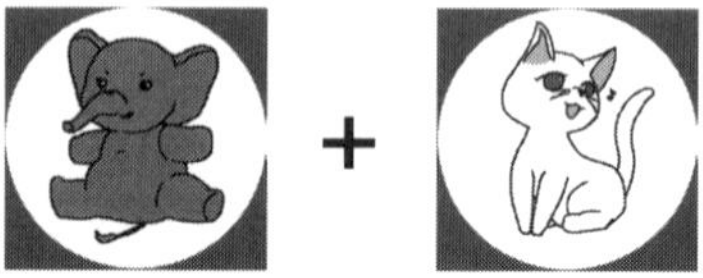

＜目先のモノを捨てて尽くす＞

一度止まるとなかなか動かない象さんの為に、あれこれお金を工面したりと、世話をする猫ちゃん。一見、損をしているように見えますが、実は充実しています。こんな守護神の並びの時は、人のための世話苦労はありますが、後に必ず幸せがやってくる「損して得取れ」の時となります。物質的には苦しくとも精神的には充実してきます。ただし、欲に走ると全てを失います。また、事を急いでもダメです。一人で動くより誰かと共同で話を進める方が良いでしょう。最初は物事が上手く流れていかない事もありますが、あきらめずに二度、三度とチャレンジする事により光が見えてきます。先行投資も良いでしょう。探し物は見つかりません。病気はゆっくりですが治ります。

守護神の時期

赤ちゃん

動く時を逃さない事が大切になってきます。友人や同僚からの相談や依頼が来たら、自分の事は後回しにしましょう。例え苦労があったとしても速やかに動く事。迷って止まれば、悲しい結果となるでしょう。

子ども

どんな事があっても、動かず動じず自分を一番に考える事が必要な時です。例え権力のある人から依頼があったとしても、受けてはいけません。新しい事はもちろん転職・増改築などもお勧めしません。今は止まって守る事、これが一番大切です。

青年

共同で仕事をするよりも、一人で他人の力をあてにせず動いた方が、援助してくれる人が現れます。もし、目標が二つ・三つと出てきたら、一つに絞った方が良いでしょう。結婚や独立はとても良い時となります。

成人

災いや病気などが目の前にやって来ますが、良いアドバイスや良いお医者さんにスムーズに巡りあう事が出来ます。悪いものを取り除く事が出来る良い流れとなるでしょう。また、優秀な年下の友人に巡りあうことが出来ます。

中年

とても良い流れの中に居る時です。何をするにも好調で、突然の援助があったりします。人とのコミュニケーションを大切にしていれば、収入も増えるでしょう。恋愛・旅行・引越し・起業、今はなんでもやってみてOKです♪

老人

まずは相手に損を与えず、利益が出る様に動くことにより、信頼を得て、運気が上昇していきます。自分の欲を優先する様な事があれば必ず失敗をします。今は、誠心誠意で物事に当たりましょう。

㊷ ヘビ・バンビ

＜お互いに助け合い勢いを増す＞

ヘビちゃんの社交性や順応性と、バンビちゃんの行動力が合わさると、どんな困難をも克服して前に進む事が出来ます。こんな守護神の並びの時は、運気も良く、いつも努力を忘れなければ幸運を得る事が出来ます。人と協力して物事に当たれば利益も増幅します。さらにこの時期は、上の者が下の者のために力を尽くして協力する事を表します。また、物事が忙しくいろいろな変化が起きるでしょう。忙しさの中では、思わぬトラブルや病気なども出てきますので、注意が必要です。運気は悪くないのですが、会社内では不安要素も出てきます。契約事の書類関係には、しっかりとチェックを入れてください。結婚・旅行・引越しは吉。

守護神の時期

赤ちゃん

運気がとても向上し、大きな事業を進めるには大変良い時となります。ただし、陰であなたの事を憎んだり嫉んだりする人も出て来るので要注意。何度となく同じことを言わない様に注意しましょう。土木工事や農業は吉となります。

子ども

運気万事順調ですが、自分の利益を得るために惑わされたり、愛情問題に巻き込まれたりしない様に誠実にしている事が大切です。たまにはお墓参りにでも行ってみると良いでしょう。思わぬ良き話が外部から入って来ます。

青年

大変な苦労やトラブルが突発的にやって来ます。しかし、ピンチはチャンスと思ってこの苦行を耐え抜きましょう。そこでの学びが、後のヒントとなりますので、しっかり気持ちを整えて。大火事には注意。

成人

上司や目上の人から信頼され、引き立てがある時です。その折に、転勤などで住所が変わる事があるでしょう。誠実に従って動いていれば、必ず吉となります。通らなかった企画がすんなり通って、成功を収める事が出来るかもしれません。

中年

何事も全て順調に運んでいく時となります。人とのコミュニケーションをしっかり取る事で、信用や信頼を得られ、素晴らしい協力者と共に大成功を収める事が出来るでしょう。新しい事業・転職・引越しなども吉となります。

老人

ついつい自分の事ばかり考えて欲に走り、周りの人からの信頼を無くしてしまいます。また、恨みを買いやすいので注意が必要。今はコツコツと汗水流して働き、節度ある行動あるのみです。異性問題には要注意。

㊸ 猫·龍

 ＋ 

＜思いがけない災い＞

猫ちゃんは、龍ちゃんの上でいつもの様にペチャクチャおしゃべりに夢中。いくら我慢強い龍ちゃんでも、我慢の限界を超えてしまい、とうとう怒りが爆発してしまいました。そんな守護神の並びの時は、決定・決断・決壊など、突然の思いがけない災いや行動を表しています。それまで順調だったがゆえに、調子に乗って動き過ぎてしまい、信頼を失い災いが起こります。契約書などの書類は、良く注意してチェックしないと大損する可能性があります。また、人と大喧嘩して別れる事や、住所が変わる事もあります。気分的にいろいろな物事の決断を急ぎたくなる時ですが、焦るとダメです。気持ちを切り替えるための旅行は吉。また、良い意味で驚く事があります。

守護神の時期

赤ちゃん

何をやっても上手くいかない時。時期尚早で力不足のため、動けば墓穴を掘ります。勝手に人の事を疑って勝手に怒っている状態で情けないですよ！　今はジッと動かず冷静にいてください。

子ども

突然の事故や災いが起こりやすい時です。日々の警戒を怠らずに、何が来ても良い様に準備をしていれば、無事に過ぎ去っていきます。今はドッシリと構えている事が大切です。人の悪口・弱点を広めると、せっかくある信用が無くなるので要注意！

青年

表立った行動は控えた方が良い時です。人に言われのない罪を着せられたり、怒られたりで苦労が絶えません。相手と一緒になって、怒りを爆発させると身を滅ぼします。計画は焦らず内に秘め、別の方法で攻めてみれば、運気は良いので成功します。

成人

色々な人からのアドバイスがあるのに、結局思い悩んで決断できず失敗する時となります。今は迷わず、人に従っていけば道も開けます。怠けずしっかり行動していく事が大切。引越しをする可能性があります。痔に注意。

中年

上手い話に騙される時です。相談相手はしっかり選びましょう。また、情に流されて物事が上手くいかなくなる事もあるので、その状態が見ていられず苦しくとも、淡々と物事を進めてください。異性問題は要注意！

老人

一時は状況が良くなっても、誰も自分を助けてくれる人は無く、どうしようもない時となります。会社などは倒産を表します。今は、敗北を認め欲を捨てて、しっかり後始末をしましょう。東の方向に災いを回避するものあり。

㊹ 龍·ヘビ

 ＋ 

＜不意に出会って＞

龍ちゃんが下を見ると、たまたま出歩いていたヘビちゃんを見つけて、龍ちゃんは恋に落ちました。しかし、ヘビちゃんは思わせぶりな態度でどこかに行ってしまいました。こんな守護神の並びの時は、良い事も悪い事も不意や偶然の出会いを表します。良い出会いは、出会った事により新しい道が開かれます。ただし、少し悪い事の方が多いようです。魅力的な女性が５人以上の男性を惑わせたりと、男性にとっては誘惑が多く女難の時となります。また、甘い言葉で心に迷いが出たり、突然のケンカが起きたりします。結婚生活は不安定となります。しかし、女社長や水商売をしている人を含め、女性の仕事には良い時です。短気は損気。小さな事は◎、大きな事は×。

守護神の時期

赤ちゃん

自分の能力の程度を自覚して、一人で走り出さずに人と調和を取って、控え目にしていれば幸せになります。しかし、悪い考えや、人を陥れる事をすると運気が下がります。女性は努力していれば良い流れに。今は油断大敵！

子ども

下心のある人が近づいて来るので要注意。公私混同はせず、自分自身をしっかり見つめなくてはいけません。人の表面だけでなく、内側を見る事が大切です。また、問題があれば内部で厳しく処理しましょう。

青年

動きたくても動けない時となります。止まっていた方が運気が良くなっていきます。怒りに任せて裁判沙汰を起せば、反対に自分の失態が表に出てしまう事にもなるので要注意！　今は落ち着いて進んでいきましょう。

成人

タイミングを逃してしまい、欲しいモノが奪われてしまっていたり、盗まれていたりします。取り返そうと思い動いても、返って災いを受けるだけで損をする時となります。恋愛はライバルに恋人を奪われてしまいそうです。

中年

良い部下によって助けられ、仕事が成功する事になるでしょう。しかし、邪魔な事を考える人がいるかもしれません。あえて事を表に出さずに、内密に内部を固めていきましょう。引越しや旅行などには良い時となります。

老人

我を強く出し過ぎて、人に嫌われる事があります。言葉をやわらかく、上から目線で話さない様に人と接しましょう。身体のメンテナンスはしっかりしてください。何事も慎重に。惑わされる事があったら一度退き、次のチャンスを待ちましょう。

㊺ 猫・カンガルー

＋

＜人が集まり商売繁盛＞

猫ちゃんが招き猫をしているお店では、カンガルーさんの野菜が売っていて、とっても繁盛しています。こんな守護神の並びの時は、人や物やお金が集まり、商売も繁盛する良い運気の時です。しかし、人や物やお金が集まってくると、お金・お酒・異性問題のトラブルも起こりやすくなります。人の世話苦労も増えてきますので注意が必要です。農業は大洪水に襲われる事がありますが、作物は豊作となりますので安心を♪　昔の友人と再会する事もあるので、パーティーや旅行に出かけるのも吉となります。仏様や神様をお祀りすると吉。結婚・昇進・入試なども吉です。探し物は見つかります。議論は良いけれど、言い争いには要注意！

守護神の時期

赤ちゃん

自分がどうしたいのか迷ってしまう時です。自分の意見がまとまらず、動けなくなりますが、目標を一つに絞れば心配しなくとも上手く流れていきます。上司に相談して、思いっ切り進んでみましょう。旅行・引越しは吉となります。

子ども

何も問題なくスムーズに事が運んでいっていたのに、何故かトラブルが発生する時です。そんな時は、中立の立場の有力者を間に立てると良いでしょう。仲間内でのパーティーは、シンプルな手料理でもてなして吉。

青年

物事が上手くいきにくい時ですが、恥をかくつもりで動いてみると、意外と上手く事が進みます。ここで動かないと後悔しますよ！　また、信頼できる上司に付いていくと、引き立てを得て出世の道が開かれます。ポイントは「人の話を聞く」です。

成人

運気が良くなってきている時です。いろいろな人があなたの周りに集まって来ますが、私欲はちょっと脇に置いて、権力者と共に協力して物事を進めると良いでしょう。欲を出し一人で突き進むと失敗となるでしょう。

中年

一見、良い運気に見えますが、これは実力でなく部下の働きが素晴らしいからです。小さな見栄に振り回されず、しっかりと自分の仕事に専念していれば、必ず本当の良い流れとなるでしょう。利益はすぐには出ない時。努力が必要です。

老人

山の頂上から下っているような運気となり、孤立しやすい時となります。仕事上の企画などでは、話がかみ合わず出資もかさんでいく事になります。金銭的には苦しい時となります。今は、無理に話を進めない方が良いでしょう。

㊻ カンガルー・ヘビ

 + 

＜着実に進む＞

春になり、カンガルーさんが畑を耕し始めると、土の中から冬眠していたヘビさんが地上へ顔を出し活動し始めました。こんな守護神の並びの時は、とても好調で、仕事は目上の引き立てもあり成功し、出世する事となるでしょう。小さな元手で大金を掴む事にもなるので、新しい企画や事業などは進んでやりましょう。しかし、急ぎ過ぎると失敗します。調子に乗るとトラブルがやって来るので要注意。ここは、ゆっくりと時間をかけてやり抜いていく事がポイントとなってきます。迷う事があると損をします。引越しなどでは大変な事があります。全てにおいて南の方角が吉となります。結婚は良縁。旅行は吉。

守護神の時期

赤ちゃん

段々と良い運気となる時です。堅実にコツコツと努力を重ねれば、人から信頼を得て昇進するでしょう。この時期は、旅行・引越し・開業の下準備を始めても良いでしょう。

子ども

多くのひとに支持・信頼をされ、大きな仕事をする事となるでしょう。欲を出さず目上の人に誠実に対応し、足元から固めていけば、幸運・名誉の道が開かれます。お墓参りやお仏壇に手を合わせて、ご先祖様に感謝しましょう。

青年

いろいろな事が順調に障害もなく進んでいき、出世・昇進などの良い事があるでしょう。ただし、表面的にはとても良いのですが、何かちょっと物足りなさを感じる事があるようです。また、体調の変化には細心の注意を払うようにしてください。

成人

控え目にして上の人によく従い、部下には良く目を掛けてあげる様にして、バランスを取りながら過ごしていくと良い時となります。また、精神面は充実していて、家庭内も穏やかに過ごせます。ご先祖様の供養も忘れずに。

中年

運気が大変良い時となります。思いがけない良い話が舞い込みます。良い縁談話だったり望んでいた仕事に就いたり、土地が手に入ったりと一生涯の安定に繋がる話となります。この時は、頭の切れるアドバイザーがいるともっと良いでしょう。

老人

鼻高々になり過ぎて欲に目がくらみ、踏み込んではいけないところに手を広げ過ぎて、今までの成果をつぶしてしまう時です。今は静かに退く事が大切。冷静に対処していきましょう。

㊼ 猫·モグラ

＋

＜あるべきものが無く苦しむ＞

猫ちゃんの大好きな魚を育てている池に、モグラさんが下から穴を開けてしまい、水も魚も池から無くなり、猫ちゃんは悲しくなりました。そんな守護神の並びの時は、運気も下がり何をやってもダメ。人に信用してもらえないという八方塞がりの状態となります。契約事も話が途中で破談となったり、金銭面でも苦しい時となります。しかし、とても稀ですが、あなたの努力を見ていた力ある人が救いの手を差し出してくれる事もあるでしょう。でも、あまり期待はしないでね。家庭でもパートナーや子供の事で世話苦労が出てきます。物事の前半は苦しい時ですが、ジタバタせず現状を受け入れ無駄使いをしない様にしましょう。

守護神の時期

赤ちゃん

とにかく何をやってもダメで、「どん底に落ちた」という時になります。あらゆる手段を考えて動いても疲れるだけ。とにかく今は、「忍耐」の一言です。住居も不安定となりトラブルが発生します。今は穏やかに！　金銭問題・病難には要注意！

子ども

あなたのあまりの大変さを見て、上司や目上の人が援助をしてくれるかもしれません。ただし、しっかりと耐え忍び、自分から行動を起こしてはいけません。相手の出方をしっかりと見極めましょう。飲み会などでは、ハメを外さない様に注意！

青年

家の外でも中でも落ち着くところが無く、動く事も退く事も出来ず悩み苦しむ時となります。パートナーは居なくなり、家庭も崩壊し心が病みそうです。しっかりしないと罪を犯してしまいますよ！　「石の上にも三年」と言う様にじっと耐えましょう。

成人

予定していた話やお金が間に合わず、大変な思いをする時となります。しかし、とても意外な所から助け舟がやって来て、後には何とかなるので大丈夫。派手な行動は慎んで質素に過ごしましょう。三角関係には要注意。

中年

まだまだ苦しい時となりますが、何とか道筋が見えてきます。また、人からの信用も戻り、笑顔が出る様になってきます。今は、他に目を向けずコツコツと誠実にしっかり基盤を作りましょう。常に勉強だと思えば、援助者も出て来て良くなるでしょう。

老人

いろいろと面倒な事がやって来る時となります。自分の思い違いで失敗もしますが、すぐに今までと違う方向に動けば、良い結果へと繋がるでしょう。また、発言には要注意。パートナーが逆切れするかもしれませんよ！

㊽ モグラ・ヘビ

+

＜人の為に奉仕する＞

モグラさんは、水不足で困っている人達の為に井戸を掘り、ヘビちゃんはその長い体で井戸の中に入って水を汲み上げています。そんな守護神の並びの時は、困っている人が居たら、人の為に他の人と一致団結して人助けをする時です。繰り返し繰り返し努力をし、世話苦労はとても多いけれど、やり続ける事がとても大切です。人から頼りにされている時なので、誠心誠意を尽くして物事に当たってください。新しい物事に目移りせずに努力していれば、必ず目上の人からの援助があるでしょう。今は表に出ず縁の下の力持ちの様に頑張りましょう。探し物は出てくるでしょう。また、飲食に関係したトラブルが発生するので要注意です。

守護神の時期

赤ちゃん

いろいろな事を始めるのには時期が早く、何もできない時となります。そして、周りの人が誰も近寄って来ません。こんな時は、自分の信念をしっかりと持って、次に進むための勉強をいろいろと準備する事が大切となります。

子ども

まだ進む事が出来ない時。上手くいったかと思うと、少しずつズレて、失敗をする事になるので、今まで頼っていたり協力していた人が離れていく事もあります。相手の中身を良く見て付き合いましょう。また、言論には要注意。

青年

知識・才能共に十分の時です。ただ、それを開花する時がまだ来ておらず、なかなか日の目が見れない時でもあります。必ず表に出る事があるので諦めずに時を待ちましょう。また、あと一歩の所で障害が残っている状態とも言えます。

成人

間もなく幸運期となるのですが、その前に、自分の身の周りや会社の内部などの基礎固めを、しっかりやっておく事が大切です。そのため、人の世話や物・人の整理整頓をする必要があります。外壁・土台の改築などは吉。

中年

今までの努力の甲斐があり、人から信用される事で運気が上昇します。人の情や知恵を借り、大きな企画なども進んでいくでしょう。人の為に動く事が商売繁盛へと繋がり、大きな徳を得る事が出来ます。

老人

とても盛運の時です。いろいろな人の世話をする事で多忙となります。それゆえ、多くの人からの信頼や協力を得る事が出来ます。ただし、その幸せを独り占めせず、多くの人と分かち合いましょう。転職・開業・旅行など全て吉。

㊾ 猫·孔雀

 ＋ 

＜別の形に改める＞

猫ちゃんと孔雀さんは、どちらが人気者かで激しいケンカを始めてしまった為に、神様が三味線と扇子にしてしまいました。こんな守護神の並びの時は、改革・革命などをして、改めて新しくする時となります。新しい事業や企画・転職・開業にはとても良いでしょう。今まで流れが悪かった事でも、方針をまるっと変える事により、良い流れとなっていきます。しかし、物事の始まりは上手く事が運びません。考えすぎると失敗してしまいますが、必ず後で整いますので大丈夫です。また、二人の女性がケンカする事もあります。結婚は途中でダメになる事もあるでしょう。ただし、再婚であれば大丈夫。異性問題は要注意！　探し物は出てきません。

守護神の時期

赤ちゃん

まだ時が来ていません。よって、忍耐強く待ちの姿勢でいる時となります。この時は、再度自分の企画・計画を見直してみましょう。きっとミスが見つかります。今は焦らずしっかりと基礎作りに専念するべきです。

子ども

改革準備が整った状態にはなっています。しかし、まだすぐには動かない方が良いでしょう。ゆっくり焦らず、チャンスの時を見計らってから行動してください。力強い友人が協力してくれます。小規模な事なら進めて良いですが、大きな事には焦りは禁物です。

青年

企画や計画など、すぐに改革したい時ではありますが、焦りや情に流されて事を運んでしまうと失敗します。慎重に、何度も議論し説明する事があれば、周りから反対があっても計画を変えずに行動するべきです。

成人

とにかくGO！　GO！　盛運の時となります。ここで動かないでどうしますか！　新しい企画・開業・引越し・旅行全て吉となります。今は将来の計画のための大きな変化の時にもなります。軽々しい態度を取らず、誠意を持って行動しましょう。

中年

大変良い時となります。願い事は叶い、多くの人からの支持や信頼を得られ幸運が全て手に入る時です。企画・新事業も進めてOK♪　利益も大幅にアップします。凄い出世となるでしょう。状況を一新するには最高の時となります。

老人

今までのモノはすでに改革され、そのモノに対しては表面的に仕上げをするだけで大丈夫です。この状況から欲を出さなくとも、忙しくなりますので、体に気を付けて、独断で動かず人と協力して事を守っていきましょう。

㊿ 孔雀・ヘビ

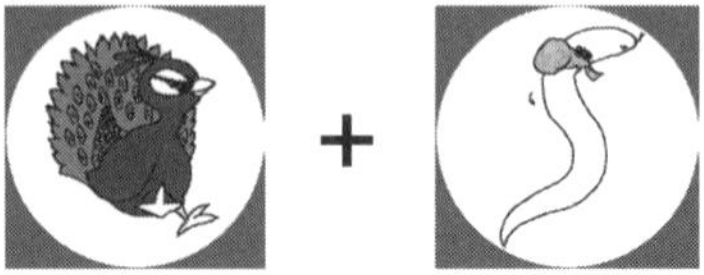

<変化して新しくする>

孔雀さんは芸術家。その作品を情報通のヘビちゃんがあちこちで宣伝し、協力してくれる人材や新しいアイデアを集め、みんなで協力して新しい作品を作りました。そんな守護神の並びの時は、安定と協調を示すために、今あるモノに新たに何かを加えて新しいモノを作り上げるという時です。友人と三人で共同事業などを協力して進めていくのも良いでしょう。また、誰かの間に入り、仲介する事もあるでしょう。住む所での苦労や書類のミスが原因で、苦情が出る事があるので要注意。異性問題では新しい恋愛の形が出来上がる可能性もあります。また、金銭の出費は多くなります。探し物は元とは少し変わった形で出て来るでしょう。引越し・旅行は吉です。

守護神の時期

赤ちゃん

目上の知識人からの知恵を得て、従っていくと良い時です。役に立たないモノや障害になるモノを一掃し、新しく再建するのも良いでしょう。しかし、ずるい事を考えていたら途中でバレます。今は内部をしっかり整えましょう。

子ども

誠実に行動する事により、上司からの引き立てがあり出世できる時です。しかし、人からの嫉妬を受けやすかったり、誘惑が多いので注意が必要です。旅行・引越しは吉です。また、妊娠しやすい時となります。出産は安産でしょう。

青年

才能も知識も十分あるのですが、表に出過ぎると失敗しやすい時です。今は、大人しくしていましょう。イライラすればする程に、物事の進み方が遅くなりますよ！慎重にゆっくりと時を待ちましょう。

成人

自分の実力以上の仕事を引き受けて、大失敗してしまう運気の時です。全てにおいて、損失・失敗が付いて回るので十分な注意が必要となります。協力してくれる部下などは良く見定めて選びましょう。

中年

今までの努力が実り、人の上に立つ指導者となる時です。良く人の言葉を聞き、部下の素質を理解し、上手く適材適所に用いて引き立ててあげましょう。そうすれば、運気がますます上がります。売買などは吉。

老人

とても運気が良い時です。一人で行動せず多くの人と協力しましょう。人の上に立つ事があっても、威張らず堅実に歩んでいけば、人から慕われ成功の道へと進んでいけます。新しい企画・新築・引越し・旅行すべて吉。

㊿ バンビ・バンビ

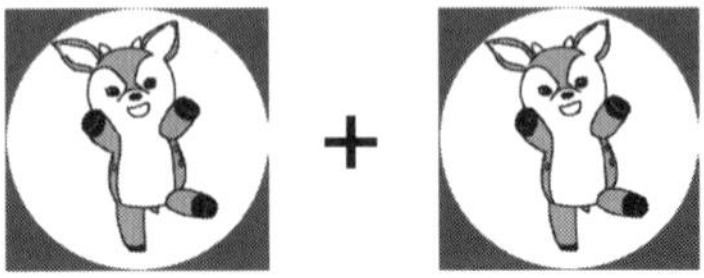

＜音はするけど形無し＞

バンビちゃんは驚かすのが大好き、もう一人のバンビちゃんを驚かそうとして花火を上げたら、その音で二人共ビックリ！　後で大笑いとなりました。そんな守護神の並びの時は、驚く事があっても注意をしていれば、実害はないという時です。また、二度驚くことがあるとも言えます。大きな口をたたいたにも関わらず、何も起きなかったり尻切れトンボになりやすいですが、勉学に勤しんだり精神的な宗教・文学などを研究していくのにはとても良いでしょう。ただし、経済的・物質的な事には忙しい割にはあまり期待は出来ません。周りの変化・変動が起こりやすい時。また、出費もかさみます。結婚は×。しかし、再婚は吉。旅行は東の方向が吉。

守護神の時期

赤ちゃん

気力を奮い起こして大きな仕事に挑む時となります。初めに驚く事がありますが、後になると安心・安定してきます。したがって、何事も怖がる事無くチャレンジしていくと良いでしょう。努力は大きな実となります。開業・転職は吉。

子ども

驚く事や危険な事が突然やって来て、財産を失ってしまう時です。精神的にも苦労が多い時ですが、今は自分の身を守る事が第一。たとえ、資産を一旦無くしても必ず後から戻ってくるので、前向きに考えていきましょう。

青年

何か行動を起こそうと努力している割には、何も上手くいきません。こんな時は欲を持たず、その場を去る気持ちで消極的にしている事が、災いから逃れる手段となります。とてもビックリする連絡が入る事もあるでしょう。

成人

実力がまだ整っていないのに人の為と動き出し、途中で疲れてしまい、どうしようもなくなる時となります。しっかりと基礎を学んでから時が来るのを待ちましょう。事故や仕事上のトラブル・人間関係・自然災害に要注意。

中年

人の為と思って動いた事で、災いがやって来る時です。それ以外にも、次々と驚くべき事態がやって来て苦労が絶えません。今はまず、動揺せず一つ一つの物事に対処していくしかありません。この時期は家庭内のトラブルが発生します。

老人

運気があまり良くない時で、身動きが取れなくなります。無理に動けばトラブルへと発展していきます。また、ビックリする事が起こります。直接的には害がないのですが、周りの人達から苦情を言われる羽目になります。

㊷ 象·象

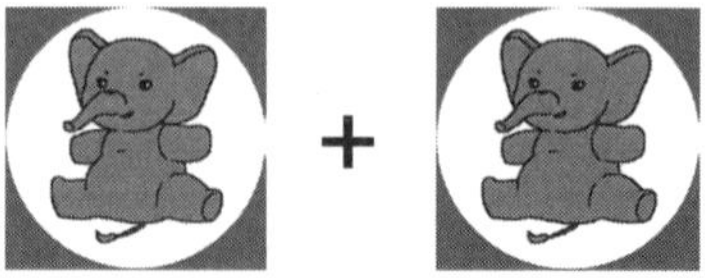

＜止まって考える＞

二人の象さんが、神様の山の入り口で瞑想を始めています。その為、他の人達はなかなか山の中に入る事が出来ません。こんな守護神の並びの時は、止まる事がとても大切であるという事を示しています。今ある事をコツコツとやり、他に心を移さない様にし、人に頼らずに何が今必要かをしっかりと自分自身に問い、内部を固める必要があります。相続や仕事の悩みが多く出てきます。また、人との意見が合わないのですが、強引に話を進めていくと損や失敗をする事になります。そんな時は、頑固になり過ぎない様にしましょう。また、丁寧になり過ぎて物事の進み方が遅くなる事もあります。目標は一つに絞る様にしましょう。転職・引越しは×。探し物は見つかります。

守護神の時期

赤ちゃん

自分から行動しない事もそうですが、動かないという事が重要な時です。ただし、相手の方から持ってきた話などは進めても良いでしょう。それ以外は、現状を守る事に専念してください。転職などはもちろんダメです。

子ども

運気は衰運です。自分の思い通りには物事が運びません。頑固な上司には話も聞いてもらう事も出来ず、自分よりも仕事のできない人に指示されて、腹のたつ事もあるでしょう。今はとにかく我慢の時です。

青年

自分の今までの考え方を変更しなければ、途中で大変な思いをする事になります。人間関係では、上と下に挟まれどちらにつくかで迷い、何ともならない事になりそうです。背中や腰の怪我に要注意!

成人

自分の意見は全く通らない時となります。しかし、その事に気を病むよりジッとチャンスを待つ方が良いでしょう。また、大任を任される事もありますが、自分の出来る事をコツコツとやっていきましょう。旅行は止めておきましょう。

中年

もう少しで光が見える時になります。しかし、自分からまだ行動を起こしてはいけません。失言など、言葉でのトラブルには要注意です。ケンカ別れをしていた人が戻ってきて、助けてくれる事もあります。また、講演などをする機会もあるでしょう。

老人

今まで止まっていた流れが、全て上手く流れていく時となります。しかし、順序は守ってください。止める時はしっかり止まり、チャンスを待ちましょう。調子に乗らず慎重に仕上げて吉。祭り事は中心となり動くでしょう。結婚吉。旅行は×。

㊳ ヘビ·象

＜ゆっくり進む＞

ヘビちゃんと象さんは仲良しです。でも、象さんのペースはゆっくりなので、ヘビちゃんは象さんからのプロポーズをゆったり待っています。こんな守護神の並びの時は、順を追って徐々に進んでいく事を表しています。一歩一歩確実に、ゆっくり幸運へと向かい、大きな成果と利益を生み出していきます。しかし、お金の出入りは激しく、悩みの種となる事もあります。出張も多く、恋人同士であれば、すれ違いで誤解するなどのトラブルも。しかし、運気は良いので焦らず対処していけば上手くいきます。仕事は足元固めをしっかりして、我を張らずに、一つずつ片づけていくと良いでしょう。結婚は正式な手順を踏んで吉。探し物は出て来ないでしょう。住居の苦労あり。

守護神の時期

赤ちゃん

新一年生のような時で、未熟な状態です。また、助けてくれる者もいないので危険です。しかし、焦らずしっかりと物事を覚えていけば願いは叶います。周りの人が、いろいろと世話をしてくれる事に対して、感謝しましょう。口論はしない様に！

子ども

努力して実力がついてきた時です。上司から引き立てもあり、大きな仕事を任されるようになります。その為、生活も安定し英気を養う時となるでしょう。家庭内も穏やかです。呼吸器には要注意！　結婚は吉となります。

青年

自分の事だけを考えて行動し、友人からの信頼を失ってしまい孤立する時となります。また、家庭内での夫婦関係にヒビが入りやすく、上手くいかなくなるでしょう。裏切り・不正行為・悪口に要注意！

成人

まだ不安定な状態に立たされていて、良い方に流れるか悪い方に流れるか、その分かれ道の時となります。ゆっくりと人に従って進めば昇進の望みもあります。しかし、注意しないと身近に強者が居て、邪魔をされる事になるので気を付けましょう。

中年

物事の障害が取り除かれ、ゆっくりと運気がアップしていきます。良く働く事で利益も増えます。しかし、人の世話苦労はあるでしょう。今は、急がず誠実に事に当たって下さい。子どもとの縁は薄くなります。消化器系には要注意！

老人

とても盛運です。山の頂上に登りつめた時で、金銭面も住む所も安定しています。これは、順序正しく努力して来た事が認められたからです。これにあぐらをかかず、欲を出さない様にし内面を固めていきましょう。転職は吉です。

㊹ バンビ・猫

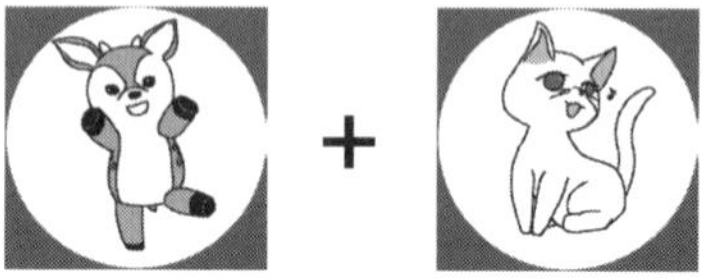

＜順序が違う＞

バンビちゃんはバンドを組んでいます。そのバンドの追っかけをしている猫ちゃんは、裏口から楽屋に押しかけ、怒られてしまいました。そんな守護神の並びの時は、感情のままに手順を踏まず行動して、失敗をしてしまう時となります。男女関係では、一時の感情で体の関係が出来てしまい、後で問題が生じる事になります。女性がとても積極的に行動に出て失敗する事が多いので、物事の始まりは良く考えてから行動した方が良いでしょう。また、契約事も目先の利益に目がくらむと、大きな損害が出る事でしょう。きちんとした方法、または、順序をしっかり踏んでいるかを確認して進んでください。浮気心は程々に！　詐欺に注意！　探し物は出てきます。

守護神の時期

赤ちゃん

自分の才能や志がいくら高くても、今は前に出ないで人に従っていくと、流れが良くなる時です。一番を狙わず二番手を狙う事で、利益が出てきます。「謙虚で従順」が合言葉。

子ども

出来の悪い上司やパートナーに、嫌だけど従わなければならない時です。ここは、片目を瞑るくらいの気持ちで我慢していきましょう。この時期は、新しい事は全て行ってはいけません。身体は肝臓に要注意。

青年

自分の欲の為に無謀な行動をし、災いが生じてしまい失敗する時となります。どんなに実力があっても、人に認められず経済的にも苦しく、ジタバタするでしょう。ここはしっかり反省し、卑しき心を取り除く努力をしましょう。

成人

少しチャンスを逃してしまった様に見える時です。しかし、焦らず人の意見に流されない様に、次のチャンスを待つことが大切。そうすれば、出世していく事になるでしょう。女性は婦人科系の病気に要注意!

中年

とても良い時となります。姿形は質素でも中味が充実しています。また、誠実にしていれば、信頼を得られ大きな喜びがやって来るでしょう。結婚は大吉、大いに進めましょう。旅行・引越しも大変良い時でしょう。喉・歯には注意が必要です。

老人

大凶となる時です。異性関係では表面だけで中身が無く、お互いに誠実さがありません。また、金銭問題などの争い事が発生しやすくもなります。契約事は特に要注意です。婚姻は最悪で離婚の影があります。とにかく今は、慎ましくしていましょう。

㊺ バンビ·孔雀

 ＋ 

<運気の収穫期>

バンビちゃんはギターを、孔雀さんはボーカルで超人気バンドの仲間です。でも、調子に乗り過ぎて音楽以外に手を広げたので、音楽が出来なくなってしまいました。そんな守護神の並びの時は、盛大にして大いに活躍するという意味があります。しかし、山の頂上に登れば下らなくてはいけない事を頭の中に置いて、倹約の心を持って進まなくてはいけません。外見は華やかでも物質面では実益は少なく、内状は苦しかったりと外と内が違う事もあります。また、突然の驚く事や大災害にあう可能性があるので注意しましょう。油断していると不意を突かれて人に騙されます。書類関係は確認が必要！　しかし、学問や芸術·芸能などは吉となります。

守護神の時期

赤ちゃん

自分と同じ思いの上司や、目上の人に目を掛けてもらえるでしょう。その人と共に事を行うと、良い運気となります。しかし、その時は調子に乗らず謙虚にいる事が大切となります。転職・引越しは止めておきましょう。

子ども

進もうと思っても、途中で疑いを掛けられたり、ちょっとした言葉の誤解などで妨害にあいます。しかし、どんなに苦しくとも、誠意を尽くして控え目に行動していれば、後には必ず良くなるでしょう。

青年

衰運に陥る時となります。今まで信用してきた同僚や上司などから裏切られ、気力が落ちて実力を発揮する事が出来なくなる時です。賭け事をすれば大損しますので、変な欲は捨てましょう。また、驚くことがありそうです。

成人

上手く物事が通らず、不安の時となります。そんな時は考え方を変えてみるのが良いでしょう。知識ある年下の人の意見を取り入れると、運気が上がってきます。異性問題が発生するので要注意!

中年

運気盛大の時です。良い部下を得る事によって、新しい企画や大きな改革を成功させることが出来ます。また、文学・文章・芸術の面では特に吉運を呼び込む事が出来、名をあげる事となるでしょう。

老人

運気が下がり気味となります。今は静かにし、みだりに動かない様にしなければいけません。動けば散財し心も荒んでいくので注意が必要です。全てを綺麗に整理し、出直す心構えが大切となります。

㊻ 孔雀·象

＋

＜自分を探す心の旅＞

孔雀さんは人生の勉強の為、意気揚々と象さんの山に修行に来ました。でも、修行は孤独で不安で辛い事ばかりでした。そんな守護神の並びの時は、不安や寂しさを示している時。引越しや転職と言う事も出てきます。無理をせず目上の人に従って動き、自分の内面をしっかりと見つめていく事が大切な時となります。したがって、精神的な宗教・芸術・学問を行うにはとても良いでしょう。しかし、物質的には恵まれない時となりますので、散財したりとお金の面で苦労します。また援助も少ないでしょう。小さい事は叶いますが大きな願いは叶いません。火災、契約書類、異性問題には要注意です。結婚はお勧めしません。

守護神の時期

赤ちゃん

目先の小さな利益の為に争いを起こして、損害を受けるでしょう。資金面でもいろいろと不足していき、苦しい状態となります。今は、自重していかなくてはなりません。大切な事は何かを良く考えてみてください。

子ども

辛い時期ではありますが、お金の面でも人の面でも、あなたを助けてくれる人が出てきて心がホッとする時となります。商売は思ったよりも利益が出ますが、ここで欲を出さない様にしましょう。旅行は良い宿に泊まる事が出来て吉。

青年

自分の我の強さから部下や使用人に見捨てられる事になるでしょう。また、友人とケンカしたり家庭内でも色々な意味のお別れがある時となります。よく自分を見つめ、考え方を変えなくてはいけません。火災に要注意!

成人

一見すると資金も力も備わっていて良い時に見えますが、内実は不安だらけの時となります。人からの信頼は無く、気苦労が絶えません。今は一旦休んで、本当の意味での流れが来るのを待ちましょう。

中年

小さな投資で大きな利益を得て、名を残す事になるでしょう。頭脳を使い、いろいろな情報を取り入れていく事により、企画も通り良い結果へと繋がっていきます。今は積極的に出てOK♪　しかし、私欲に走らない様に注意して。

老人

自分の本当の目的を忘れて、人を笑いあぐらをかいた生活をしていると、災いが自分の身に降りかかって来る時です。財も失い途方に暮れていても、誰も助けてくれない状態に陥ります。今は人の言葉には耳を傾けましょう!　大火事の兆候あり注意!

㊼ ヘビ·ヘビ

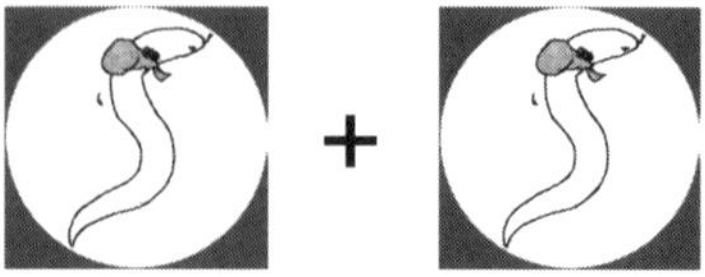

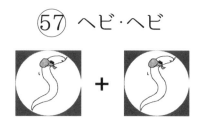

＜フワフワして決められない＞

二匹のヘビちゃんは、行きたい所が別々で迷っています。話し合いを何度となくしたのですが、やっぱり決められません。そんな守護神の並びの時は、「入る」とか「従う」とか「形が無い」という状態です。よくわからない不安があり、迷い決められない時になります。迷った時には、信頼できる人に従って進んでいけば道は開かれるでしょう。しかし、誘惑などがあり気持ちがコロコロと変化しやすく、職や住所も変わりやすいので落ち着きません。この時期は物価の変動も激しい様です。判断する事が難しいですが、臨機応変に対処していくと良いでしょう。遠方から良い話がきます。商売は流行に乗れば吉。結婚は凶。空き巣に要注意。同じ事が二度起こります。

守護神の時期

赤ちゃん

あちらこちらと心が動き、迷い損をする時となります。しかし、どんなに大きな障害が前にあっても、強い信念を持って行動していけば、願い事は達成する事ができます。人を疑わず信用し続けていきましょう。商売は利益は出ますが、堅実に行うと吉。

子ども

いろいろな方面の物事を整理整頓して、人を指導していかなくてはいけない時です。スパイのような人がいるので、占い師など信頼できる人に相談し、足元をしっかり固めていかなくてはいけません。法事などで先祖に感謝し手を合わせると吉です。

青年

心が落ち着かず目的も定まらず、何もかも失敗に終わる時です。あちらこちらと人に助けを頼んでも、聞き入れてもらえず卑屈になりがちですが、足元をしっかり見て一貫性のある考え方や動きを持ちましょう。移り気はダメです！

成人

人の為に動き、助けた事によって、信用や人気を得られ大きな利益も得られる時となります。したがって、人気商売や芸術関係・芸能関係の人は良い流れとなっていくでしょう。しかし、自ら行動しなくては意味がないですよ！

中年

物事のタイミングを良く見て、臨機応変に行動して行けば大成功となるでしょう。先方がいる場合は、物腰の柔らかい部下に頼み、内情を探ってもらうと良いでしょう。初めは流れが悪くても、後に良くなり忙しくなるでしょう。

老人

人に流されやすく八方美人的な動きをしてしまい、信用を無くしてしまう時です。また、人に騙され財を失ったり、企画も上手くいかなくなる事もあるでしょう。今は欲を捨て、甘い言葉には乗らない様に注意。

㊽ 猫・猫

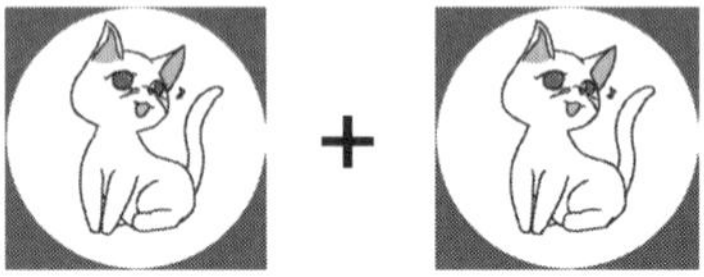

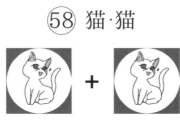

＜口は災いの元＞

猫ちゃん二匹はおしゃべりが大好き♪　大好きなお酒を呑みながら、噂話で大盛り上がり。でも、後で大変な事になりました。こんな守護神の並びの時は、楽しく喜び事がありますが、つい調子に乗ってしまい、言葉での失敗を起しやすい時です。論争など友達と知識を出し合う内は良いのですが、争いにならない様に注意が必要です。また、金銭的な失敗や異性関係の誘惑により大変な事になるかもしれません。物事を急ぎ過ぎると、話がまとまらなくなる事もあります。喜び事は二度やって来るかも。しかし大きな喜び事ではありません。若い女性や営業や情報関係の人にとっては吉の時です。西の方角に良い事があるかも。新規の事は×。結婚は途中でダメになるでしょう。

守護神の時期

赤ちゃん

人の事を疑うことなく素直にしていると、人間関係もスムーズで平和に時が流れていきます。自分の身の丈に合った仕事をする様にしましょう。我を通すと、不安の元になりますので要注意。小さい事ならOKですが、大きな願い事は叶いません。

子ども

誠実にしている事で、人から信用され開運の兆しが見えて来る時です。しかし、付き合う人の内面をしっかり見ておかないと欺かれる事になるでしょう。今は、私的な事は横に置いて、公的な事に心を置くべきです。

青年

欲を出して人と関われば、反対に相手から裏切られます。また、下心を持った人が近づいて来るので、異性問題には要注意です。怠惰な生活に陥りやすくなるので、自分の利欲の為の考えは、早くに変えましょう。

成人

二つの選択肢があり、どちらにするか悩む時です。しかし、最終的には良い方向に流れます。金銭面や色恋もそうですが、酒に飲まれてしまう事も災いの元となるので、しっかりと境界線を引いて物事に当たりましょう。

中年

周りに自分の事しか考えない人がいて、その人にダマされたりします。また、偽善者が現れたりしますので、人をよく見ましょう。異性間でも移り気が出てしまうと悲しい結果となります。詐欺にあいやすいので注意!!

老人

つい人の話に乗せられて、人を傷つける事をしてしまったり、人に騙されたり、悪口を言われたりします。相手との口げんかは止めておきましょう。仕事を辞めるならこの時期は良いでしょう。また、休職する事もあるかも。色恋沙汰には要注意!

㊾ ヘビ・モグラ

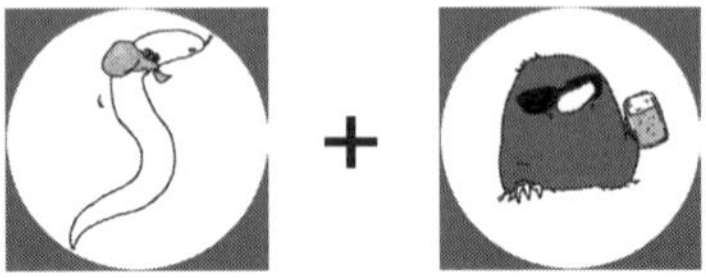

＜解消する時＞

ヘビちゃんが送ってきた一枚のはがきが、モグラさんに大きなヒントを与えて、小説が書けなくて悩んでいた事が嘘の様に解消しました。そんな守護神の並びの時は、散らす・離散する・解散するという意味があります。ほかに、悩みが解けて無くなり、新しい出発を表したりします。しかし、反対に良い事が続いている場合は、それが解消するという事もあるので、吉凶両方の意味があります。また、利益が上がったり、遠方からの良い知らせがあったりします。困難があっても思い切って大きな事をやると援助してくれる人が現れます。海外との運輸関係の仕事は吉。結婚は再婚なら吉。しかし、環境の変化が激しい時で散財しやすく、情に流されやすいので注意。お墓参りは吉。

守護神の時期

赤ちゃん

少し光が見えて来た時ですが、力不足の為に一人では成功しにくい様です。早い時期に力ある人に助けを求めれば上手くいきます。躊躇しているとチャンスを逃す事になるので急いで動きましょう。

子ども

動こうと思ってもタイミングが遅く、出遅れてしまいます。しかし、大急ぎで上司や力ある人に助けを求めれば何とかなります。苦しい時ですが、仲間や部下と心を一つにし、忍耐強く基礎を固めていけば、助けが来て吉を得る事が出来ます。

青年

どんなに苦しい時となっても、自分の利害を考える事をせず、身を粉にして働いていれば、悩みが無くなり大きな利益を得る事が出来るでしょう。この時は、遠方からの便りに良い知らせが来るかも。

成人

多くの人が苦しむ時であっても、自分一人はその難から逃れる事が出来る時となります。それまでに、人に尽くしたり目上の人の意見をしっかりと聞いて学んだり、徳を積んで来た事で、知らぬ間に危険を回避していきます。

中年

運気盛大の時。自分の意志を通す事が出来て成功します。大きな事や公的な事に関する仕事の運気は大吉となります。また、多くの人の信用を得る事が出来ます。人の為に力を惜しまず頑張りましょう。

老人

争いや危険を感じたら、速やかにその場から離れ立ち去りましょう。無駄な干渉はしない方が良いでしょう。自分の中の名誉とか、変なプライドは捨て去る方が吉。また、この時期に船旅をするのはとても良い時となります。

⑥⓪ モグラ・猫

＜誘惑に打ち勝つ＞

落ち着きのない猫ちゃんは、地面の土を掘りたくなりました。でも、ここはモグラさんの家の上、猫ちゃんはグッと我慢しました。こんな守護神の並びの時は、節制を守るとか、区切りをつけるなどの意味があります。したがって、誘惑がとても多い時となります。何でも欲しくなり浪費したりするので、欲を戒める事が必要です。また、いろいろな事が過度になりやすいので、丁度の所で区切りをつける事も大切になります。お金の面では浪費の他に、節約し過ぎてケチと言われてしまう程に節制したりします。飲食でも食べ過ぎ、飲み過ぎ、拒食症などに注意してください。また、人間関係や異性関係では節度ある接し方を心がけてください。旅行は×。結婚は吉。

守護神の時期

赤ちゃん

まだ時を得ていないため、実力などがあったとしても表に出ない事が重要です。大きな企画などがあった場合は、外に情報が漏れない様にしなくてはいけません。漏れれば企画は失敗となりますので、発言には注意してください。

子ども

大きな決断をして動く時ですが、消極的になり過ぎてしまい折角のチャンスを逃しやすい時です。また、反対にやらなくても良い事に手を出して損をしてしまうので、しっかりと外から周りを見て判断する事が必要となります。

青年

楽しい事が一杯で、自制する事が出来ず失敗に終わる時となります。お酒や色恋に溺れたり、食べ過ぎてしまったりします。また、金銭的なトラブルもあるので注意。何が大切なのかをしっかり見定めて行動しましょう。

成人

人よりも素晴らしい才能などがあるわけでは無いけれど、品よく節度を守り素直にしている事で、上司や目上の人に目を掛けてもらい、平穏無事な時を過ごせます。賭け事などは大損しますので止めましょう。

中年

運気良く願い事も叶いやすい時となります。世の中の流れも敏感に察する事が出来、交渉事や契約などは自分から働き掛ければ成功し、相手も自分も満足する結果となる事でしょう。結婚話はぜひ進めてください。

老人

人に対して潔癖過ぎる程で、厳し過ぎるため、人から反感を受ける事があるかもしれません。自分の過ちを振り返る事が出来なければ、苦難の状態のままです。頑固になり過ぎない程度に節度を守ってください。

㉛ ヘビ・猫

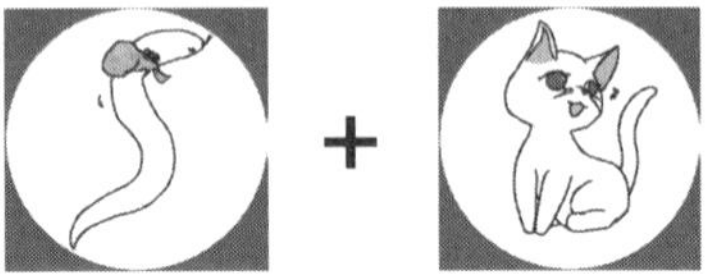

＜心が通じる＞

お花の好きなヘビちゃんが、お花を摘もうとすると「サッ」と猫ちゃんがハサミを手渡してくれます。何も言わなくても心が通じ合うふたり。こんな守護神の並びの時は、誠の心を持って、お互いに心が通じあう、相思相愛の時となります。相談事は解決し、共同で物事を進めていけば成果が上がります。また、一人で物事を進める時期ではないため、言動は慎重に。相手の事を良く考えて、誠実に行動していれば吉となるでしょう。しかし、情に流されやすく散財しやすい時でもあるので注意。レジャー運は吉となりますが、特に遠方への旅行（船）などはとても良いでしょう。契約事は良く話し合いをする事、大きな利益より信用が大切となります。

守護神の時期

赤ちゃん

ふと、心が揺れ動き、本筋が見えなくなってしまう時です。したがって、しっかりと土台を作り、本分を守って進んでいく事が大切となります。人に対しても物事全般にかけても、人に頼らず自分を持って進んでいきましょう。

子ども

「ツーと言えばカー」と言う様に、人とのコミュニケーションがスムーズにいき、盛運へと向かっている時です。したがって、結婚は大吉。また、仕事などは人任せにせず、必ず自分で進めれば利益も出て大吉です。喜び事は人に分け与えて吉となります。

青年

心が不安定になりやすい時です。余分な動きをしてしまい、事が上手く流れず、焦りばかりが出てしまい信用を無くしてしまう事になるでしょう。感情のままに動くと中途半端な事になるので、落ち着いてゆっくりと事を進めましょう。

成人

身内の事や友人からの用事が次々とやって来る時です。しかし、あまり私事ばかりしていると、信用を無くしたりトラブルとなるので、仕事や公な事を優先するべき時となります。妊娠中の人は驚くべき事があるので、心を静かにしていましょう。

中年

とても良い流れの時となります。良きパートナーに恵まれ、共同で物事を進めると良いでしょう。また、精神的に安定し、人の本心が見える時なので、隠れていたモノが浮き上がってくる事もあります。引越し・旅行は吉となります。

老人

実力不足なのに虚勢を張ってしまうので、自ら落ちていく時となります。自分の才量を良く見極めて、無理な事には手を出さない様にしましょう。そうしなければ、ついには企画倒れになり失敗します。

62 バンビ・象

+

＜進めないもどかしさ＞

バンビちゃんはいつもすぐ行動するのが当たり前。象さんはドッシリとして動きがゆっくり。だから、何をするにも噛み合いません。そんな守護神の並びの時は、お互いに背きあって意見が合わず、困難な時と言えます。小さな事は叶いますが大きな事は成し遂げられません。会社や家庭でも人間関係では急に疎遠になったりと、気苦労が絶えない時とも言えます。お金や仕事は最初の話と違い、思い通りに事が運ばず、ミスも多くなるでしょう。色難には注意。結婚はこの時期は止めておきましょう。旅行もお勧めしません。また、家を出る事もありそうです。今は、腰を低くして慎重に行動しましょう。

守護神の時期

赤ちゃん

身の程知らずで、大きな夢ばかり追って大失敗をする時となります。「一攫千金」とばかりに、決断を急ぐと大損をします。また、人を軽く見ていると嫌われるので注意しましょう。自分の立場をわきまえる事が大切です。

子ども

願い事の半分は叶う時となります。控え目にしていれば、上司からの引き立てを得られます。また、祖母からの援助も得られるでしょう。願い事があれば、トップの者でなく二番手・三番手の人に頼っていけば成果が出るでしょう。今は努力が大切です。

青年

人を信用し、その人から依頼された事で、大変な目にあう時です。また、実力以上の地位に就いて苦労します。こういった時は、自分の身の丈に合った場所に移動し、時が来るのを待つ方が良いでしょう。女性は男性に振り回されるので要注意！

成人

人からの災いを受けやすく、目下の人など、人を信用し過ぎて騙されたり、家財を失ったりする苦難の時となります。書類などのミスで職を失う事にもなりかねないので、人任せにせず、自分で確認をしましょう。

中年

なかなか思い通りに物事が運ばない時となります。助けを求めても誰も助けてくれません。そんな時は、今までのやり方を再検討し、問題が無いか確認してみましょう。経済的には小さな事に目が行き過ぎて大損し、苦しい時です。

老人

人の話を聞かず、自信過剰になってしまう時です。そして、調子に乗って災いを受けやすいので注意が必要。人に憎まれて、騙され踊らされた結果、警察や病院のお世話になる事もあるので細心の注意を払ってください。

㊸ モグラ・孔雀

＜物事が整った＞

モグラさんは、華やかで整っている孔雀さんをモデルに小説を書き、賞を取る事が出来ました。そんな守護神の並びの時は、完成とか整うという意味があります。調和が既に取れている状態となり、運気はもちろん良いのですが、油断すれば段々と衰退していくだけです。しっかりと、現状が崩れない様に備えをして守っていく事が大切となります。人間関係においても、今は仲が良いからとあぐらをかいてはいけません。また、新しく事業を起こしたり引越しするのはやめて、現状を保つことを第一に考えてください。小さな事に失敗しやすいので、もしケンカをしたら、人を間に立てましょう。色事も節度を無くしやすいので要注意。

守護神の時期

赤ちゃん

気力も落ちて疲れも溜まり、どうにかして動こうと思っても、途中で諦めなくてはいけない事になります。今は、大人しくしていた方が良いでしょう。無理をすれば、心身共に壊してしまいます。ゆっくりまったりです♪

子ども

行き違いなどでトラブルが発生します。しかし、暫くすれば解決しますので焦らないでください。小さきものを失って、大きな誉れを得る時となります。転職・引越しは止めておきましょう。探し物はゆっくり探せば見つかります。

青年

身近な人と争う事になる恐れがあります。また、余計な事をしてしまい失敗したりします。たとえ成功したとしても時間がかかり過ぎ、その割には利益が少ないという状態に陥ります。今は控え目にしていて正解です。

成人

衰運の兆しが見え始める時となります。災いなどの危険から細心の注意を払い、物事に当たらなくてはいけません。会社内部などに変化が出始め、資金面も苦しくなりそうです。今は進まず、事を縮小する事が良いでしょう。

中年

派手に見栄を張れば、内実苦しくなるだけで破滅します。下手に動かず、部下と共に心を合わせて、質素に物事を進めていけば良いでしょう。神棚の掃除や仏壇・お墓に行って手を合わせる事で吉運を呼び込めます。

老人

運気が下がり過ぎているのにも関わらず、動き過ぎてしまい、出費も多く散々な時となります。今は、欲を捨てて身を守る事が一番大切。水難・色難などには要注意です。転職・引越し・旅行などもやめておきましょう。

㊹ 孔雀·モグラ

＋

<光を求めて>

孔雀さんは芸術家、でもあと一歩芽が出ません。そこで、モグラさんを見習って日々研究を続けています。そんな守護神の並びの時は、時に恵まれず、未完成な状態の時となります。この時期はとても努力が必要で、焦らずやり遂げる事が大切です。しっかりと計画・準備をし、目的を一つに絞って進むと良いでしょう。最初、物事は上手く進みませんが、だんだんゆっくりと進み、運気も上がっていきます。挫折しそうになるかもしれませんが、障害に負けずに進んでいく事により光が見えてきます。契約書類はミスが無いよう、しっかり目を通しましょう。結婚は進めて良いでしょう。女性が優位の状態の方が運気が上がります。

守護神の時期

赤ちゃん

自分の力量を考えずに動いてしまいます。資金繰りも苦しくなり、窮地に追い込まれ失敗に陥るでしょう。焦って事を起こしても意味は無いので、しっかりとタイミングを見ましょう。異性に対して溺れやすくお金を使いすぎるので要注意です。

子ども

何かと新しい事をしたくなる時です。今はみだりに新しい事に首を突っ込まず、現状維持に努める事が大切になります。静かに待つ事により、後に運気が盛運となっていきます。焦れば大災害を引き寄せます。今はチャンスを待って吉。

青年

まだ行動を起こす時ではありません。しかし、思わぬ助けがやって来るので、周りと相談し物事の準備を始めるのはOKです♪　後は、いつ動くかのタイミングを待つだけにしておきましょう。

成人

長い間の苦労や努力の甲斐があり、光が見えて来た時です。もう動き出しても大丈夫。この運気の波に乗るべきです。仕事も家庭も恋愛も積極的にいきましょう。旅行・引越し吉。ただし、ハメを外さない様にしてくださいね！

中年

盛運の時となり、万事思い通りに事が運んでいきます。しかし、あまり大きな態度を取らずに控え目にしていきましょう。目下の人をしっかり立ててあげると、良く働いてくれるでしょう。そして、成功へと導かれます。名誉も得てホッと一息出来る時です。

老人

物事が上手くいったことにあぐらをかき、節度を失いやすい時となります。図に乗らず用心をして、一歩退く気持ちでいた方が良いでしょう。今までの信用を無くさない様に気を引き締めて進んでいきましょう。

年月日早見表

1950〜2019

あなた（占いたい人）の生年月日のAと占いたい日の
AとBの数字をP.141〜175の中で探し、
P.6〜7の守護神算出方法で計算して下さい。

1950 年

	1月		2月		3月		4月		5月		6月		7月		8月		9月		10月		11月		12月	
	A	B	A	B	A	B	A	B	A	B	A	B	A	B	A	B	A	B	A	B	A	B	A	B
1日	4	3	0	4	6	2	2	3	1	3	5	4	4	4	0	5	0	0	3	0	7	1	6	1
2日	5	4	1	5	7	3	3	4	2	4	6	5	5	5	1	0	5	1	4	1	0	2	7	2
3日	6	5	2	0	0	4	4	5	3	5	7	0	6	0	2	1	6	2	5	2	1	3	0	3
4日	7	0	5	1	1	5	5	0	4	0	0	1	3	1	3	2	7	3	6	3	2	4	1	4
5日	4	1	6	2	2	0	7	1	1	1	1	2	4	2	4	3	0	4	7	4	3	5	2	5
6日	6	2	7	3	0	1	0	2	3	2	3	3	5	3	5	4	1	5	0	5	4	0	3	0
7日	7	3	0	4	1	2	1	3	4	3	4	4	6	4	6	5	2	0	1	0	5	1	0	1
8日	0	4	1	5	2	3	2	4	5	4	5	5	0	5	0	0	4	1	6	1	7	2	6	2
9日	1	5	2	0	3	4	3	5	6	5	6	0	1	0	5	1	5	2	0	2	0	3	7	3
10日	2	0	7	1	4	5	4	0	7	0	3	1	2	1	6	2	6	3	1	3	1	4	0	4
11日	3	1	0	2	5	0	1	1	0	1	4	2	3	2	7	3	7	4	2	4	2	5	1	5
12日	4	2	1	3	6	1	2	2	1	2	5	3	4	3	0	4	0	5	3	5	3	0	2	0
13日	5	3	2	4	7	2	3	3	2	3	6	4	5	4	1	5	1	0	4	0	0	1	3	1
14日	6	4	3	5	0	3	4	4	3	4	7	5	6	5	2	0	6	1	5	1	1	2	4	2
15日	7	5	4	0	1	4	5	5	4	5	0	0	7	0	3	1	7	2	6	2	2	3	5	3
16日	0	0	5	1	2	5	6	0	5	0	1	1	4	1	4	2	0	3	7	3	3	4	6	4
17日	5	1	6	2	3	0	7	1	2	1	2	2	5	2	5	3	1	4	0	4	4	5	7	5
18日	6	2	7	3	0	1	0	2	3	2	3	3	6	3	6	4	2	5	1	5	5	0	0	0
19日	7	3	0	4	1	2	1	3	4	3	4	4	7	4	7	5	3	0	2	0	6	1	5	1
20日	0	4	1	5	2	3	2	4	5	4	5	5	0	5	0	0	4	1	7	1	7	2	6	2
21日	1	5	2	0	3	4	3	5	6	5	6	0	1	0	5	1	5	2	0	2	0	3	7	3
22日	2	0	7	1	4	5	4	0	7	0	3	1	2	1	6	2	6	3	1	3	1	4	0	4
23日	3	1	0	2	5	0	1	1	0	1	4	2	3	2	7	3	7	4	2	4	2	5	1	5
24日	4	2	1	3	6	1	2	2	1	2	5	3	4	3	0	4	0	5	3	5	3	0	2	0
25日	5	3	2	4	7	2	3	3	2	3	6	4	5	4	1	5	1	0	4	0	0	1	3	1
26日	6	4	3	5	0	3	4	4	3	4	7	5	6	5	2	0	6	1	5	1	1	2	4	2
27日	7	5	4	0	1	4	5	5	4	5	0	0	7	0	3	1	7	2	6	2	2	3	5	3
28日	0	0	5	1	2	5	6	0	5	0	1	1	4	1	4	2	0	3	7	3	3	4	6	4
29日	5	1			3	0	7	1	2	1	2	2	5	2	5	3	1	4	0	4	4	5	7	5
30日	6	2			0	1	0	2	3	2	3	3	6	3	6	4	2	5	1	5	5	0	0	0
31日	7	3			1	2			4	3			7	4	7	5			2	0			5	1

1951 年

	1月		2月		3月		4月		5月		6月		7月		8月		9月		10月		11月		12月	
	A	B	A	B	A	B	A	B	A	B	A	B	A	B	A	B	A	B	A	B	A	B	A	B
1日	6	2	6	3	0	1	0	2	3	2	3	3	6	3	6	4	2	5	1	5	5	0	4	0
2日	7	3	7	4	1	2	1	3	4	3	4	4	7	4	7	5	3	0	2	0	6	1	1	1
3日	0	4	0	5	2	3	2	4	5	4	5	5	0	5	0	0	4	1	7	1	7	2	2	2
4日	1	5	1	0	3	4	3	5	6	5	6	0	1	0	5	1	5	2	0	2	0	3	3	3
5日	2	0	0	1	4	5	5	0	7	0	3	1	2	1	6	2	6	3	1	3	1	4	4	4
6日	4	1	1	2	6	0	2	1	1	1	5	2	3	2	7	3	7	4	2	4	2	5	5	5
7日	5	2	2	3	7	1	3	2	2	2	6	3	4	3	0	4	0	5	3	5	3	0	6	0
8日	6	3	3	4	0	2	4	3	3	3	7	4	6	4	2	5	2	0	4	0	1	1	4	1
9日	7	4	4	5	1	3	5	4	4	4	0	5	7	5	3	0	7	1	6	1	2	2	5	2
10日	0	5	5	0	2	4	6	5	5	5	1	0	0	0	4	1	0	2	7	2	3	3	6	3
11日	1	0	6	1	3	5	7	0	6	0	2	1	5	1	5	2	1	3	0	3	4	4	7	4
12日	6	1	7	2	4	0	0	1	3	1	3	2	6	2	6	3	2	4	1	4	5	5	0	5
13日	7	2	0	3	1	1	1	2	4	2	4	3	7	3	7	4	3	5	2	5	6	0	1	0
14日	0	3	1	4	2	2	2	3	5	3	5	4	0	4	0	5	4	0	3	0	7	1	6	1
15日	1	4	2	5	3	3	3	4	6	4	6	5	1	5	1	0	5	1	0	1	0	2	7	2
16日	2	5	3	0	4	4	4	5	7	5	7	0	2	0	6	1	6	2	1	2	1	3	0	3
17日	3	0	0	1	5	5	5	0	0	0	4	1	3	1	7	2	7	3	2	3	2	4	1	4
18日	4	1	1	2	6	0	2	1	1	1	5	2	4	2	0	3	0	4	3	4	3	5	2	5
19日	5	2	2	3	7	1	3	2	2	2	6	3	5	3	1	4	1	5	4	5	4	0	3	0
20日	6	3	3	4	0	2	4	3	3	3	7	4	6	4	2	5	2	0	5	0	1	1	4	1
21日	7	4	4	5	1	3	5	4	4	4	0	5	7	5	3	0	7	1	6	1	2	2	5	2
22日	0	5	5	0	2	4	6	5	5	5	1	0	0	0	4	1	0	2	7	2	3	3	6	3
23日	1	0	6	1	3	5	7	0	6	0	2	1	5	1	5	2	1	3	0	3	4	4	7	4
24日	6	1	7	2	4	0	0	1	3	1	3	2	6	2	6	3	2	4	1	4	5	5	0	5
25日	7	2	0	3	1	1	1	2	4	2	4	3	7	3	7	4	3	5	2	5	6	0	1	0
26日	0	3	1	4	2	2	2	3	5	3	5	4	0	4	0	5	4	0	3	0	7	1	6	1
27日	1	4	2	5	3	3	3	4	6	4	6	5	1	5	1	0	5	1	0	1	0	2	7	2
28日	2	5	3	0	4	4	4	5	7	5	7	0	2	0	6	1	6	2	1	2	1	3	0	3
29日	3	0			5	5	5	0	0	0	4	1	3	1	7	2	7	3	2	3	2	4	1	4
30日	4	1			6	0	2	1	1	1	5	2	4	2	0	3	0	4	3	4	3	5	2	5
31日	5	2			7	1			2	2			5	3	1	4			4	5			3	0

年月日早見表

1952 年

	1月		2月		3月		4月		5月		6月		7月		8月		9月		10月		11月		12月	
	A	B	A	B	A	B	A	B	A	B	A	B	A	B	A	B	A	B	A	B	A	B	A	B
1日	4	1	0	2	7	1	3	2	2	2	6	3	5	3	1	4	1	5	4	5	4	0	7	0
2日	5	2	1	3	0	2	4	3	3	3	7	4	6	4	2	5	2	0	5	0	1	1	0	1
3日	6	3	2	4	1	3	5	4	4	4	0	5	7	5	3	0	7	1	6	1	2	2	1	2
4日	7	4	3	5	2	4	6	5	5	5	1	0	0	0	4	1	0	2	7	2	3	3	2	3
5日	0	5	6	0	3	5	0	0	6	0	2	1	5	1	5	2	1	3	0	3	4	4	3	4
6日	2	0	7	1	5	0	1	1	4	1	4	2	6	2	6	3	2	4	1	4	5	5	4	5
7日	7	1	0	2	2	1	2	2	5	2	5	3	0	3	0	4	3	5	2	5	7	0	2	0
8日	0	2	1	3	3	2	3	3	6	3	6	4	1	4	1	5	5	0	4	0	0	1	7	1
9日	1	3	2	4	4	3	4	4	7	4	7	5	2	5	2	0	6	1	1	1	1	2	0	2
10日	2	4	3	5	5	4	5	5	0	5	0	0	3	0	7	1	7	2	2	2	2	3	1	3
11日	3	5	4	0	6	5	6	0	1	0	5	1	4	1	0	2	0	3	3	3	3	4	2	4
12日	4	0	1	1	7	0	3	1	2	1	6	2	5	2	1	3	1	4	4	4	4	5	3	5
13日	5	1	2	2	0	1	4	2	3	2	7	3	6	3	2	4	2	5	5	5	5	0	4	0
14日	6	2	3	3	1	2	5	3	4	3	0	4	7	4	3	5	3	0	6	0	2	1	5	1
15日	7	3	4	4	2	3	6	4	5	4	1	5	0	5	4	0	0	1	7	1	3	2	6	2
16日	0	4	5	5	3	4	7	5	6	5	2	0	1	0	5	1	1	2	0	2	4	3	7	3
17日	1	5	6	0	4	5	0	0	7	0	3	1	6	1	6	2	2	3	1	3	5	4	0	4
18日	2	0	7	1	5	0	1	1	4	1	4	2	7	2	7	3	3	4	2	4	6	5	1	5
19日	7	1	0	2	2	1	2	2	5	2	5	3	0	3	0	4	4	5	3	5	7	0	2	0
20日	0	2	1	3	3	2	3	3	6	3	6	4	1	4	1	5	5	0	4	0	0	1	7	1
21日	1	3	2	4	4	3	4	4	7	4	7	5	2	5	2	0	6	1	1	1	1	2	0	2
22日	2	4	3	5	5	4	5	5	0	5	0	0	3	0	7	1	7	2	2	2	2	3	1	3
23日	3	5	4	0	6	5	6	0	1	0	5	1	4	1	0	2	0	3	3	3	3	4	2	4
24日	4	0	1	1	7	0	3	1	2	1	6	2	5	2	1	3	1	4	4	4	4	5	3	5
25日	5	1	2	2	0	1	4	2	3	2	7	3	6	3	2	4	2	5	5	5	5	0	4	0
26日	6	2	3	3	1	2	5	3	4	3	0	4	7	4	3	5	3	0	6	0	2	1	5	1
27日	7	3	4	4	2	3	6	4	5	4	1	5	0	5	4	0	0	1	7	1	3	2	6	2
28日	0	4	5	5	3	4	7	5	6	5	2	0	1	0	5	1	1	2	0	2	4	3	7	3
29日	1	5	6	0	4	5	0	0	7	0	3	1	6	1	6	2	2	3	1	3	5	4	0	4
30日	2	0			5	0	1	1	4	1	4	2	7	2	7	3	3	4	2	4	6	5	1	5
31日	7	1			2	1			5	2			0	3	0	4			3	5			2	0

年月日早見表

1953 年

	1月		2月		3月		4月		5月		6月		7月		8月		9月		10月		11月		12月	
	A	B	A	B	A	B	A	B	A	B	A	B	A	B	A	B	A	B	A	B	A	B	A	B
1日	7	1	7	2	5	0	1	1	4	1	4	2	7	2	7	3	3	4	2	4	6	5	5	5
2日	0	2	0	3	2	1	2	2	5	2	5	3	0	3	0	4	4	5	3	5	7	0	6	0
3日	1	3	1	4	3	2	3	3	6	3	6	4	1	4	1	5	5	0	4	0	0	1	3	1
4日	2	4	4	5	4	3	4	4	7	4	7	5	2	5	2	0	6	1	1	1	1	2	4	2
5日	3	5	5	0	5	4	6	5	0	5	0	0	3	0	7	1	7	2	2	2	2	3	5	3
6日	5	0	2	1	7	5	7	0	2	0	6	1	4	1	0	2	0	3	3	3	3	4	6	4
7日	6	1	3	2	0	0	4	1	3	1	7	2	6	2	1	3	1	4	4	4	4	5	4	5
8日	7	2	4	3	1	1	5	2	4	2	0	3	7	3	3	4	3	5	6	5	6	0	5	0
9日	0	3	5	4	2	2	6	3	5	3	1	4	0	4	4	5	4	0	7	0	3	1	6	1
10日	1	4	6	5	3	3	7	4	6	4	2	5	1	5	5	0	1	1	0	1	4	2	7	2
11日	2	5	7	0	4	4	0	5	7	5	3	0	2	0	6	1	2	2	1	2	5	3	0	3
12日	3	0	0	1	5	5	1	0	0	0	4	1	7	1	7	2	3	3	2	3	6	4	1	4
13日	0	1	1	2	6	0	2	1	5	1	5	2	0	2	0	3	4	4	3	4	7	5	2	5
14日	1	2	2	3	3	1	3	2	6	2	6	3	1	3	1	4	5	5	4	5	0	0	3	0
15日	2	3	3	4	4	2	4	3	7	3	7	4	2	4	2	5	6	0	5	0	1	1	0	1
16日	3	4	4	5	5	3	5	4	0	4	0	5	3	5	3	0	7	1	2	1	2	2	1	2
17日	4	5	5	0	6	4	6	5	1	5	1	0	4	0	0	1	0	2	3	2	3	3	2	3
18日	5	0	2	1	7	5	7	0	2	0	6	1	5	1	1	2	1	3	4	3	4	4	3	4
19日	6	1	3	2	0	0	4	1	3	1	7	2	6	2	2	3	2	4	5	4	5	5	4	5
20日	7	2	4	3	1	1	5	2	4	2	0	3	7	3	3	4	3	5	6	5	6	0	5	0
21日	0	3	5	4	2	2	6	3	5	3	1	4	0	4	4	5	4	0	7	0	3	1	6	1
22日	1	4	6	5	3	3	7	4	6	4	2	5	1	5	5	0	1	1	0	1	4	2	7	2
23日	2	5	7	0	4	4	0	5	7	5	3	0	2	0	6	1	2	2	1	2	5	3	0	3
24日	3	0	0	1	5	5	1	0	0	0	4	1	7	1	7	2	3	3	2	3	6	4	1	4
25日	0	1	1	2	6	0	2	1	5	1	5	2	0	2	0	3	4	4	3	4	7	5	2	5
26日	1	2	2	3	3	1	3	2	6	2	6	3	1	3	1	4	5	5	4	5	0	0	3	0
27日	2	3	3	4	4	2	4	3	7	3	7	4	2	4	2	5	6	0	5	0	1	1	0	1
28日	3	4	4	5	5	3	5	4	0	4	0	5	3	5	3	0	7	1	2	1	2	2	1	2
29日	4	5			6	4	6	5	1	5	1	0	4	0	0	1	0	2	3	2	3	3	2	3
30日	5	0			7	5	7	0	2	0	6	1	5	1	1	2	1	3	4	3	4	4	3	4
31日	6	1			0	0			3	1			6	2	2	3			5	4			4	5

1954年	1月		2月		3月		4月		5月		6月		7月		8月		9月		10月		11月		12月	
	A	B	A	B	A	B	A	B	A	B	A	B	A	B	A	B	A	B	A	B	A	B	A	B
1日	5	0	1	1	7	5	7	0	2	0	6	1	5	1	1	2	1	3	4	3	4	4	7	4
2日	6	1	2	2	0	0	4	1	3	1	7	2	6	2	2	3	2	4	5	4	5	5	0	5
3日	7	2	3	3	1	1	5	2	4	2	0	3	7	3	3	4	3	5	6	5	6	0	1	0
4日	0	3	6	4	2	2	6	3	5	3	1	4	0	4	4	5	4	0	7	0	3	1	2	1
5日	1	4	7	5	3	3	0	4	6	4	2	5	1	5	5	0	1	1	0	1	4	2	3	2
6日	3	5	0	0	5	4	1	5	0	5	4	0	2	0	6	1	2	2	1	2	5	3	4	3
7日	4	0	1	1	6	5	2	0	1	0	5	1	7	1	7	2	3	3	2	3	6	4	5	4
8日	1	1	2	2	7	0	3	1	6	1	6	2	1	2	1	3	5	4	3	4	0	5	3	5
9日	2	2	3	3	4	1	4	2	7	2	7	3	2	3	2	4	6	5	5	5	1	0	4	0
10日	3	3	4	4	5	2	5	3	0	3	0	4	3	4	3	5	7	0	6	0	2	1	1	1
11日	4	4	5	5	6	3	6	4	1	4	1	5	4	5	4	0	0	1	3	1	3	2	2	2
12日	5	5	6	0	7	4	7	5	2	5	2	0	5	0	1	1	1	2	4	2	4	3	3	3
13日	6	0	3	1	0	5	0	0	3	0	7	1	6	1	2	2	2	3	5	3	5	4	4	4
14日	7	1	4	2	1	0	5	1	4	1	0	2	7	2	3	3	3	4	6	4	6	5	5	5
15日	0	2	5	3	2	1	6	2	5	2	1	3	0	3	4	4	4	5	7	5	7	0	6	0
16日	1	3	6	4	3	2	7	3	6	3	2	4	1	4	5	5	5	0	0	0	4	1	7	1
17日	2	4	7	5	4	3	0	4	7	4	3	5	2	5	6	0	2	1	1	1	5	2	0	2
18日	3	5	0	0	5	4	1	5	0	5	4	0	3	0	7	1	3	2	2	2	6	3	1	3
19日	4	0	1	1	6	5	2	0	1	0	5	1	0	1	0	2	4	3	3	3	7	4	2	4
20日	1	1	2	2	7	0	3	1	6	1	6	2	1	2	1	3	5	4	4	4	0	5	3	5
21日	2	2	3	3	4	1	4	2	7	2	7	3	2	3	2	4	6	5	5	5	1	0	4	0
22日	3	3	4	4	5	2	5	3	0	3	0	4	3	4	3	5	7	0	6	0	2	1	1	1
23日	4	4	5	5	6	3	6	4	1	4	1	5	4	5	4	0	0	1	3	1	3	2	2	2
24日	5	5	6	0	7	4	7	5	2	5	2	0	5	0	1	1	1	2	4	2	4	3	3	3
25日	6	0	3	1	0	5	0	0	3	0	7	1	6	1	2	2	2	3	5	3	5	4	4	4
26日	7	1	4	2	1	0	5	1	4	1	0	2	7	2	3	3	3	4	6	4	6	5	5	5
27日	0	2	5	3	2	1	6	2	5	2	1	3	0	3	4	4	4	5	7	5	7	0	6	0
28日	1	3	6	4	3	2	7	3	6	3	2	4	1	4	5	5	5	0	0	0	4	1	7	1
29日	2	4			4	3	0	4	7	4	3	5	2	5	6	0	2	1	1	1	5	2	0	2
30日	3	5			5	4	1	5	0	5	4	0	3	0	7	1	3	2	2	2	6	3	1	3
31日	4	0			6	5			1	0			0	1	0	2			3	3			2	4

1955年	1月		2月		3月		4月		5月		6月		7月		8月		9月		10月		11月		12月	
	A	B	A	B	A	B	A	B	A	B	A	B	A	B	A	B	A	B	A	B	A	B	A	B
1日	3	5	7	0	5	4	1	5	0	5	4	0	3	0	7	1	3	2	2	2	6	3	5	3
2日	4	0	0	1	6	5	2	0	1	0	5	1	0	1	0	2	4	3	3	3	7	4	6	4
3日	1	1	1	2	7	0	3	1	6	1	6	2	1	2	1	3	5	4	4	4	0	5	7	5
4日	2	2	4	3	4	1	4	2	7	2	7	3	2	3	2	4	6	5	5	5	1	0	0	0
5日	3	3	5	4	5	2	6	3	0	3	0	4	3	4	3	5	7	0	6	0	2	1	5	1
6日	5	4	6	5	7	3	7	4	2	4	2	5	4	5	4	0	0	1	3	1	3	2	6	2
7日	6	5	7	0	0	4	0	5	3	5	3	0	5	0	1	1	1	2	4	2	4	3	7	3
8日	7	0	4	1	1	5	1	0	4	0	0	1	7	1	3	2	3	3	5	3	6	4	5	4
9日	0	1	5	2	2	0	6	1	5	1	1	2	0	2	4	3	4	4	7	4	7	5	6	5
10日	1	2	6	3	3	1	7	2	6	2	2	3	1	3	5	4	5	5	0	5	0	0	7	0
11日	2	3	7	4	4	2	0	3	7	3	3	4	2	4	6	5	6	0	1	0	5	1	0	1
12日	3	4	0	5	5	3	1	4	0	4	4	5	3	5	7	0	3	1	2	1	6	2	1	2
13日	4	5	1	0	6	4	2	5	1	5	5	0	4	0	0	1	4	2	3	2	7	3	2	3
14日	5	0	2	1	7	5	3	0	2	0	6	1	1	1	1	2	5	3	4	3	0	4	3	4
15日	2	1	3	2	0	0	4	1	7	1	7	2	2	2	2	3	6	4	5	4	1	5	4	5
16日	3	2	4	3	5	1	5	2	0	2	0	3	3	3	3	4	7	5	6	5	2	0	5	0
17日	4	3	5	4	6	2	6	3	1	3	1	4	4	4	4	5	0	0	7	0	3	1	2	1
18日	5	4	6	5	7	3	7	4	2	4	2	5	5	5	5	0	1	1	4	1	4	2	3	2
19日	6	5	7	0	0	4	0	5	3	5	3	0	6	0	2	1	2	2	5	2	5	3	4	3
20日	7	0	4	1	1	5	1	0	4	0	0	1	7	1	3	2	3	3	6	3	6	4	5	4
21日	0	1	5	2	2	0	6	1	5	1	1	2	0	2	4	3	4	4	7	4	7	5	6	5
22日	1	2	6	3	3	1	7	2	6	2	2	3	1	3	5	4	5	5	0	5	0	0	7	0
23日	2	3	7	4	4	2	0	3	7	3	3	4	2	4	6	5	6	0	1	0	5	1	0	1
24日	3	4	0	5	5	3	1	4	0	4	4	5	3	5	7	0	3	1	2	1	6	2	1	2
25日	4	5	1	0	6	4	2	5	1	5	5	0	4	0	0	1	4	2	3	2	7	3	2	3
26日	5	0	2	1	7	5	3	0	2	0	6	1	1	1	1	2	5	3	4	3	0	4	3	4
27日	2	1	3	2	0	0	4	1	7	1	7	2	2	2	2	3	6	4	5	4	1	5	4	5
28日	3	2	4	3	5	1	5	2	0	2	0	3	3	3	3	4	7	5	6	5	2	0	5	0
29日	4	3			6	2	6	3	1	3	1	4	4	4	4	5	0	0	7	0	3	1	2	1
30日	5	4			7	3	7	4	2	4	2	5	5	5	5	0	1	1	4	1	4	2	3	2
31日	6	5			0	4			3	5			6	0	2	1			5	2			4	3

年月日早見表

1956 年

	1月		2月		3月		4月		5月		6月		7月		8月		9月		10月		11月		12月	
	A	B	A	B	A	B	A	B	A	B	A	B	A	B	A	B	A	B	A	B	A	B	A	B
1日	5	4	5	5	0	4	0	5	3	5	3	0	6	0	2	1	2	2	5	2	5	3	0	3
2日	6	5	6	0	1	5	1	0	4	0	0	1	7	1	3	2	3	3	6	3	6	4	1	4
3日	7	0	3	1	2	0	6	1	5	1	1	2	0	2	4	3	4	4	7	4	7	5	2	5
4日	0	1	4	2	3	1	7	2	6	2	2	3	1	3	5	4	5	5	0	5	0	0	3	0
5日	1	2	7	3	5	2	1	3	0	3	3	4	2	4	6	5	6	0	1	0	5	1	4	1
6日	3	3	0	4	6	3	2	4	1	4	5	5	3	5	7	0	3	1	2	1	6	2	5	2
7日	4	4	1	5	7	4	3	5	2	5	6	0	5	0	1	1	4	2	3	2	0	3	3	3
8日	5	5	2	0	0	5	4	0	3	0	7	1	2	1	2	2	6	3	5	3	1	4	4	4
9日	6	0	3	1	1	0	5	1	0	1	0	2	3	2	3	3	7	4	6	4	2	5	5	5
10日	3	1	4	2	6	1	6	2	1	2	1	3	4	3	4	4	0	5	7	5	3	0	6	0
11日	4	2	5	3	7	2	7	3	2	3	2	4	5	4	5	5	1	0	0	0	4	1	3	1
12日	5	3	6	4	0	3	0	4	3	4	3	5	6	5	6	0	2	1	5	1	5	2	4	2
13日	6	4	7	5	1	4	1	5	4	5	4	0	7	0	3	1	3	2	6	2	6	3	5	3
14日	7	5	0	0	2	5	2	0	5	0	1	1	0	1	4	2	4	3	7	3	7	4	6	4
15日	0	0	5	1	3	0	7	1	6	1	2	2	1	2	5	3	5	4	0	4	0	5	7	5
16日	1	1	6	2	4	1	0	2	7	2	3	3	2	3	6	4	6	5	1	5	1	0	0	0
17日	2	2	7	3	5	2	1	3	0	3	4	4	3	4	7	5	7	0	2	0	6	1	1	1
18日	3	3	0	4	6	3	2	4	1	4	5	5	4	5	0	0	4	1	3	1	7	2	2	2
19日	4	4	1	5	7	4	3	5	2	5	6	0	5	0	1	1	5	2	4	2	0	3	3	3
20日	5	5	2	0	0	5	4	0	3	0	7	1	2	1	2	2	6	3	5	3	1	4	4	4
21日	6	0	3	1	1	0	5	1	0	1	0	2	3	2	3	3	7	4	6	4	2	5	5	5
22日	3	1	4	2	6	1	6	2	1	2	1	3	4	3	4	4	0	5	7	5	3	0	6	0
23日	4	2	5	3	7	2	7	3	2	3	2	4	5	4	5	5	1	0	0	0	4	1	3	1
24日	5	3	6	4	0	3	0	4	3	4	3	5	6	5	6	0	2	1	5	1	5	2	4	2
25日	6	4	7	5	1	4	1	5	4	5	4	0	7	0	3	1	3	2	6	2	6	3	5	3
26日	7	5	0	0	2	5	2	0	5	0	1	1	0	1	4	2	4	3	7	3	7	4	6	4
27日	0	0	5	1	3	0	7	1	6	1	2	2	1	2	5	3	5	4	0	4	0	5	7	5
28日	1	1	6	2	4	1	0	2	7	2	3	3	2	3	6	4	6	5	1	5	1	0	0	0
29日	2	2	7	3	5	2	1	3	0	3	4	4	3	4	7	5	7	0	2	0	6	1	1	1
30日	3	3			6	3	2	4	1	4	5	5	4	5	0	0	4	1	3	1	7	2	2	2
31日	4	4			7	4			2	5			5	0	1	1			4	2			3	3

年月日早見表

1957 年

	1月		2月		3月		4月		5月		6月		7月		8月		9月		10月		11月		12月	
	A	B	A	B	A	B	A	B	A	B	A	B	A	B	A	B	A	B	A	B	A	B	A	B
1日	4	4	0	5	6	3	2	4	1	4	5	5	4	5	0	0	4	1	3	1	7	2	6	2
2日	5	5	1	0	7	4	3	5	2	5	6	0	5	0	1	1	5	2	4	2	0	3	7	3
3日	6	0	2	1	0	5	4	0	3	0	7	1	2	1	2	2	6	3	5	3	1	4	0	4
4日	3	1	5	2	1	0	5	1	0	1	0	2	3	2	3	3	7	4	6	4	2	5	1	5
5日	5	2	6	3	6	1	7	2	1	2	1	3	4	3	4	4	0	5	7	5	3	0	2	0
6日	6	3	7	4	0	2	0	3	3	3	3	4	5	4	5	5	1	0	0	0	4	1	7	1
7日	7	4	0	5	1	3	1	4	4	4	4	5	7	5	6	0	2	1	5	1	5	2	5	2
8日	0	5	1	0	2	4	2	5	5	5	5	0	0	0	4	1	4	2	7	2	7	3	6	3
9日	1	0	6	1	3	5	3	0	6	0	2	1	1	1	5	2	5	3	0	3	0	4	7	4
10日	2	1	7	2	4	0	0	1	7	1	3	2	2	2	6	3	6	4	1	4	1	5	0	5
11日	3	2	0	3	5	1	1	2	0	2	4	3	3	3	7	4	7	5	2	5	2	0	1	0
12日	4	3	1	4	6	2	2	3	1	3	5	4	4	4	0	5	0	0	3	0	7	1	2	1
13日	5	4	2	5	7	3	3	4	2	4	6	5	5	5	1	0	5	1	4	1	0	2	3	2
14日	6	5	3	0	0	4	4	5	3	5	7	0	6	0	2	1	6	2	5	2	1	3	4	3
15日	7	0	4	1	1	5	5	0	4	0	0	1	3	1	3	2	7	3	6	3	2	4	5	4
16日	4	1	5	2	2	0	6	1	1	1	1	2	4	2	4	3	0	4	7	4	3	5	6	5
17日	5	2	6	3	7	1	7	2	2	2	2	3	5	3	5	4	1	5	0	5	4	0	7	0
18日	6	3	7	4	0	2	0	3	3	3	3	4	6	4	6	5	2	0	1	0	5	1	4	1
19日	7	4	0	5	1	3	1	4	4	4	4	5	7	5	7	0	3	1	6	1	6	2	5	2
20日	0	5	1	0	2	4	2	5	5	5	5	0	0	0	4	1	4	2	7	2	7	3	6	3
21日	1	0	6	1	3	5	3	0	6	0	2	1	1	1	5	2	5	3	0	3	0	4	7	4
22日	2	1	7	2	4	0	0	1	7	1	3	2	2	2	6	3	6	4	1	4	1	5	0	5
23日	3	2	0	3	5	1	1	2	0	2	4	3	3	3	7	4	7	5	2	5	2	0	1	0
24日	4	3	1	4	6	2	2	3	1	3	5	4	4	4	0	5	0	0	3	0	7	1	2	1
25日	5	4	2	5	7	3	3	4	2	4	6	5	5	5	1	0	5	1	4	1	0	2	3	2
26日	6	5	3	0	0	4	4	5	3	5	7	0	6	0	2	1	6	2	5	2	1	3	4	3
27日	7	0	4	1	1	5	5	0	4	0	0	1	3	1	3	2	7	3	6	3	2	4	5	4
28日	4	1	5	2	2	0	6	1	1	1	1	2	4	2	4	3	0	4	7	4	3	5	6	5
29日	5	2			7	1	7	2	2	2	2	3	5	3	5	4	1	5	0	5	4	0	7	0
30日	6	3			0	2	0	3	3	3	3	4	6	4	6	5	2	0	1	0	5	1	4	1
31日	7	4			1	3			4	4			7	5	7	0			6	1			5	2

1958年	1月		2月		3月		4月		5月		6月		7月		8月		9月		10月		11月		12月	
	A	B	A	B	A	B	A	B	A	B	A	B	A	B	A	B	A	B	A	B	A	B	A	B
1日	6	3	6	4	0	2	0	3	3	3	3	4	6	4	6	5	2	0	1	0	5	1	0	1
2日	7	4	7	5	1	3	1	4	4	4	4	5	7	5	7	0	3	1	6	1	6	2	1	2
3日	0	5	0	0	2	4	2	5	5	5	5	0	0	0	4	1	4	2	7	2	7	3	2	3
4日	1	0	7	1	3	5	3	0	6	0	2	1	1	1	5	2	5	3	0	3	0	4	3	4
5日	2	1	0	2	4	0	1	1	7	1	3	2	2	2	6	3	6	4	1	4	1	5	4	5
6日	4	2	1	3	6	1	2	2	1	2	5	3	3	3	7	4	7	5	2	5	2	0	5	0
7日	5	3	2	4	7	2	3	3	2	3	6	4	4	4	0	5	0	0	3	0	7	1	3	1
8日	6	4	3	5	0	3	4	4	3	4	7	5	6	5	2	0	6	1	4	1	1	2	4	2
9日	7	5	4	0	1	4	5	5	4	5	0	0	7	0	3	1	7	2	6	2	2	3	5	3
10日	0	0	5	1	2	5	6	0	5	0	1	1	4	1	4	2	0	3	7	3	3	4	6	4
11日	5	1	6	2	3	0	7	1	2	1	2	2	5	2	5	3	1	4	0	4	4	5	7	5
12日	6	2	7	3	0	1	0	2	3	2	3	3	6	3	6	4	2	5	1	5	5	0	0	0
13日	7	3	0	4	1	2	1	3	4	3	4	4	7	4	7	5	3	0	2	0	6	1	5	1
14日	0	4	1	5	2	3	2	4	5	4	5	5	0	5	0	0	4	1	7	1	7	2	6	2
15日	1	5	2	0	3	4	3	5	6	5	6	0	1	0	5	1	5	2	0	2	0	3	7	3
16日	2	0	7	1	4	5	4	0	7	0	3	1	2	1	6	2	6	3	1	3	1	4	0	4
17日	3	1	0	2	5	0	1	1	0	1	4	2	3	2	7	3	7	4	2	4	2	5	1	5
18日	4	2	1	3	6	1	2	2	1	2	5	3	4	3	0	4	0	5	3	5	3	0	2	0
19日	5	3	2	4	7	2	3	3	2	3	6	4	5	4	1	5	1	0	4	0	0	1	3	1
20日	6	4	3	5	0	3	4	4	3	4	7	5	6	5	2	0	6	1	5	1	1	2	4	2
21日	7	5	4	0	1	4	5	5	4	5	0	0	7	0	3	1	7	2	6	2	2	3	5	3
22日	0	0	5	1	2	5	6	0	5	0	1	1	4	1	4	2	0	3	7	3	3	4	6	4
23日	5	1	6	2	3	0	7	1	2	1	2	2	5	2	5	3	1	4	0	4	4	5	7	5
24日	6	2	7	3	0	1	0	2	3	2	3	3	6	3	6	4	2	5	1	5	5	0	0	0
25日	7	3	0	4	1	2	1	3	4	3	4	4	7	4	7	5	3	0	2	0	6	1	5	1
26日	0	4	1	5	2	3	2	4	5	4	5	5	0	5	0	0	4	1	7	1	7	2	6	2
27日	1	5	2	0	3	4	3	5	6	5	6	0	1	0	5	1	5	2	0	2	0	3	7	3
28日	2	0	7	1	4	5	4	0	7	0	3	1	2	1	6	2	6	3	1	3	1	4	0	4
29日	3	1			5	0	1	1	0	1	4	2	3	2	7	3	7	4	2	4	2	5	1	5
30日	4	2			6	1	2	2	1	2	5	3	4	3	0	4	0	5	3	5	3	0	2	0
31日	5	3			7	2			2	3			5	4	1	5			4	0			3	1

1959年	1月		2月		3月		4月		5月		6月		7月		8月		9月		10月		11月		12月	
	A	B	A	B	A	B	A	B	A	B	A	B	A	B	A	B	A	B	A	B	A	B	A	B
1日	4	2	0	3	6	1	2	2	1	2	5	3	4	3	0	4	0	5	3	5	3	0	6	0
2日	5	3	1	4	7	2	3	3	2	3	6	4	5	4	1	5	1	0	4	0	0	1	7	1
3日	6	4	2	5	0	3	4	4	3	4	7	5	6	5	2	0	6	1	5	1	1	2	0	2
4日	7	5	5	0	1	4	5	5	4	5	0	0	7	0	3	1	7	2	6	2	2	3	1	3
5日	0	0	6	1	2	5	7	0	5	0	1	1	4	1	4	2	0	3	7	3	3	4	2	4
6日	6	1	7	2	4	0	0	1	3	1	3	2	5	2	5	3	1	4	0	4	4	5	3	5
7日	7	2	0	3	1	1	1	2	4	2	4	3	6	3	6	4	2	5	1	5	5	0	4	0
8日	0	3	1	4	2	2	2	3	5	3	5	4	0	4	0	5	4	0	2	0	7	1	6	1
9日	1	4	2	5	3	3	3	4	6	4	6	5	1	5	1	0	5	1	0	1	0	2	7	2
10日	2	5	3	0	4	4	4	5	7	5	7	0	2	0	6	1	6	2	1	2	1	3	0	3
11日	3	0	0	1	5	5	5	0	0	0	4	1	3	1	7	2	7	3	2	3	2	4	1	4
12日	4	1	1	2	6	0	2	1	1	1	5	2	4	2	0	3	0	4	3	4	3	5	2	5
13日	5	2	2	3	7	1	3	2	2	2	6	3	5	3	1	4	1	5	4	5	4	0	3	0
14日	6	3	3	4	0	2	4	3	3	3	7	4	6	4	2	5	2	0	5	0	1	1	4	1
15日	7	4	4	5	1	3	5	4	4	4	0	5	7	5	3	0	7	1	6	1	2	2	5	2
16日	0	5	5	0	2	4	6	5	5	5	1	0	0	0	4	1	0	2	7	2	3	3	6	3
17日	1	0	6	1	3	5	7	0	6	0	2	1	5	1	5	2	1	3	0	3	4	4	7	4
18日	6	1	7	2	4	0	0	1	3	1	3	2	6	2	6	3	2	4	1	4	5	5	0	5
19日	7	2	0	3	1	1	1	2	4	2	4	3	7	3	7	4	3	5	2	5	6	0	1	0
20日	0	3	1	4	2	2	2	3	5	3	5	4	0	4	0	5	4	0	3	0	7	1	6	1
21日	1	4	2	5	3	3	3	4	6	4	6	5	1	5	1	0	5	1	0	1	0	2	7	2
22日	2	5	3	0	4	4	4	5	7	5	7	0	2	0	6	1	6	2	1	2	1	3	0	3
23日	3	0	0	1	5	5	5	0	0	0	4	1	3	1	7	2	7	3	2	3	2	4	1	4
24日	4	1	1	2	6	0	2	1	1	1	5	2	4	2	0	3	0	4	3	4	3	5	2	5
25日	5	2	2	3	7	1	3	2	2	2	6	3	5	3	1	4	1	5	4	5	4	0	3	0
26日	6	3	3	4	0	2	4	3	3	3	7	4	6	4	2	5	2	0	5	0	1	1	4	1
27日	7	4	4	5	1	3	5	4	4	4	0	5	7	5	3	0	7	1	6	1	2	2	5	2
28日	0	5	5	0	2	4	6	5	5	5	1	0	0	0	4	1	0	2	7	2	3	3	6	3
29日	1	0			3	5	7	0	6	0	2	1	5	1	5	2	1	3	0	3	4	4	7	4
30日	6	1			4	0	0	1	3	1	3	2	6	2	6	3	2	4	1	4	5	5	0	5
31日	7	2			1	1			4	2			7	3	7	4			2	5			1	0

年月日早見表	1960年																							
	1月		2月		3月		4月		5月		6月		7月		8月		9月		10月		11月		12月	
	A	B	A	B	A	B	A	B	A	B	A	B	A	B	A	B	A	B	A	B	A	B	A	B
1日	6	1	6	2	5	1	5	2	0	2	0	3	3	3	3	4	7	5	6	5	2	0	1	0
2日	7	2	7	3	6	2	6	3	1	3	1	4	4	4	4	5	0	0	7	0	3	1	6	1
3日	0	3	0	4	7	3	7	4	2	4	2	5	5	5	5	0	1	1	4	1	4	2	7	2
4日	1	4	1	5	0	4	0	5	3	5	3	0	6	0	2	1	2	2	5	2	5	3	0	3
5日	2	5	0	0	2	5	2	0	5	0	0	1	7	1	3	2	3	3	6	3	6	4	1	4
6日	4	0	5	1	3	0	7	1	6	1	2	2	0	2	4	3	4	4	7	4	7	5	2	5
7日	5	1	6	2	4	1	0	2	7	2	3	3	2	3	6	4	5	5	0	5	1	0	0	0
8日	6	2	7	3	5	2	1	3	0	3	4	4	3	4	7	5	7	0	2	0	6	1	1	1
9日	7	3	0	4	6	3	2	4	1	4	5	5	4	5	0	0	4	1	3	1	7	2	2	2
10日	0	4	1	5	7	4	3	5	2	5	6	0	5	0	1	1	5	2	4	2	0	3	3	3
11日	1	5	2	0	0	5	4	0	3	0	7	1	2	1	2	2	6	3	5	3	1	4	4	4
12日	2	0	3	1	1	0	5	1	0	1	0	2	3	2	3	3	7	4	6	4	2	5	5	5
13日	7	1	4	2	6	1	6	2	1	2	1	3	4	3	4	4	0	5	7	5	3	0	6	0
14日	0	2	5	3	7	2	7	3	2	3	2	4	5	4	5	5	1	0	0	0	4	1	3	1
15日	1	3	6	4	0	3	0	4	3	4	3	5	6	5	6	0	2	1	5	1	5	2	4	2
16日	2	4	7	5	1	4	1	5	4	5	4	0	7	0	3	1	3	2	6	2	6	3	5	3
17日	3	5	0	0	2	5	2	0	5	0	1	1	0	1	4	2	4	3	7	3	7	4	6	4
18日	4	0	5	1	3	0	7	1	6	1	2	2	1	2	5	3	5	4	0	4	0	5	7	5
19日	5	1	6	2	4	1	0	2	7	2	3	3	2	3	6	4	6	5	1	5	1	0	0	0
20日	6	2	7	3	5	2	1	3	0	3	4	4	3	4	7	5	7	0	2	0	6	1	1	1
21日	7	3	0	4	6	3	2	4	1	4	5	5	4	5	0	0	4	1	3	1	7	2	2	2
22日	0	4	1	5	7	4	3	5	2	5	6	0	5	0	1	1	5	2	4	2	0	3	3	3
23日	1	5	2	0	0	5	4	0	3	0	7	1	2	1	2	2	6	3	5	3	1	4	4	4
24日	2	0	3	1	1	0	5	1	0	1	0	2	3	2	3	3	7	4	6	4	2	5	5	5
25日	7	1	4	2	6	1	6	2	1	2	1	3	4	3	4	4	0	5	7	5	3	0	6	0
26日	0	2	5	3	7	2	7	3	2	3	2	4	5	4	5	5	1	0	0	0	4	1	3	1
27日	1	3	6	4	0	3	0	4	3	4	3	5	6	5	6	0	2	1	5	1	5	2	4	2
28日	2	4	7	5	1	4	1	5	4	5	4	0	7	0	3	1	3	2	6	2	6	3	5	3
29日	3	5	0	0	2	5	2	0	5	0	1	1	0	1	4	2	4	3	7	3	7	4	6	4
30日	4	0			3	0	7	1	6	1	2	2	1	2	5	3	5	4	0	4	0	5	7	5
31日	5	1			4	1			7	2			2	3	6	4			1	5			0	0

年月日早見表	1961年																							
	1月		2月		3月		4月		5月		6月		7月		8月		9月		10月		11月		12月	
	A	B	A	B	A	B	A	B	A	B	A	B	A	B	A	B	A	B	A	B	A	B	A	B
1日	1	1	5	2	3	0	7	1	6	1	2	2	1	2	5	3	5	4	0	4	0	5	3	5
2日	2	2	6	3	4	1	0	2	7	2	3	3	2	3	6	4	6	5	1	5	1	0	4	0
3日	3	3	7	4	5	2	1	3	0	3	4	4	3	4	7	5	7	0	2	0	6	1	5	1
4日	4	4	2	5	6	3	2	4	1	4	5	5	4	5	0	0	4	1	3	1	7	2	6	2
5日	6	5	3	0	7	4	4	5	2	5	6	0	5	0	1	1	5	2	4	2	0	3	7	3
6日	7	0	4	1	1	5	5	0	4	0	0	1	2	1	2	2	6	3	5	3	1	4	0	4
7日	4	1	5	2	2	0	6	1	1	1	1	2	4	2	3	3	7	4	6	4	2	5	6	5
8日	5	2	6	3	7	1	7	2	2	2	2	3	5	3	5	4	1	5	0	5	4	0	7	0
9日	6	3	7	4	0	2	0	3	3	3	3	4	6	4	6	5	2	0	1	0	5	1	4	1
10日	7	4	0	5	1	3	1	4	4	4	4	5	7	5	7	0	3	1	6	1	6	2	5	2
11日	0	5	1	0	2	4	2	5	5	5	5	0	0	0	4	1	4	2	7	2	7	3	6	3
12日	1	0	6	1	3	5	3	0	6	0	2	1	1	1	5	2	5	3	0	3	0	4	7	4
13日	2	1	7	2	4	0	0	1	7	1	3	2	2	2	6	3	6	4	1	4	1	5	0	5
14日	3	2	0	3	5	1	1	2	0	2	4	3	3	3	7	4	7	5	2	5	2	0	1	0
15日	4	3	1	4	6	2	2	3	1	3	5	4	4	4	0	5	0	0	3	0	7	1	2	1
16日	5	4	2	5	7	3	3	4	2	4	6	5	5	5	1	0	5	1	4	1	0	2	3	2
17日	6	5	3	0	0	4	4	5	3	5	7	0	6	0	2	1	6	2	5	2	1	3	4	3
18日	7	0	4	1	1	5	5	0	4	0	0	1	3	1	3	2	7	3	6	3	2	4	5	4
19日	4	1	5	2	2	0	6	1	1	1	1	2	4	2	4	3	0	4	7	4	3	5	6	5
20日	5	2	6	3	7	1	7	2	2	2	2	3	5	3	5	4	1	5	0	5	4	0	7	0
21日	6	3	7	4	0	2	0	3	3	3	3	4	6	4	6	5	2	0	1	0	5	1	4	1
22日	7	4	0	5	1	3	1	4	4	4	4	5	7	5	7	0	3	1	6	1	6	2	5	2
23日	0	5	1	0	2	4	2	5	5	5	5	0	0	0	4	1	4	2	7	2	7	3	6	3
24日	1	0	6	1	3	5	3	0	6	0	2	1	1	1	5	2	5	3	0	3	0	4	7	4
25日	2	1	7	2	4	0	0	1	7	1	3	2	2	2	6	3	6	4	1	4	1	5	0	5
26日	3	2	0	3	5	1	1	2	0	2	4	3	3	3	7	4	7	5	2	5	2	0	1	0
27日	4	3	1	4	6	2	2	3	1	3	5	4	4	4	0	5	0	0	3	0	7	1	2	1
28日	5	4	2	5	7	3	3	4	2	4	6	5	5	5	1	0	5	1	4	1	0	2	3	2
29日	6	5			0	4	4	5	3	5	7	0	6	0	2	1	6	2	5	2	1	3	4	3
30日	7	0			1	5	5	0	4	0	0	1	3	1	3	2	7	3	6	3	2	4	5	4
31日	4	1			2	0			1	1			4	2	4	3			7	4			6	5

1962年

	1月		2月		3月		4月		5月		6月		7月		8月		9月		10月		11月		12月	
	A	B	A	B	A	B	A	B	A	B	A	B	A	B	A	B	A	B	A	B	A	B	A	B
1日	7	0	3	1	1	5	5	0	4	0	0	1	3	1	3	2	7	3	6	3	2	4	1	4
2日	4	1	4	2	2	0	6	1	1	1	1	2	4	2	4	3	0	4	7	4	3	5	2	5
3日	5	2	5	3	7	1	7	2	2	2	2	3	5	3	5	4	1	5	0	5	4	0	3	0
4日	6	3	0	4	0	2	0	3	3	3	3	4	6	4	6	5	2	0	1	0	5	1	0	1
5日	7	4	1	5	1	3	2	4	4	4	4	5	7	5	7	0	3	1	6	1	6	2	1	2
6日	1	5	2	0	3	4	3	5	6	5	6	0	0	0	4	1	4	2	7	2	7	3	2	3
7日	2	0	7	1	4	5	4	0	7	0	3	1	2	1	5	2	5	3	0	3	0	4	0	4
8日	3	1	0	2	5	0	1	1	0	1	4	2	3	2	7	3	7	4	1	4	2	5	1	5
9日	4	2	1	3	6	1	2	2	1	2	5	3	4	3	0	4	0	5	3	5	3	0	2	0
10日	5	3	2	4	7	2	3	3	2	3	6	4	5	4	1	5	1	0	4	0	0	1	3	1
11日	6	4	3	5	0	3	4	4	3	4	7	5	6	5	2	0	6	1	5	1	1	2	4	2
12日	7	5	4	0	1	4	5	5	4	5	0	0	7	0	3	1	7	2	6	2	2	3	5	3
13日	0	0	5	1	2	5	6	0	5	0	1	1	4	1	4	2	0	3	7	3	3	4	6	4
14日	5	1	6	2	3	0	7	1	2	1	2	2	5	2	5	3	1	4	0	4	4	5	7	5
15日	6	2	7	3	0	1	0	2	3	2	3	3	6	3	6	4	2	5	1	5	5	0	0	0
16日	7	3	0	4	1	2	1	3	4	3	4	4	7	4	7	5	3	0	2	0	6	1	5	1
17日	0	4	1	5	2	3	2	4	5	4	5	5	0	5	0	0	4	1	7	1	7	2	6	2
18日	1	5	2	0	3	4	3	5	6	5	6	0	1	0	5	1	5	2	0	2	0	3	7	3
19日	2	0	7	1	4	5	4	0	7	0	3	1	2	1	6	2	6	3	1	3	1	4	0	4
20日	3	1	0	2	5	0	1	1	0	1	4	2	3	2	7	3	7	4	2	4	2	5	1	5
21日	4	2	1	3	6	1	2	2	1	2	5	3	4	3	0	4	0	5	3	5	3	0	2	0
22日	5	3	2	4	7	2	3	3	2	3	6	4	5	4	1	5	1	0	4	0	0	1	3	1
23日	6	4	3	5	0	3	4	4	3	4	7	5	6	5	2	0	6	1	5	1	1	2	4	2
24日	7	5	4	0	1	4	5	5	4	5	0	0	7	0	3	1	7	2	6	2	2	3	5	3
25日	0	0	5	1	2	5	6	0	5	0	1	1	4	1	4	2	0	3	7	3	3	4	6	4
26日	5	1	6	2	3	0	7	1	2	1	2	2	5	2	5	3	1	4	0	4	4	5	7	5
27日	6	2	7	3	0	1	0	2	3	2	3	3	6	3	6	4	2	5	1	5	5	0	0	0
28日	7	3	0	4	1	2	1	3	4	3	4	4	7	4	7	5	3	0	2	0	6	1	5	1
29日	0	4			2	3	2	4	5	4	5	5	0	5	0	0	4	1	7	1	7	2	6	2
30日	1	5			3	4	3	5	6	5	6	0	1	0	5	1	5	2	0	2	0	3	7	3
31日	2	0			4	5			7	0			2	1	6	2			1	3			0	4

1963年

	1月		2月		3月		4月		5月		6月		7月		8月		9月		10月		11月		12月	
	A	B	A	B	A	B	A	B	A	B	A	B	A	B	A	B	A	B	A	B	A	B	A	B
1日	1	5	1	0	3	4	3	5	6	5	6	0	1	0	5	1	5	2	0	2	0	3	3	3
2日	2	0	6	1	4	5	4	0	7	0	3	1	2	1	6	2	6	3	1	3	1	4	4	4
3日	3	1	7	2	5	0	1	1	0	1	4	2	3	2	7	3	7	4	2	4	2	5	5	5
4日	4	2	2	3	6	1	2	2	1	2	5	3	4	3	0	4	0	5	3	5	3	0	6	0
5日	5	3	3	4	7	2	4	3	2	3	6	4	5	4	1	5	1	0	4	0	0	1	7	1
6日	7	4	4	5	1	3	5	4	4	4	0	5	6	5	2	0	6	1	5	1	1	2	0	2
7日	0	5	5	0	2	4	6	5	5	5	1	0	7	0	3	1	7	2	6	2	2	3	1	3
8日	1	0	6	1	3	5	7	0	6	0	2	1	5	1	5	2	1	3	7	3	4	4	7	4
9日	6	1	7	2	4	0	0	1	3	1	3	2	6	2	6	3	2	4	1	4	5	5	0	5
10日	7	2	0	3	1	1	1	2	4	2	4	3	7	3	7	4	3	5	2	5	6	0	1	0
11日	0	3	1	4	2	2	2	3	5	3	5	4	0	4	0	5	4	0	3	0	7	1	6	1
12日	1	4	2	5	3	3	3	4	6	4	6	5	1	5	1	0	5	1	0	1	0	2	7	2
13日	2	5	3	0	4	4	4	5	7	5	7	0	2	0	6	1	6	2	1	2	1	3	0	3
14日	3	0	0	1	5	5	5	0	0	0	4	1	3	1	7	2	7	3	2	3	2	4	1	4
15日	4	1	1	2	6	0	2	1	1	1	5	2	4	2	0	3	0	4	3	4	3	5	2	5
16日	5	2	2	3	7	1	3	2	2	2	6	3	5	3	1	4	1	5	4	5	4	0	3	0
17日	6	3	3	4	0	2	4	3	3	3	7	4	6	4	2	5	2	0	5	0	1	1	4	1
18日	7	4	4	5	1	3	5	4	4	4	0	5	7	5	3	0	7	1	6	1	2	2	5	2
19日	0	5	5	0	2	4	6	5	5	5	1	0	0	0	4	1	0	2	7	2	3	3	6	3
20日	1	0	6	1	3	5	7	0	6	0	2	1	5	1	5	2	1	3	0	3	4	4	7	4
21日	6	1	7	2	4	0	0	1	3	1	3	2	6	2	6	3	2	4	1	4	5	5	0	5
22日	7	2	0	3	1	1	1	2	4	2	4	3	7	3	7	4	3	5	2	5	6	0	1	0
23日	0	3	1	4	2	2	2	3	5	3	5	4	0	4	0	5	4	0	3	0	7	1	6	1
24日	1	4	2	5	3	3	3	4	6	4	6	5	1	5	1	0	5	1	0	1	0	2	7	2
25日	2	5	3	0	4	4	4	5	7	5	7	0	2	0	6	1	6	2	1	2	1	3	0	3
26日	3	0	0	1	5	5	5	0	0	0	4	1	3	1	7	2	7	3	2	3	2	4	1	4
27日	4	1	1	2	6	0	2	1	1	1	5	2	4	2	0	3	0	4	3	4	3	5	2	5
28日	5	2	2	3	7	1	3	2	2	2	6	3	5	3	1	4	1	5	4	5	4	0	3	0
29日	6	3			0	2	4	3	3	3	7	4	6	4	2	5	2	0	5	0	1	1	4	1
30日	7	4			1	3	5	4	4	4	0	5	7	5	3	0	7	1	6	1	2	2	5	2
31日	0	5			2	4			5	5			0	0	4	1			7	2			6	3

年月日早見表	1964 年																							
	1月		2月		3月		4月		5月		6月		7月		8月		9月		10月		11月		12月	
	A	B	A	B	A	B	A	B	A	B	A	B	A	B	A	B	A	B	A	B	A	B	A	B
1日	7	4	3	5	2	4	6	5	5	5	1	0	0	0	4	1	0	2	7	2	3	3	2	3
2日	0	5	4	0	3	5	7	0	6	0	2	1	5	1	5	2	1	3	0	3	4	4	3	4
3日	1	0	5	1	4	0	0	1	3	1	3	2	6	2	6	3	2	4	1	4	5	5	4	5
4日	6	1	6	2	1	1	1	2	4	2	4	3	7	3	7	4	3	5	2	5	6	0	5	0
5日	7	2	1	3	3	2	3	3	6	3	5	4	0	4	0	5	4	0	3	0	7	1	2	1
6日	1	3	2	4	4	3	4	4	7	4	7	5	1	5	1	0	5	1	0	1	0	2	3	2
7日	2	4	3	5	5	4	5	5	0	5	0	0	3	0	7	1	7	2	1	2	2	3	1	3
8日	3	5	4	0	6	5	6	0	1	0	5	1	4	1	0	2	0	3	3	3	3	4	2	4
9日	4	0	1	1	7	0	3	1	2	1	6	2	5	2	1	3	1	4	4	4	4	5	3	5
10日	5	1	2	2	0	1	4	2	3	2	7	3	6	3	2	4	2	5	5	5	5	0	4	0
11日	6	2	3	3	1	2	5	3	4	3	0	4	7	4	3	5	3	0	6	0	2	1	5	1
12日	7	3	4	4	2	3	6	4	5	4	1	5	0	5	4	0	0	1	7	1	3	2	6	2
13日	0	4	5	5	3	4	7	5	6	5	2	0	1	0	5	1	1	2	0	2	4	3	7	3
14日	1	5	6	0	4	5	0	0	7	0	3	1	6	1	6	2	2	3	1	3	5	4	0	4
15日	2	0	7	1	5	0	1	1	4	1	4	2	7	2	7	3	3	4	2	4	6	5	1	5
16日	7	1	0	2	2	1	2	2	5	2	5	3	0	3	0	4	4	5	3	5	7	0	2	0
17日	0	2	1	3	3	2	3	3	6	3	6	4	1	4	1	5	5	0	4	0	0	1	7	1
18日	1	3	2	4	4	3	4	4	7	4	7	5	2	5	2	0	6	1	1	1	1	2	0	2
19日	2	4	3	5	5	4	5	5	0	5	0	0	3	0	7	1	7	2	2	2	2	3	1	3
20日	3	5	4	0	6	5	6	0	1	0	5	1	4	1	0	2	0	3	3	3	3	4	2	4
21日	4	0	1	1	7	0	3	1	2	1	6	2	5	2	1	3	1	4	4	4	4	5	3	5
22日	5	1	2	2	0	1	4	2	3	2	7	3	6	3	2	4	2	5	5	5	5	0	4	0
23日	6	2	3	3	1	2	5	3	4	3	0	4	7	4	3	5	3	0	6	0	2	1	5	1
24日	7	3	4	4	2	3	6	4	5	4	1	5	0	5	4	0	0	1	7	1	3	2	6	2
25日	0	4	5	5	3	4	7	5	6	5	2	0	1	0	5	1	1	2	0	2	4	3	7	3
26日	1	5	6	0	4	5	0	0	7	0	3	1	6	1	6	2	2	3	1	3	5	4	0	4
27日	2	0	7	1	5	0	1	1	4	1	4	2	7	2	7	3	3	4	2	4	6	5	1	5
28日	7	1	0	2	2	1	2	2	5	2	5	3	0	3	0	4	4	5	3	5	7	0	2	0
29日	0	2	1	3	3	2	3	3	6	3	6	4	1	4	1	5	5	0	4	0	0	1	7	1
30日	1	3			4	3	4	4	7	4	7	5	2	5	2	0	6	1	1	1	1	2	0	2
31日	2	4			5	4			0	5			3	0	7	1			2	2			1	3

年月日早見表	1965 年																							
	1月		2月		3月		4月		5月		6月		7月		8月		9月		10月		11月		12月	
	A	B	A	B	A	B	A	B	A	B	A	B	A	B	A	B	A	B	A	B	A	B	A	B
1日	2	4	2	5	4	3	4	4	7	4	7	5	2	5	2	0	6	1	1	1	1	2	4	2
2日	3	5	3	0	5	4	5	5	0	5	0	0	3	0	7	1	7	2	2	2	2	3	5	3
3日	4	0	0	1	6	5	6	0	1	0	5	1	4	1	0	2	0	3	3	3	3	4	6	4
4日	5	1	3	2	7	0	3	1	2	1	6	2	5	2	1	3	1	4	4	4	4	5	7	5
5日	7	2	4	3	0	1	5	2	3	2	7	3	6	3	2	4	2	5	5	5	5	0	0	0
6日	0	3	5	4	2	2	6	3	5	3	1	4	7	4	3	5	3	0	6	0	2	1	1	1
7日	1	4	6	5	3	3	7	4	6	4	2	5	1	5	4	0	0	1	7	1	3	2	7	2
8日	2	5	7	0	4	4	0	5	7	5	3	0	2	0	6	1	2	2	1	2	5	3	0	3
9日	3	0	0	1	5	5	1	0	0	0	4	1	7	1	7	2	3	3	2	3	6	4	1	4
10日	0	1	1	2	6	0	2	1	5	1	5	2	0	2	0	3	4	4	3	4	7	5	2	5
11日	1	2	2	3	3	1	3	2	6	2	6	3	1	3	1	4	5	5	4	5	0	0	3	0
12日	2	3	3	4	4	2	4	3	7	3	7	4	2	4	2	5	6	0	5	0	1	1	0	1
13日	3	4	4	5	5	3	5	4	0	4	0	5	3	5	3	0	7	1	2	1	2	2	1	2
14日	4	5	5	0	6	4	6	5	1	5	1	0	4	0	0	1	0	2	3	2	3	3	2	3
15日	5	0	2	1	7	5	7	0	2	0	6	1	5	1	1	2	1	3	4	3	4	4	3	4
16日	6	1	3	2	0	0	4	1	3	1	7	2	6	2	2	3	2	4	5	4	5	5	4	5
17日	7	2	4	3	1	1	5	2	4	2	0	3	7	3	3	4	3	5	6	5	6	0	5	0
18日	0	3	5	4	2	2	6	3	5	3	1	4	0	4	4	5	4	0	7	0	3	1	6	1
19日	1	4	6	5	3	3	7	4	6	4	2	5	1	5	5	0	1	1	0	1	4	2	7	2
20日	2	5	7	0	4	4	0	5	7	5	3	0	2	0	6	1	2	2	1	2	5	3	0	3
21日	3	0	0	1	5	5	1	0	0	0	4	1	7	1	7	2	3	3	2	3	6	4	1	4
22日	0	1	1	2	6	0	2	1	5	1	5	2	0	2	0	3	4	4	3	4	7	5	2	5
23日	1	2	2	3	3	1	3	2	6	2	6	3	1	3	1	4	5	5	4	5	0	0	3	0
24日	2	3	3	4	4	2	4	3	7	3	7	4	2	4	2	5	6	0	5	0	1	1	0	1
25日	3	4	4	5	5	3	5	4	0	4	0	5	3	5	3	0	7	1	2	1	2	2	1	2
26日	4	5	5	0	6	4	6	5	1	5	1	0	4	0	0	1	0	2	3	2	3	3	2	3
27日	5	0	2	1	7	5	7	0	2	0	6	1	5	1	1	2	1	3	4	3	4	4	3	4
28日	6	1	3	2	0	0	4	1	3	1	7	2	6	2	2	3	2	4	5	4	5	5	4	5
29日	7	2			1	1	5	2	4	2	0	3	7	3	3	4	3	5	6	5	6	0	5	0
30日	0	3			2	2	6	3	5	3	1	4	0	4	4	5	4	0	7	0	3	1	6	1
31日	1	4			3	3			6	4			1	5	5	0			0	1			7	2

1966 年

	1月		2月		3月		4月		5月		6月		7月		8月		9月		10月		11月		12月	
	A	B	A	B	A	B	A	B	A	B	A	B	A	B	A	B	A	B	A	B	A	B	A	B
1日	0	3	4	4	2	2	6	3	5	3	1	4	0	4	4	5	4	0	7	0	3	1	2	1
2日	1	4	5	5	3	3	7	4	6	4	2	5	1	5	5	0	1	1	0	1	4	2	3	2
3日	2	5	6	0	4	4	0	5	7	5	3	0	2	0	6	1	2	2	1	2	5	3	4	3
4日	3	0	1	1	5	5	1	0	0	0	4	1	7	1	7	2	3	3	2	3	6	4	5	4
5日	0	1	2	2	6	0	3	1	5	1	5	2	0	2	0	3	4	4	3	4	7	5	6	5
6日	2	2	3	3	4	1	4	2	7	2	7	3	1	3	1	4	5	5	4	5	0	0	7	0
7日	3	3	4	4	5	2	5	3	0	3	0	4	3	4	2	5	6	0	5	0	1	1	1	1
8日	4	4	5	5	6	3	6	4	1	4	1	5	4	5	4	0	0	1	2	1	3	2	2	2
9日	5	5	6	0	7	4	7	5	2	5	2	0	5	0	1	1	1	2	4	2	4	3	3	3
10日	6	0	3	1	0	5	0	0	3	0	7	1	6	1	2	2	2	3	5	3	5	4	4	4
11日	7	1	4	2	1	0	5	1	4	1	0	2	7	2	3	3	3	4	6	4	6	5	5	5
12日	0	2	5	3	2	1	6	2	5	2	1	3	0	3	4	4	4	5	7	5	7	0	6	0
13日	1	3	6	4	3	2	7	3	6	3	2	4	1	4	5	5	5	0	0	0	4	1	7	1
14日	2	4	7	5	4	3	0	4	7	4	3	5	2	5	6	0	2	1	1	1	5	2	0	2
15日	3	5	0	0	5	4	1	5	0	5	4	0	3	0	7	1	3	2	2	2	6	3	1	3
16日	4	0	1	1	6	5	2	0	1	0	5	1	0	1	0	2	4	3	3	3	7	4	2	4
17日	1	1	2	2	7	0	3	1	6	1	6	2	1	2	1	3	5	4	4	4	0	5	3	5
18日	2	2	3	3	4	1	4	2	7	2	7	3	2	3	2	4	6	5	5	5	1	0	4	0
19日	3	3	4	4	5	2	5	3	0	3	0	4	3	4	3	5	7	0	6	0	2	1	1	1
20日	4	4	5	5	6	3	6	4	1	4	1	5	4	5	4	0	0	1	3	1	3	2	2	2
21日	5	5	6	0	7	4	7	5	2	5	2	0	5	0	1	1	1	2	4	2	4	3	3	3
22日	6	0	3	1	0	5	0	0	3	0	7	1	6	1	2	2	2	3	5	3	5	4	4	4
23日	7	1	4	2	1	0	5	1	4	1	0	2	7	2	3	3	3	4	6	4	6	5	5	5
24日	0	2	5	3	2	1	6	2	5	2	1	3	0	3	4	4	4	5	7	5	7	0	6	0
25日	1	3	6	4	3	2	7	3	6	3	2	4	1	4	5	5	5	0	0	0	4	1	7	1
26日	2	4	7	5	4	3	0	4	7	4	3	5	2	5	6	0	2	1	1	1	5	2	0	2
27日	3	5	0	0	5	4	1	5	0	5	4	0	3	0	7	1	3	2	2	2	6	3	1	3
28日	4	0	1	1	6	5	2	0	1	0	5	1	0	1	0	2	4	3	3	3	7	4	2	4
29日	1	1			7	0	3	1	6	1	6	2	1	2	1	3	5	4	4	4	0	5	3	5
30日	2	2			4	1	4	2	7	2	7	3	2	3	2	4	6	5	5	5	1	0	4	0
31日	3	3			5	2			0	3			3	4	3	5			6	0			1	1

1967 年

	1月		2月		3月		4月		5月		6月		7月		8月		9月		10月		11月		12月	
	A	B	A	B	A	B	A	B	A	B	A	B	A	B	A	B	A	B	A	B	A	B	A	B
1日	2	2	2	3	4	1	4	2	7	2	7	3	2	3	2	4	6	5	5	5	1	0	0	0
2日	3	3	3	4	5	2	5	3	0	3	0	4	3	4	3	5	7	0	6	0	2	1	5	1
3日	4	4	4	5	6	3	6	4	1	4	1	5	4	5	4	0	0	1	3	1	3	2	6	2
4日	5	5	7	0	7	4	7	5	2	5	2	0	5	0	1	1	1	2	4	2	4	3	7	3
5日	6	0	4	1	0	5	1	0	3	0	7	1	6	1	2	2	2	3	5	3	5	4	0	4
6日	0	1	5	2	2	0	6	1	5	1	1	2	7	2	3	3	3	4	6	4	6	5	1	5
7日	1	2	6	3	3	1	7	2	6	2	2	3	0	3	4	4	4	5	7	5	7	0	2	0
8日	2	3	7	4	4	2	0	3	7	3	3	4	2	4	6	5	6	0	0	0	5	1	0	1
9日	3	4	0	5	5	3	1	4	0	4	4	5	3	5	7	0	3	1	2	1	6	2	1	2
10日	4	5	1	0	6	4	2	5	1	5	5	0	4	0	0	1	4	2	3	2	7	3	2	3
11日	5	0	2	1	7	5	3	0	2	0	6	1	1	1	1	2	5	3	4	3	0	4	3	4
12日	2	1	3	2	0	0	4	1	7	1	7	2	2	2	2	3	6	4	5	4	1	5	4	5
13日	3	2	4	3	5	1	5	2	0	2	0	3	3	3	3	4	7	5	6	5	2	0	5	0
14日	4	3	5	4	6	2	6	3	1	3	1	4	4	4	4	5	0	0	7	0	3	1	2	1
15日	5	4	6	5	7	3	7	4	2	4	2	5	5	5	5	0	1	1	4	1	4	2	3	2
16日	6	5	7	0	0	4	0	5	3	5	3	0	6	0	2	1	2	2	5	2	5	3	4	3
17日	7	0	4	1	1	5	1	0	4	0	0	1	7	1	3	2	3	3	6	3	6	4	5	4
18日	0	1	5	2	2	0	6	1	5	1	1	2	0	2	4	3	4	4	7	4	7	5	6	5
19日	1	2	6	3	3	1	7	2	6	2	2	3	1	3	5	4	5	5	0	5	0	0	7	0
20日	2	3	7	4	4	2	0	3	7	3	3	4	2	4	6	5	6	0	1	0	5	1	0	1
21日	3	4	0	5	5	3	1	4	0	4	4	5	3	5	7	0	3	1	2	1	6	2	1	2
22日	4	5	1	0	6	4	2	5	1	5	5	0	4	0	0	1	4	2	3	2	7	3	2	3
23日	5	0	2	1	7	5	3	0	2	0	6	1	1	1	1	2	5	3	4	3	0	4	3	4
24日	2	1	3	2	0	0	4	1	7	1	7	2	2	2	2	3	6	4	5	4	1	5	4	5
25日	3	2	4	3	5	1	5	2	0	2	0	3	3	3	3	4	7	5	6	5	2	0	5	0
26日	4	3	5	4	6	2	6	3	1	3	1	4	4	4	4	5	0	0	7	0	3	1	2	1
27日	5	4	6	5	7	3	7	4	2	4	2	5	5	5	5	0	1	1	4	1	4	2	3	2
28日	6	5	7	0	0	4	0	5	3	5	3	0	6	0	2	1	2	2	5	2	5	3	4	3
29日	7	0			1	5	1	0	4	0	0	1	7	1	3	2	3	3	6	3	6	4	5	4
30日	0	1			2	0	6	1	5	1	1	2	0	2	4	3	4	4	7	4	7	5	6	5
31日	1	2			3	1			6	2			1	3	5	4			0	5			7	0

1968 年

年月日早見表

	1月		2月		3月		4月		5月		6月		7月		8月		9月		10月		11月		12月	
	A	B	A	B	A	B	A	B	A	B	A	B	A	B	A	B	A	B	A	B	A	B	A	B
1日	0	1	4	2	3	1	7	2	6	2	2	3	1	3	5	4	5	5	0	5	0	0	3	0
2日	1	2	5	3	4	2	0	3	7	3	3	4	2	4	6	5	6	0	1	0	5	1	4	1
3日	2	3	6	4	5	3	1	4	0	4	4	5	3	5	7	0	3	1	2	1	6	2	5	2
4日	3	4	7	5	6	4	2	5	1	5	5	0	4	0	0	1	4	2	3	2	7	3	6	3
5日	4	5	2	0	0	5	4	0	3	0	6	1	1	1	1	2	5	3	4	3	0	4	7	4
6日	6	0	3	1	1	0	5	1	0	1	0	2	2	2	2	3	6	4	5	4	1	5	0	5
7日	3	1	4	2	6	1	6	2	1	2	1	3	4	3	4	4	0	5	6	5	3	0	6	0
8日	4	2	5	3	7	2	7	3	2	3	2	4	5	4	5	5	1	0	0	0	4	1	3	1
9日	5	3	6	4	0	3	0	4	3	4	3	5	6	5	6	0	2	1	5	1	5	2	4	2
10日	6	4	7	5	1	4	1	5	4	5	4	0	7	0	3	1	3	2	6	2	6	3	5	3
11日	7	5	0	0	2	5	2	0	5	0	1	1	0	1	4	2	4	3	7	3	7	4	6	4
12日	0	0	5	1	3	0	7	1	6	1	2	2	1	2	5	3	5	4	0	4	0	5	7	5
13日	1	1	6	2	4	1	0	2	7	2	3	3	2	3	6	4	6	5	1	5	1	0	0	0
14日	2	2	7	3	5	2	1	3	0	3	4	4	3	4	7	5	7	0	2	0	6	1	1	1
15日	3	3	0	4	6	3	2	4	1	4	5	5	4	5	0	0	4	1	3	1	7	2	2	2
16日	4	4	1	5	7	4	3	5	2	5	6	0	5	0	1	1	5	2	4	2	0	3	3	3
17日	5	5	2	0	0	5	4	0	3	0	7	1	2	1	2	2	6	3	5	3	1	4	4	4
18日	6	0	3	1	1	0	5	1	0	1	0	2	3	2	3	3	7	4	6	4	2	5	5	5
19日	3	1	4	2	6	1	6	2	1	2	1	3	4	3	4	4	0	5	7	5	3	0	6	0
20日	4	2	5	3	7	2	7	3	2	3	2	4	5	4	5	5	1	0	0	0	4	1	3	1
21日	5	3	6	4	0	3	0	4	3	4	3	5	6	5	6	0	2	1	5	1	5	2	4	2
22日	6	4	7	5	1	4	1	5	4	5	4	0	7	0	3	1	3	2	6	2	6	3	5	3
23日	7	5	0	0	2	5	2	0	5	0	1	1	0	1	4	2	4	3	7	3	7	4	6	4
24日	0	0	5	1	3	0	7	1	6	1	2	2	1	2	5	3	5	4	0	4	0	5	7	5
25日	1	1	6	2	4	1	0	2	7	2	3	3	2	3	6	4	6	5	1	5	1	0	0	0
26日	2	2	7	3	5	2	1	3	0	3	4	4	3	4	7	5	7	0	2	0	6	1	1	1
27日	3	3	0	4	6	3	2	4	1	4	5	5	4	5	0	0	4	1	3	1	7	2	2	2
28日	4	4	1	5	7	4	3	5	2	5	6	0	5	0	1	1	5	2	4	2	0	3	3	3
29日	5	5	2	0	0	5	4	0	3	0	7	1	2	1	2	2	6	3	5	3	1	4	4	4
30日	6	0			1	0	5	1	0	1	0	2	3	2	3	3	7	4	6	4	2	5	5	5
31日	3	1			6	1			1	2			4	3	4	4			7	5			6	0

1969 年

年月日早見表

	1月		2月		3月		4月		5月		6月		7月		8月		9月		10月		11月		12月	
	A	B	A	B	A	B	A	B	A	B	A	B	A	B	A	B	A	B	A	B	A	B	A	B
1日	3	1	3	2	1	0	5	1	0	1	0	2	3	2	3	3	7	4	6	4	2	5	1	5
2日	4	2	4	3	6	1	6	2	1	2	1	3	4	3	4	4	0	5	7	5	3	0	2	0
3日	5	3	5	4	7	2	7	3	2	3	2	4	5	4	5	5	1	0	0	0	4	1	7	1
4日	6	4	0	5	0	3	0	4	3	4	3	5	6	5	6	0	2	1	5	1	5	2	0	2
5日	0	5	1	0	1	4	2	5	4	5	4	0	7	0	3	1	3	2	6	2	6	3	1	3
6日	1	0	6	1	3	5	3	0	6	0	2	1	0	1	4	2	4	3	7	3	7	4	2	4
7日	2	1	7	2	4	0	0	1	7	1	3	2	2	2	5	3	5	4	0	4	1	5	0	5
8日	3	2	0	3	5	1	1	2	0	2	4	3	3	3	7	4	7	5	2	5	2	0	1	0
9日	4	3	1	4	6	2	2	3	1	3	5	4	4	4	0	5	0	0	3	0	7	1	2	1
10日	5	4	2	5	7	3	3	4	2	4	6	5	5	5	1	0	5	1	4	1	0	2	3	2
11日	6	5	3	0	0	4	4	5	3	5	7	0	6	0	2	1	6	2	5	2	1	3	4	3
12日	7	0	4	1	1	5	5	0	4	0	0	1	3	1	3	2	7	3	6	3	2	4	5	4
13日	4	1	5	2	2	0	6	1	1	1	1	2	4	2	4	3	0	4	7	4	3	5	6	5
14日	5	2	6	3	7	1	7	2	2	2	2	3	5	3	5	4	1	5	0	5	4	0	7	0
15日	6	3	7	4	0	2	0	3	3	3	3	4	6	4	6	5	2	0	1	0	5	1	4	1
16日	7	4	0	5	1	3	1	4	4	4	4	5	7	5	7	0	3	1	6	1	6	2	5	2
17日	0	5	1	0	2	4	2	5	5	5	5	0	0	0	4	1	4	2	7	2	7	3	6	3
18日	1	0	6	1	3	5	3	0	6	0	2	1	1	1	5	2	5	3	0	3	0	4	7	4
19日	2	1	7	2	4	0	0	1	7	1	3	2	2	2	6	3	6	4	1	4	1	5	0	5
20日	3	2	0	3	5	1	1	2	0	2	4	3	3	3	7	4	7	5	2	5	2	0	1	0
21日	4	3	1	4	6	2	2	3	1	3	5	4	4	4	0	5	0	0	3	0	7	1	2	1
22日	5	4	2	5	7	3	3	4	2	4	6	5	5	5	1	0	5	1	4	1	0	2	3	2
23日	6	5	3	0	0	4	4	5	3	5	7	0	6	0	2	1	6	2	5	2	1	3	4	3
24日	7	0	4	1	1	5	5	0	4	0	0	1	3	1	3	2	7	3	6	3	2	4	5	4
25日	4	1	5	2	2	0	6	1	1	1	1	2	4	2	4	3	0	4	7	4	3	5	6	5
26日	5	2	6	3	7	1	7	2	2	2	2	3	5	3	5	4	1	5	0	5	4	0	7	0
27日	6	3	7	4	0	2	0	3	3	3	3	4	6	4	6	5	2	0	1	0	5	1	4	1
28日	7	4	0	5	1	3	1	4	4	4	4	5	7	5	7	0	3	1	6	1	6	2	5	2
29日	0	5			2	4	2	5	5	5	5	0	0	0	4	1	4	2	7	2	7	3	6	3
30日	1	0			3	5	3	0	6	0	2	1	1	1	5	2	5	3	0	3	0	4	7	4
31日	2	1			4	0			7	1			2	2	6	3			1	4			0	5

1970 年	1月		2月		3月		4月		5月		6月		7月		8月		9月		10月		11月		12月	
	A	B	A	B	A	B	A	B	A	B	A	B	A	B	A	B	A	B	A	B	A	B	A	B
1日	1	0	5	1	3	5	3	0	6	0	2	1	1	1	5	2	5	3	0	3	0	4	3	4
2日	2	1	6	2	4	0	0	1	7	1	3	2	2	2	6	3	6	4	1	4	1	5	4	5
3日	3	2	7	3	5	1	1	2	0	2	4	3	3	3	7	4	7	5	2	5	2	0	5	0
4日	4	3	2	4	6	2	2	3	1	3	5	4	4	4	0	5	0	0	3	0	7	1	6	1
5日	5	4	3	5	7	3	4	4	2	4	6	5	5	5	1	0	5	1	4	1	0	2	7	2
6日	7	5	4	0	1	4	5	5	4	5	0	0	6	0	2	1	6	2	5	2	1	3	0	3
7日	0	0	5	1	2	5	6	0	5	0	1	1	4	1	3	2	7	3	6	3	2	4	6	4
8日	5	1	6	2	3	0	7	1	2	1	2	2	5	2	5	3	1	4	7	4	4	5	7	5
9日	6	2	7	3	0	1	0	2	3	2	3	3	6	3	6	4	2	5	1	5	5	0	0	0
10日	7	3	0	4	1	2	1	3	4	3	4	4	7	4	7	5	3	0	2	0	6	1	5	1
11日	0	4	1	5	2	3	2	4	5	4	5	5	0	5	0	0	4	1	7	1	7	2	6	2
12日	1	5	2	0	3	4	3	5	6	5	6	0	1	0	5	1	5	2	0	2	0	3	7	3
13日	2	0	7	1	4	5	4	0	7	0	3	1	2	1	6	2	6	3	1	3	1	4	0	4
14日	3	1	0	2	5	0	1	1	0	1	4	2	3	2	7	3	7	4	2	4	2	5	1	5
15日	4	2	1	3	6	1	2	2	1	2	5	3	4	3	0	4	0	5	3	5	3	0	2	0
16日	5	3	2	4	7	2	3	3	2	3	6	4	5	4	1	5	1	0	4	0	0	1	3	1
17日	6	4	3	5	0	3	4	4	3	4	7	5	6	5	2	0	6	1	5	1	1	2	4	2
18日	7	5	4	0	1	4	5	5	4	5	0	0	7	0	3	1	7	2	6	2	2	3	5	3
19日	0	0	5	1	2	5	6	0	5	0	1	1	4	1	4	2	0	3	7	3	3	4	6	4
20日	5	1	6	2	3	0	7	1	2	1	2	2	5	2	5	3	1	4	0	4	4	5	7	5
21日	6	2	7	3	0	1	0	2	3	2	3	3	6	3	6	4	2	5	1	5	5	0	0	0
22日	7	3	0	4	1	2	1	3	4	3	4	4	7	4	7	5	3	0	2	0	6	1	5	1
23日	0	4	1	5	2	3	2	4	5	4	5	5	0	5	0	0	4	1	7	1	7	2	6	2
24日	1	5	2	0	3	4	3	5	6	5	6	0	1	0	5	1	5	2	0	2	0	3	7	3
25日	2	0	7	1	4	5	4	0	7	0	3	1	2	1	6	2	6	3	1	3	1	4	0	4
26日	3	1	0	2	5	0	1	1	0	1	4	2	3	2	7	3	7	4	2	4	2	5	1	5
27日	4	2	1	3	6	1	2	2	1	2	5	3	4	3	0	4	0	5	3	5	3	0	2	0
28日	5	3	2	4	7	2	3	3	2	3	6	4	5	4	1	5	1	0	4	0	0	1	3	1
29日	6	4			0	3	4	4	3	4	7	5	6	5	2	0	6	1	5	1	1	2	4	2
30日	7	5			1	4	5	5	4	5	0	0	7	0	3	1	7	2	6	2	2	3	5	3
31日	0	0			2	5			5	0			4	1	4	2			7	3			6	4

1971 年	1月		2月		3月		4月		5月		6月		7月		8月		9月		10月		11月		12月	
	A	B	A	B	A	B	A	B	A	B	A	B	A	B	A	B	A	B	A	B	A	B	A	B
1日	7	5	3	0	1	4	5	5	4	5	0	0	7	0	3	1	7	2	6	2	2	3	1	3
2日	0	0	4	1	2	5	6	0	5	0	1	1	4	1	4	2	0	3	7	3	3	4	2	4
3日	5	1	5	2	3	0	7	1	2	1	2	2	5	2	5	3	1	4	0	4	4	5	3	5
4日	6	2	0	3	0	1	0	2	3	2	3	3	6	3	6	4	2	5	1	5	5	0	4	0
5日	7	3	1	4	1	2	2	3	4	3	4	4	7	4	7	5	3	0	2	0	6	1	1	1
6日	1	4	2	5	3	3	3	4	6	4	6	5	0	5	0	0	4	1	7	1	7	2	2	2
7日	2	5	3	0	4	4	4	5	7	5	7	0	1	0	5	1	5	2	0	2	0	3	3	3
8日	3	0	0	1	5	5	5	0	0	0	4	1	3	1	7	2	7	3	1	3	2	4	1	4
9日	4	1	1	2	6	0	2	1	1	1	5	2	4	2	0	3	0	4	3	4	3	5	2	5
10日	5	2	2	3	7	1	3	2	2	2	6	3	5	3	1	4	1	5	4	5	4	0	3	0
11日	6	3	3	4	0	2	4	3	3	3	7	4	6	4	2	5	2	0	5	0	1	1	4	1
12日	7	4	4	5	1	3	5	4	4	4	0	5	7	5	3	0	7	1	6	1	2	2	5	2
13日	0	5	5	0	2	4	6	5	5	5	1	0	0	0	4	1	0	2	7	2	3	3	6	3
14日	1	0	6	1	3	5	7	0	6	0	2	1	5	1	5	2	1	3	0	3	4	4	7	4
15日	6	1	7	2	4	0	0	1	3	1	3	2	6	2	6	3	2	4	1	4	5	5	0	5
16日	7	2	0	3	1	1	1	2	4	2	4	3	7	3	7	4	3	5	2	5	6	0	1	0
17日	0	3	1	4	2	2	2	3	5	3	5	4	0	4	0	5	4	0	3	0	7	1	6	1
18日	1	4	2	5	3	3	3	4	6	4	6	5	1	5	1	0	5	1	0	1	0	2	7	2
19日	2	5	3	0	4	4	4	5	7	5	7	0	2	0	6	1	6	2	1	2	1	3	0	3
20日	3	0	0	1	5	5	5	0	0	0	4	1	3	1	7	2	7	3	2	3	2	4	1	4
21日	4	1	1	2	6	0	2	1	1	1	5	2	4	2	0	3	0	4	3	4	3	5	2	5
22日	5	2	2	3	7	1	3	2	2	2	6	3	5	3	1	4	1	5	4	5	4	0	3	0
23日	6	3	3	4	0	2	4	3	3	3	7	4	6	4	2	5	2	0	5	0	1	1	4	1
24日	7	4	4	5	1	3	5	4	4	4	0	5	7	5	3	0	7	1	6	1	2	2	5	2
25日	0	5	5	0	2	4	6	5	5	5	1	0	0	0	4	1	0	2	7	2	3	3	6	3
26日	1	0	6	1	3	5	7	0	6	0	2	1	5	1	5	2	1	3	0	3	4	4	7	4
27日	6	1	7	2	4	0	0	1	3	1	3	2	6	2	6	3	2	4	1	4	5	5	0	5
28日	7	2	0	3	1	1	1	2	4	2	4	3	7	3	7	4	3	5	2	5	6	0	1	0
29日	0	3			2	2	2	3	5	3	5	4	0	4	0	5	4	0	3	0	7	1	6	1
30日	1	4			3	3	3	4	6	4	6	5	1	5	1	0	5	1	0	1	0	2	7	2
31日	2	5			4	4			7	5			2	0	6	1			1	2			0	3

年月日早見表

1972 年

	1月		2月		3月		4月		5月		6月		7月		8月		9月		10月		11月		12月	
	A	B	A	B	A	B	A	B	A	B	A	B	A	B	A	B	A	B	A	B	A	B	A	B
1日	1	4	1	5	0	4	0	5	3	5	3	0	6	0	2	1	2	2	5	2	5	3	0	3
2日	2	5	2	0	1	5	1	0	4	0	0	1	7	1	3	2	3	3	6	3	6	4	1	4
3日	3	0	7	1	2	0	6	1	5	1	1	2	0	2	4	3	4	4	7	4	7	5	2	5
4日	4	1	0	2	3	1	7	2	6	2	2	3	1	3	5	4	5	5	0	5	0	0	3	0
5日	5	2	7	3	5	2	1	3	0	3	4	4	2	4	6	5	6	0	1	0	5	1	4	1
6日	7	3	0	4	6	3	2	4	1	4	5	5	3	5	7	0	3	1	2	1	6	2	5	2
7日	0	4	1	5	7	4	3	5	2	5	6	0	5	0	1	1	5	2	3	2	0	3	3	3
8日	1	5	2	0	0	5	4	0	3	0	7	1	2	1	2	2	6	3	5	3	1	4	4	4
9日	2	0	3	1	1	0	5	1	0	1	0	2	3	2	3	3	7	4	6	4	2	5	5	5
10日	7	1	4	2	6	1	6	2	1	2	1	3	4	3	4	4	0	5	7	5	3	0	6	0
11日	0	2	5	3	7	2	7	3	2	3	2	4	5	4	5	5	1	0	0	0	4	1	3	1
12日	1	3	6	4	0	3	0	4	3	4	3	5	6	5	6	0	2	1	5	1	5	2	4	2
13日	2	4	7	5	1	4	1	5	4	5	4	0	7	0	3	1	3	2	6	2	6	3	5	3
14日	3	5	0	0	2	5	2	0	5	0	1	1	0	1	4	2	4	3	7	3	7	4	6	4
15日	4	0	5	1	3	0	7	1	6	1	2	2	1	2	5	3	5	4	0	4	0	5	7	5
16日	5	1	6	2	4	1	0	2	7	2	3	3	2	3	6	4	6	5	1	5	1	0	0	0
17日	6	2	7	3	5	2	1	3	0	3	4	4	3	4	7	5	7	0	2	0	6	1	1	1
18日	7	3	0	4	6	3	2	4	1	4	5	5	4	5	0	0	4	1	3	1	7	2	2	2
19日	0	4	1	5	7	4	3	5	2	5	6	0	5	0	1	1	5	2	4	2	0	3	3	3
20日	1	5	2	0	0	5	4	0	3	0	7	1	2	1	2	2	6	3	5	3	1	4	4	4
21日	2	0	3	1	1	0	5	1	0	1	0	2	3	2	3	3	7	4	6	4	2	5	5	5
22日	7	1	4	2	6	1	6	2	1	2	1	3	4	3	4	4	0	5	7	5	3	0	6	0
23日	0	2	5	3	7	2	7	3	2	3	2	4	5	4	5	5	1	0	0	0	4	1	3	1
24日	1	3	6	4	0	3	0	4	3	4	3	5	6	5	6	0	2	1	5	1	5	2	4	2
25日	2	4	7	5	1	4	1	5	4	5	4	0	7	0	3	1	3	2	6	2	6	3	5	3
26日	3	5	0	0	2	5	2	0	5	0	1	1	0	1	4	2	4	3	7	3	7	4	6	4
27日	4	0	5	1	3	0	7	1	6	1	2	2	1	2	5	3	5	4	0	4	0	5	7	5
28日	5	1	6	2	4	1	0	2	7	2	3	3	2	3	6	4	6	5	1	5	1	0	0	0
29日	6	2	7	3	5	2	1	3	0	3	4	4	3	4	7	5	7	0	2	0	6	1	1	1
30日	7	3			6	3	2	4	1	4	5	5	4	5	0	0	4	1	3	1	7	2	2	2
31日	0	4			7	4			2	5			5	0	1	1			4	2			3	3

年月日早見表

1973 年

	1月		2月		3月		4月		5月		6月		7月		8月		9月		10月		11月		12月	
	A	B	A	B	A	B	A	B	A	B	A	B	A	B	A	B	A	B	A	B	A	B	A	B
1日	4	4	0	5	6	3	2	4	1	4	5	5	4	5	0	0	4	1	3	1	7	2	6	2
2日	5	5	1	0	7	4	3	5	2	5	6	0	5	0	1	1	5	2	4	2	0	3	7	3
3日	6	0	2	1	0	5	4	0	3	0	7	1	2	1	2	2	6	3	5	3	1	4	0	4
4日	3	1	5	2	1	0	5	1	0	1	0	2	3	2	3	3	7	4	6	4	2	5	1	5
5日	5	2	6	3	6	1	7	2	1	2	1	3	4	3	4	4	0	5	7	5	3	0	2	0
6日	6	3	7	4	0	2	0	3	3	3	3	4	5	4	5	5	1	0	0	0	4	1	7	1
7日	7	4	0	5	1	3	1	4	4	4	4	5	7	5	6	0	2	1	5	1	6	2	5	2
8日	0	5	1	0	2	4	2	5	5	5	5	0	0	0	4	1	4	2	7	2	7	3	6	3
9日	1	0	6	1	3	5	3	0	6	0	2	1	1	1	5	2	5	3	0	3	0	4	7	4
10日	2	1	7	2	4	0	0	1	7	1	3	2	2	2	6	3	6	4	1	4	1	5	0	5
11日	3	2	0	3	5	1	1	2	0	2	4	3	3	3	7	4	7	5	2	5	2	0	1	0
12日	4	3	1	4	6	2	2	3	1	3	5	4	4	4	0	5	0	0	3	0	7	1	2	1
13日	5	4	2	5	7	3	3	4	2	4	6	5	5	5	1	0	5	1	4	1	0	2	3	2
14日	6	5	3	0	0	4	4	5	3	5	7	0	6	0	2	1	6	2	5	2	1	3	4	3
15日	7	0	4	1	1	5	5	0	4	0	0	1	3	1	3	2	7	3	6	3	2	4	5	4
16日	4	1	5	2	2	0	6	1	1	1	1	2	4	2	4	3	0	4	7	4	3	5	6	5
17日	5	2	6	3	7	1	7	2	2	2	2	3	5	3	5	4	1	5	0	5	4	0	7	0
18日	6	3	7	4	0	2	0	3	3	3	3	4	6	4	6	5	2	0	1	0	5	1	4	1
19日	7	4	0	5	1	3	1	4	4	4	4	5	7	5	7	0	3	1	6	1	6	2	5	2
20日	0	5	1	0	2	4	2	5	5	5	5	0	0	0	4	1	4	2	7	2	7	3	6	3
21日	1	0	6	1	3	5	3	0	6	0	2	1	1	1	5	2	5	3	0	3	0	4	7	4
22日	2	1	7	2	4	0	0	1	7	1	3	2	2	2	6	3	6	4	1	4	1	5	0	5
23日	3	2	0	3	5	1	1	2	0	2	4	3	3	3	7	4	7	5	2	5	2	0	1	0
24日	4	3	1	4	6	2	2	3	1	3	5	4	4	4	0	5	0	0	3	0	7	1	2	1
25日	5	4	2	5	7	3	3	4	2	4	6	5	5	5	1	0	5	1	4	1	0	2	3	2
26日	6	5	3	0	0	4	4	5	3	5	7	0	6	0	2	1	6	2	5	2	1	3	4	3
27日	7	0	4	1	1	5	5	0	4	0	0	1	3	1	3	2	7	3	6	3	2	4	5	4
28日	4	1	5	2	2	0	6	1	1	1	1	2	4	2	4	3	0	4	7	4	3	5	6	5
29日	5	2			7	1	7	2	2	2	2	3	5	3	5	4	1	5	0	5	4	0	7	0
30日	6	3			0	2	0	3	3	3	3	4	6	4	6	5	2	0	1	0	5	1	4	1
31日	7	4			1	3			4	4			7	5	7	0			6	1			5	2

1974 年	1月		2月		3月		4月		5月		6月		7月		8月		9月		10月		11月		12月	
	A	B	A	B	A	B	A	B	A	B	A	B	A	B	A	B	A	B	A	B	A	B	A	B
1日	6	3	6	4	0	2	0	3	3	3	3	4	6	4	6	5	2	0	1	0	5	1	0	1
2日	7	4	7	5	1	3	1	4	4	4	4	5	7	5	7	0	3	1	6	1	6	2	1	2
3日	0	5	0	0	2	4	2	5	5	5	5	0	0	0	4	1	4	2	7	2	7	3	2	3
4日	1	0	7	1	3	5	3	0	6	0	2	1	1	1	5	2	5	3	0	3	0	4	3	4
5日	2	1	0	2	4	0	1	1	7	1	3	2	2	2	6	3	6	4	1	4	1	5	4	5
6日	4	2	1	3	6	1	2	2	1	2	5	3	3	3	7	4	7	5	2	5	2	0	5	0
7日	5	3	2	4	7	2	3	3	2	3	6	4	5	4	0	5	0	0	3	0	7	1	3	1
8日	6	4	3	5	0	3	4	4	3	4	7	5	6	5	2	0	6	1	4	1	1	2	4	2
9日	7	5	4	0	1	4	5	5	4	5	0	0	7	0	3	1	7	2	6	2	2	3	5	3
10日	0	0	5	1	2	5	6	0	5	0	1	1	4	1	4	2	0	3	7	3	3	4	6	4
11日	5	1	6	2	3	0	7	1	2	1	2	2	5	2	5	3	1	4	0	4	4	5	7	5
12日	6	2	7	3	0	1	0	2	3	2	3	3	6	3	6	4	2	5	1	5	5	0	0	0
13日	7	3	0	4	1	2	1	3	4	3	4	4	7	4	7	5	3	0	2	0	6	1	5	1
14日	0	4	1	5	2	3	2	4	5	4	5	5	0	5	0	0	4	1	7	1	7	2	6	2
15日	1	5	2	0	3	4	3	5	6	5	6	0	1	0	5	1	5	2	0	2	0	3	7	3
16日	2	0	7	1	4	5	4	0	7	0	3	1	2	1	6	2	6	3	1	3	1	4	0	4
17日	3	1	0	2	5	0	1	1	0	1	4	2	3	2	7	3	7	4	2	4	2	5	1	5
18日	4	2	1	3	6	1	2	2	1	2	5	3	4	3	0	4	0	5	3	5	3	0	2	0
19日	5	3	2	4	7	2	3	3	2	3	6	4	5	4	1	5	1	0	4	0	0	1	3	1
20日	6	4	3	5	0	3	4	4	3	4	7	5	6	5	2	0	6	1	5	1	1	2	4	2
21日	7	5	4	0	1	4	5	5	4	5	0	0	7	0	3	1	7	2	6	2	2	3	5	3
22日	0	0	5	1	2	5	6	0	5	0	1	1	4	1	4	2	0	3	7	3	3	4	6	4
23日	5	1	6	2	3	0	7	1	2	1	2	2	5	2	5	3	1	4	0	4	4	5	7	5
24日	6	2	7	3	0	1	0	2	3	2	3	3	6	3	6	4	2	5	1	5	5	0	0	0
25日	7	3	0	4	1	2	1	3	4	3	4	4	7	4	7	5	3	0	2	0	6	1	5	1
26日	0	4	1	5	2	3	2	4	5	4	5	5	0	5	0	0	4	1	7	1	7	2	6	2
27日	1	5	2	0	3	4	3	5	6	5	6	0	1	0	5	1	5	2	0	2	0	3	7	3
28日	2	0	7	1	4	5	4	0	7	0	3	1	2	1	6	2	6	3	1	3	1	4	0	4
29日	3	1			5	0	1	1	0	1	4	2	3	2	7	3	7	4	2	4	2	5	1	5
30日	4	2			6	1	2	2	1	2	5	3	4	3	0	4	0	5	3	5	3	0	2	0
31日	5	3			7	2			2	3			5	4	1	5			4	0			3	1

1975 年	1月		2月		3月		4月		5月		6月		7月		8月		9月		10月		11月		12月	
	A	B	A	B	A	B	A	B	A	B	A	B	A	B	A	B	A	B	A	B	A	B	A	B
1日	4	2	0	3	6	1	2	2	1	2	5	3	4	3	0	4	0	5	3	5	3	0	6	0
2日	5	3	1	4	7	2	3	3	2	3	6	4	5	4	1	5	1	0	4	0	0	1	7	1
3日	6	4	2	5	0	3	4	4	3	4	7	5	6	5	2	0	6	1	5	1	1	2	0	2
4日	7	5	5	0	1	4	5	5	4	5	0	0	7	0	3	1	7	2	6	2	2	3	1	3
5日	0	0	6	1	2	5	7	0	5	0	1	1	4	1	4	2	0	3	7	3	3	4	2	4
6日	6	1	7	2	4	0	0	1	3	1	3	2	5	2	5	3	1	4	0	4	4	5	3	5
7日	7	2	0	3	1	1	1	2	4	2	4	3	6	3	6	4	2	5	1	5	5	0	4	0
8日	0	3	1	4	2	2	2	3	5	3	5	4	0	4	0	5	4	0	2	0	7	1	6	1
9日	1	4	2	5	3	3	3	4	6	4	6	5	1	5	1	0	5	1	0	1	0	2	7	2
10日	2	5	3	0	4	4	4	5	7	5	7	0	2	0	6	1	6	2	1	2	1	3	0	3
11日	3	0	0	1	5	5	5	0	0	0	4	1	3	1	7	2	7	3	2	3	2	4	1	4
12日	4	1	1	2	6	0	2	1	1	1	5	2	4	2	0	3	0	4	3	4	3	5	2	5
13日	5	2	2	3	7	1	3	2	2	2	6	3	5	3	1	4	1	5	4	5	4	0	3	0
14日	6	3	3	4	0	2	4	3	3	3	7	4	6	4	2	5	2	0	5	0	1	1	4	1
15日	7	4	4	5	1	3	5	4	4	4	0	5	7	5	3	0	7	1	6	1	2	2	5	2
16日	0	5	5	0	2	4	6	5	5	5	1	0	0	0	4	1	0	2	7	2	3	3	6	3
17日	1	0	6	1	3	5	7	0	6	0	2	1	5	1	5	2	1	3	0	3	4	4	7	4
18日	6	1	7	2	4	0	0	1	3	1	3	2	6	2	6	3	2	4	1	4	5	5	0	5
19日	7	2	0	3	1	1	1	2	4	2	4	3	7	3	7	4	3	5	2	5	6	0	1	0
20日	0	3	1	4	2	2	2	3	5	3	5	4	0	4	0	5	4	0	3	0	7	1	6	1
21日	1	4	2	5	3	3	3	4	6	4	6	5	1	5	1	0	5	1	0	1	0	2	7	2
22日	2	5	3	0	4	4	4	5	7	5	7	0	2	0	6	1	6	2	1	2	1	3	0	3
23日	3	0	0	1	5	5	5	0	0	0	4	1	3	1	7	2	7	3	2	3	2	4	1	4
24日	4	1	1	2	6	0	2	1	1	1	5	2	4	2	0	3	0	4	3	4	3	5	2	5
25日	5	2	2	3	7	1	3	2	2	2	6	3	5	3	1	4	1	5	4	5	4	0	3	0
26日	6	3	3	4	0	2	4	3	3	3	7	4	6	4	2	5	2	0	5	0	1	1	4	1
27日	7	4	4	5	1	3	5	4	4	4	0	5	7	5	3	0	7	1	6	1	2	2	5	2
28日	0	5	5	0	2	4	6	5	5	5	1	0	0	0	4	1	0	2	7	2	3	3	6	3
29日	1	0			3	5	7	0	6	0	2	1	5	1	5	2	1	3	0	3	4	4	7	4
30日	6	1			4	0	0	1	3	1	3	2	6	2	6	3	2	4	1	4	5	5	0	5
31日	7	2			1	1			4	2			7	3	7	4			2	5			1	0

1976 年

年月日早見表

	1月A	1月B	2月A	2月B	3月A	3月B	4月A	4月B	5月A	5月B	6月A	6月B	7月A	7月B	8月A	8月B	9月A	9月B	10月A	10月B	11月A	11月B	12月A	12月B
1日	6	1	6	2	1	1	1	2	4	2	4	3	7	3	7	4	3	5	2	5	6	0	5	0
2日	7	2	7	3	2	2	2	3	5	3	5	4	0	4	0	5	4	0	3	0	7	1	2	1
3日	0	3	0	4	3	3	3	4	6	4	6	5	1	5	1	0	5	1	0	1	0	2	3	2
4日	1	4	1	5	4	4	4	5	7	5	7	0	2	0	6	1	6	2	1	2	1	3	4	3
5日	2	5	4	0	6	5	6	0	1	0	5	1	3	1	7	2	7	3	2	3	2	4	5	4
6日	4	0	1	1	7	0	3	1	2	1	6	2	4	2	0	3	0	4	3	4	3	5	6	5
7日	5	1	2	2	0	1	4	2	3	2	7	3	6	3	2	4	2	5	4	5	5	0	4	0
8日	6	2	3	3	1	2	5	3	4	3	0	4	7	4	3	5	3	0	6	0	2	1	5	1
9日	7	3	4	4	2	3	6	4	5	4	1	5	0	5	4	0	0	1	7	1	3	2	6	2
10日	0	4	5	5	3	4	7	5	6	5	2	0	1	0	5	1	1	2	0	2	4	3	7	3
11日	1	5	6	0	4	5	0	0	7	0	3	1	6	1	6	2	2	3	1	3	5	4	0	4
12日	2	0	7	1	5	0	1	1	4	1	4	2	7	2	7	3	3	4	2	4	6	5	1	5
13日	7	1	0	2	2	1	2	2	5	2	5	3	0	3	0	4	4	5	3	5	7	0	2	0
14日	0	2	1	3	3	2	3	3	6	3	6	4	1	4	1	5	5	0	4	0	0	1	7	1
15日	1	3	2	4	4	3	4	4	7	4	7	5	2	5	2	0	6	1	1	1	1	2	0	2
16日	2	4	3	5	5	4	5	5	0	5	0	0	3	0	7	1	7	2	2	2	2	3	1	3
17日	3	5	4	0	6	5	6	0	1	0	5	1	4	1	0	2	0	3	3	3	3	4	2	4
18日	4	0	1	1	7	0	3	1	2	1	6	2	5	2	1	3	1	4	4	4	4	5	3	5
19日	5	1	2	2	0	1	4	2	3	2	7	3	6	3	2	4	2	5	5	5	5	0	4	0
20日	6	2	3	3	1	2	5	3	4	3	0	4	7	4	3	5	3	0	6	0	2	1	5	1
21日	7	3	4	4	2	3	6	4	5	4	1	5	0	5	4	0	0	1	7	1	3	2	6	2
22日	0	4	5	5	3	4	7	5	6	5	2	0	1	0	5	1	1	2	0	2	4	3	7	3
23日	1	5	6	0	4	5	0	0	7	0	3	1	6	1	6	2	2	3	1	3	5	4	0	4
24日	2	0	7	1	5	0	1	1	4	1	4	2	7	2	7	3	3	4	2	4	6	5	1	5
25日	7	1	0	2	2	1	2	2	5	2	5	3	0	3	0	4	4	5	3	5	7	0	2	0
26日	0	2	1	3	3	2	3	3	6	3	6	4	1	4	1	5	5	0	4	0	0	1	7	1
27日	1	3	2	4	4	3	4	4	7	4	7	5	2	5	2	0	6	1	1	1	1	2	0	2
28日	2	4	3	5	5	4	5	5	0	5	0	0	3	0	7	1	7	2	2	2	2	3	1	3
29日	3	5	4	0	6	5	6	0	1	0	5	1	4	1	0	2	0	3	3	3	3	4	2	4
30日	4	0			7	0	3	1	2	1	6	2	5	2	1	3	1	4	4	4	4	5	3	5
31日	5	1			0	1			3	2			6	3	2	4			5	5			4	0

1977 年

年月日早見表

	1月A	1月B	2月A	2月B	3月A	3月B	4月A	4月B	5月A	5月B	6月A	6月B	7月A	7月B	8月A	8月B	9月A	9月B	10月A	10月B	11月A	11月B	12月A	12月B
1日	5	1	1	2	7	0	3	1	2	1	6	2	5	2	1	3	1	4	4	4	4	5	7	5
2日	6	2	2	3	0	1	4	2	3	2	7	3	6	3	2	4	2	5	5	5	5	0	0	0
3日	7	3	3	4	1	2	5	3	4	3	0	4	7	4	3	5	3	0	6	0	2	1	1	1
4日	0	4	6	5	2	3	6	4	5	4	1	5	0	5	4	0	0	1	7	1	3	2	2	2
5日	2	5	7	0	3	4	0	5	6	5	2	0	1	0	5	1	1	2	0	2	4	3	3	3
6日	3	0	0	1	5	5	1	0	0	0	4	1	6	1	6	2	2	3	1	3	5	4	4	4
7日	0	1	1	2	6	0	2	1	5	1	5	2	0	2	7	3	3	4	2	4	7	5	2	5
8日	1	2	2	3	3	1	3	2	6	2	6	3	1	3	1	4	5	5	4	5	0	0	3	0
9日	2	3	3	4	4	2	4	3	7	3	7	4	2	4	2	5	6	0	5	0	1	1	0	1
10日	3	4	4	5	5	3	5	4	0	4	0	5	3	5	3	0	7	1	2	1	2	2	1	2
11日	4	5	5	0	6	4	6	5	1	5	1	0	4	0	0	1	0	2	3	2	3	3	2	3
12日	5	0	2	1	7	5	7	0	2	0	6	1	5	1	1	2	1	3	4	3	4	4	3	4
13日	6	1	3	2	0	0	4	1	3	1	7	2	6	2	2	3	2	4	5	4	5	5	4	5
14日	7	2	4	3	1	1	5	2	4	2	0	3	7	3	3	4	3	5	6	5	6	0	5	0
15日	0	3	5	4	2	2	6	3	5	3	1	4	0	4	4	5	4	0	7	0	3	1	6	1
16日	1	4	6	5	3	3	7	4	6	4	2	5	1	5	5	0	1	1	0	1	4	2	7	2
17日	2	5	7	0	4	4	0	5	7	5	3	0	2	0	6	1	2	2	1	2	5	3	0	3
18日	3	0	0	1	5	5	1	0	0	0	4	1	7	1	7	2	3	3	2	3	6	4	1	4
19日	0	1	1	2	6	0	2	1	5	1	5	2	0	2	0	3	4	4	3	4	7	5	2	5
20日	1	2	2	3	3	1	3	2	6	2	6	3	1	3	1	4	5	5	4	5	0	0	3	0
21日	2	3	3	4	4	2	4	3	7	3	7	4	2	4	2	5	6	0	5	0	1	1	0	1
22日	3	4	4	5	5	3	5	4	0	4	0	5	3	5	3	0	7	1	2	1	2	2	1	2
23日	4	5	5	0	6	4	6	5	1	5	1	0	4	0	0	1	0	2	3	2	3	3	2	3
24日	5	0	2	1	7	5	7	0	2	0	6	1	5	1	1	2	1	3	4	3	4	4	3	4
25日	6	1	3	2	0	0	4	1	3	1	7	2	6	2	2	3	2	4	5	4	5	5	4	5
26日	7	2	4	3	1	1	5	2	4	2	0	3	7	3	3	4	3	5	6	5	6	0	5	0
27日	0	3	5	4	2	2	6	3	5	3	1	4	0	4	4	5	4	0	7	0	3	1	6	1
28日	1	4	6	5	3	3	7	4	6	4	2	5	1	5	5	0	1	1	0	1	4	2	7	2
29日	2	5			4	4	0	5	7	5	3	0	2	0	6	1	2	2	1	2	5	3	0	3
30日	3	0			5	5	1	0	0	0	4	1	7	1	7	2	3	3	2	3	6	4	1	4
31日	0	1			6	0			5	1			0	2	0	3			3	4			2	5

1978年	1月		2月		3月		4月		5月		6月		7月		8月		9月		10月		11月		12月	
	A	B	A	B	A	B	A	B	A	B	A	B	A	B	A	B	A	B	A	B	A	B	A	B
1日	3	0	7	1	5	5	1	0	0	0	4	1	7	1	7	2	3	3	2	3	6	4	5	4
2日	0	1	0	2	6	0	2	1	5	1	5	2	0	2	0	3	4	4	3	4	7	5	6	5
3日	1	2	1	3	3	1	3	2	6	2	6	3	1	3	1	4	5	5	4	5	0	0	7	0
4日	2	3	4	4	4	2	4	3	7	3	7	4	2	4	2	5	6	0	5	0	1	1	4	1
5日	3	4	5	5	5	3	6	4	0	4	0	5	3	5	3	0	7	1	2	1	2	2	5	2
6日	5	5	6	0	7	4	7	5	2	5	2	0	4	0	0	1	0	2	3	2	3	3	6	3
7日	6	0	3	1	0	5	0	0	3	0	7	1	6	1	1	2	1	3	4	3	4	4	4	4
8日	7	1	4	2	1	0	5	1	4	1	0	2	7	2	3	3	3	4	5	4	6	5	5	5
9日	0	2	5	3	2	1	6	2	5	2	1	3	0	3	4	4	4	5	7	5	7	0	6	0
10日	1	3	6	4	3	2	7	3	6	3	2	4	1	4	5	5	5	0	0	0	4	1	7	1
11日	2	4	7	5	4	3	0	4	7	4	3	5	2	5	6	0	2	1	1	1	5	2	0	2
12日	3	5	0	0	5	4	1	5	0	5	4	0	3	0	7	1	3	2	2	2	6	3	1	3
13日	4	0	1	1	6	5	2	0	1	0	5	1	0	1	0	2	4	3	3	3	7	4	2	4
14日	1	1	2	2	7	0	3	1	6	1	6	2	1	2	1	3	5	4	4	4	0	5	3	5
15日	2	2	3	3	4	1	4	2	7	2	7	3	2	3	2	4	6	5	5	5	1	0	4	0
16日	3	3	4	4	5	2	5	3	0	3	0	4	3	4	3	5	7	0	6	0	2	1	1	1
17日	4	4	5	5	6	3	6	4	1	4	1	5	4	5	4	0	0	1	3	1	3	2	2	2
18日	5	5	6	0	7	4	7	5	2	5	2	0	5	0	1	1	1	2	4	2	4	3	3	3
19日	6	0	3	1	0	5	0	0	3	0	7	1	6	1	2	2	2	3	5	3	5	4	4	4
20日	7	1	4	2	1	0	5	1	4	1	0	2	7	2	3	3	3	4	6	4	6	5	5	5
21日	0	2	5	3	2	1	6	2	5	2	1	3	0	3	4	4	4	5	7	5	7	0	6	0
22日	1	3	6	4	3	2	7	3	6	3	2	4	1	4	5	5	5	0	0	0	4	1	7	1
23日	2	4	7	5	4	3	0	4	7	4	3	5	2	5	6	0	2	1	1	1	5	2	0	2
24日	3	5	0	0	5	4	1	5	0	5	4	0	3	0	7	1	3	2	2	2	6	3	1	3
25日	4	0	1	1	6	5	2	0	1	0	5	1	0	1	0	2	4	3	3	3	7	4	2	4
26日	1	1	2	2	7	0	3	1	6	1	6	2	1	2	1	3	5	4	4	4	0	5	3	5
27日	2	2	3	3	4	1	4	2	7	2	7	3	2	3	2	4	6	5	5	5	1	0	4	0
28日	3	3	4	4	5	2	5	3	0	3	0	4	3	4	3	5	7	0	6	0	2	1	1	1
29日	4	4			6	3	6	4	1	4	1	5	4	5	4	0	0	1	3	1	3	2	2	2
30日	5	5			7	4	7	5	2	5	2	0	5	0	1	1	1	2	4	2	4	3	3	3
31日	6	0			0	5			3	0			6	1	2	2			5	3			4	4

1979年	1月		2月		3月		4月		5月		6月		7月		8月		9月		10月		11月		12月	
	A	B	A	B	A	B	A	B	A	B	A	B	A	B	A	B	A	B	A	B	A	B	A	B
1日	5	5	5	0	7	4	7	5	2	5	2	0	5	0	1	1	1	2	4	2	4	3	7	3
2日	6	0	2	1	0	5	0	0	3	0	7	1	6	1	2	2	2	3	5	3	5	4	0	4
3日	7	1	3	2	1	0	5	1	4	1	0	2	7	2	3	3	3	4	6	4	6	5	1	5
4日	0	2	6	3	2	1	6	2	5	2	1	3	0	3	4	4	4	5	7	5	7	0	2	0
5日	1	3	7	4	3	2	0	3	6	3	2	4	1	4	5	5	5	0	0	0	4	1	3	1
6日	3	4	0	5	5	3	1	4	0	4	4	5	2	5	6	0	2	1	1	1	5	2	4	2
7日	4	5	1	0	6	4	2	5	1	5	5	0	3	0	7	1	3	2	2	2	6	3	5	3
8日	5	0	2	1	7	5	3	0	2	0	6	1	1	1	1	2	5	3	3	3	0	4	3	4
9日	2	1	3	2	0	0	4	1	7	1	7	2	2	2	2	3	6	4	5	4	1	5	4	5
10日	3	2	4	3	5	1	5	2	0	2	0	3	3	3	3	4	7	5	6	5	2	0	5	0
11日	4	3	5	4	6	2	6	3	1	3	1	4	4	4	4	5	0	0	7	0	3	1	2	1
12日	5	4	6	5	7	3	7	4	2	4	2	5	5	5	5	0	1	1	4	1	4	2	3	2
13日	6	5	7	0	0	4	0	5	3	5	3	0	6	0	2	1	2	2	5	2	5	3	4	3
14日	7	0	4	1	1	5	1	0	4	0	0	1	7	1	3	2	3	3	6	3	6	4	5	4
15日	0	1	5	2	2	0	6	1	5	1	1	2	0	2	4	3	4	4	7	4	7	5	6	5
16日	1	2	6	3	3	1	7	2	6	2	2	3	1	3	5	4	5	5	0	5	0	0	7	0
17日	2	3	7	4	4	2	0	3	7	3	3	4	2	4	6	5	6	0	1	0	5	1	0	1
18日	3	4	0	5	5	3	1	4	0	4	4	5	3	5	7	0	3	1	2	1	6	2	1	2
19日	4	5	1	0	6	4	2	5	1	5	5	0	4	0	0	1	4	2	3	2	7	3	2	3
20日	5	0	2	1	7	5	3	0	2	0	6	1	1	1	1	2	5	3	4	3	0	4	3	4
21日	2	1	3	2	0	0	4	1	7	1	7	2	2	2	2	3	6	4	5	4	1	5	4	5
22日	3	2	4	3	5	1	5	2	0	2	0	3	3	3	3	4	7	5	6	5	2	0	5	0
23日	4	3	5	4	6	2	6	3	1	3	1	4	4	4	4	5	0	0	7	0	3	1	2	1
24日	5	4	6	5	7	3	7	4	2	4	2	5	5	5	5	0	1	1	4	1	4	2	3	2
25日	6	5	7	0	0	4	0	5	3	5	3	0	6	0	2	1	2	2	5	2	5	3	4	3
26日	7	0	4	1	1	5	1	0	4	0	0	1	7	1	3	2	3	3	6	3	6	4	5	4
27日	0	1	5	2	2	0	6	1	5	1	1	2	0	2	4	3	4	4	7	4	7	5	6	5
28日	1	2	6	3	3	1	7	2	6	2	2	3	1	3	5	4	5	5	0	5	0	0	7	0
29日	2	3			4	2	0	3	7	3	3	4	2	4	6	5	6	0	1	0	5	1	0	1
30日	3	4			5	3	1	4	0	4	4	5	3	5	7	0	3	1	2	1	6	2	1	2
31日	4	5			6	4			1	5			4	0	0	1			3	2			2	3

年月日早見表

1980 年

	1月		2月		3月		4月		5月		6月		7月		8月		9月		10月		11月		12月	
	A	B	A	B	A	B	A	B	A	B	A	B	A	B	A	B	A	B	A	B	A	B	A	B
1日	3	4	7	5	6	4	2	5	1	5	5	0	4	0	0	1	4	2	3	2	7	3	6	3
2日	4	5	0	0	7	5	3	0	2	0	6	1	1	1	1	2	5	3	4	3	0	4	7	4
3日	5	0	1	1	0	0	4	1	7	1	7	2	2	2	2	3	6	4	5	4	1	5	0	5
4日	2	1	2	2	5	1	5	2	0	2	0	3	3	3	3	4	7	5	6	5	2	0	1	0
5日	3	2	5	3	7	2	7	3	2	3	2	4	4	4	4	5	0	0	7	0	3	1	6	1
6日	5	3	6	4	0	3	0	4	3	4	3	5	5	5	5	0	1	1	4	1	4	2	7	2
7日	6	4	7	5	1	4	1	5	4	5	4	0	7	0	3	1	3	2	5	2	6	3	5	3
8日	7	5	0	0	2	5	2	0	5	0	1	1	0	1	4	2	4	3	7	3	7	4	6	4
9日	0	0	5	1	3	0	7	1	6	1	2	2	1	2	5	3	5	4	0	4	0	5	7	5
10日	1	1	6	2	4	1	0	2	7	2	3	3	2	3	6	4	6	5	1	5	1	0	0	0
11日	2	2	7	3	5	2	1	3	0	3	4	4	3	4	7	5	7	0	2	0	6	1	1	1
12日	3	3	0	4	6	3	2	4	1	4	5	5	4	5	0	0	4	1	3	1	7	2	2	2
13日	4	4	1	5	7	4	3	5	2	5	6	0	5	0	1	1	5	2	4	2	0	3	3	3
14日	5	5	2	0	0	5	4	0	3	0	7	1	2	1	2	2	6	3	5	3	1	4	4	4
15日	6	0	3	1	1	0	5	1	0	1	0	2	3	2	3	3	7	4	6	4	2	5	5	5
16日	3	1	4	2	6	1	6	2	1	2	1	3	4	3	4	4	0	5	7	5	3	0	6	0
17日	4	2	5	3	7	2	7	3	2	3	2	4	5	4	5	5	1	0	0	0	4	1	3	1
18日	5	3	6	4	0	3	0	4	3	4	3	5	6	5	6	0	2	1	5	1	5	2	4	2
19日	6	4	7	5	1	4	1	5	4	5	4	0	7	0	3	1	3	2	6	2	6	3	5	3
20日	7	5	0	0	2	5	2	0	5	0	1	1	0	1	4	2	4	3	7	3	7	4	6	4
21日	0	0	5	1	3	0	7	1	6	1	2	2	1	2	5	3	5	4	0	4	0	5	7	5
22日	1	1	6	2	4	1	0	2	7	2	3	3	2	3	6	4	6	5	1	5	1	0	0	0
23日	2	2	7	3	5	2	1	3	0	3	4	4	3	4	7	5	7	0	2	0	6	1	1	1
24日	3	3	0	4	6	3	2	4	1	4	5	5	4	5	0	0	4	1	3	1	7	2	2	2
25日	4	4	1	5	7	4	3	5	2	5	6	0	5	0	1	1	5	2	4	2	0	3	3	3
26日	5	5	2	0	0	5	4	0	3	0	7	1	2	1	2	2	6	3	5	3	1	4	4	4
27日	6	0	3	1	1	0	5	1	0	1	0	2	3	2	3	3	7	4	6	4	2	5	5	5
28日	3	1	4	2	6	1	6	2	1	2	1	3	4	3	4	4	0	5	7	5	3	0	6	0
29日	4	2	5	3	7	2	7	3	2	3	2	4	5	4	5	5	1	0	0	0	4	1	3	1
30日	5	3			0	3	0	4	3	4	3	5	6	5	6	0	2	1	5	1	5	2	4	2
31日	6	4			1	4			4	5			7	0	3	1			6	2			5	3

年月日早見表

1981 年

	1月		2月		3月		4月		5月		6月		7月		8月		9月		10月		11月		12月	
	A	B	A	B	A	B	A	B	A	B	A	B	A	B	A	B	A	B	A	B	A	B	A	B
1日	6	4	6	5	0	3	0	4	3	4	3	5	6	5	6	0	2	1	5	1	5	2	0	2
2日	7	5	7	0	1	4	1	5	4	5	4	0	7	0	3	1	3	2	6	2	6	3	1	3
3日	0	0	4	1	2	5	2	0	5	0	1	1	0	1	4	2	4	3	7	3	7	4	2	4
4日	1	1	7	2	3	0	7	1	6	1	2	2	1	2	5	3	5	4	0	4	0	5	3	5
5日	3	2	0	3	4	1	1	2	0	2	3	3	2	3	6	4	6	5	1	5	1	0	4	0
6日	4	3	1	4	6	2	2	3	1	3	5	4	3	4	7	5	7	0	2	0	6	1	5	1
7日	5	4	2	5	7	3	3	4	2	4	6	5	5	5	1	0	4	1	3	1	0	2	3	2
8日	6	5	3	0	0	4	4	5	3	5	7	0	6	0	2	1	6	2	5	2	1	3	4	3
9日	7	0	4	1	1	5	5	0	4	0	0	1	3	1	3	2	7	3	6	3	2	4	5	4
10日	4	1	5	2	2	0	6	1	1	1	1	2	4	2	4	3	0	4	7	4	3	5	6	5
11日	5	2	6	3	7	1	7	2	2	2	2	3	5	3	5	4	1	5	0	5	4	0	7	0
12日	6	3	7	4	0	2	0	3	3	3	3	4	6	4	6	5	2	0	1	0	5	1	4	1
13日	7	4	0	5	1	3	1	4	4	4	4	5	7	5	7	0	3	1	6	1	6	2	5	2
14日	0	5	1	0	2	4	2	5	5	5	5	0	0	0	4	1	4	2	7	2	7	3	6	3
15日	1	0	6	1	3	5	3	0	6	0	2	1	1	1	5	2	5	3	0	3	0	4	7	4
16日	2	1	7	2	4	0	0	1	7	1	3	2	2	2	6	3	6	4	1	4	1	5	0	5
17日	3	2	0	3	5	1	1	2	0	2	4	3	3	3	7	4	7	5	2	5	2	0	1	0
18日	4	3	1	4	6	2	2	3	1	3	5	4	4	4	0	5	0	0	3	0	7	1	2	1
19日	5	4	2	5	7	3	3	4	2	4	6	5	5	5	1	0	5	1	4	1	0	2	3	2
20日	6	5	3	0	0	4	4	5	3	5	7	0	6	0	2	1	6	2	5	2	1	3	4	3
21日	7	0	4	1	1	5	5	0	4	0	0	1	3	1	3	2	7	3	6	3	2	4	5	4
22日	4	1	5	2	2	0	6	1	1	1	1	2	4	2	4	3	0	4	7	4	3	5	6	5
23日	5	2	6	3	7	1	7	2	2	2	2	3	5	3	5	4	1	5	0	5	4	0	7	0
24日	6	3	7	4	0	2	0	3	3	3	3	4	6	4	6	5	2	0	1	0	5	1	4	1
25日	7	4	0	5	1	3	1	4	4	4	4	5	7	5	7	0	3	1	6	1	6	2	5	2
26日	0	5	1	0	2	4	2	5	5	5	5	0	0	0	4	1	4	2	7	2	7	3	6	3
27日	1	0	6	1	3	5	3	0	6	0	2	1	1	1	5	2	5	3	0	3	0	4	7	4
28日	2	1	7	2	4	0	0	1	7	1	3	2	2	2	6	3	6	4	1	4	1	5	0	5
29日	3	2			5	1	1	2	0	2	4	3	3	3	7	4	7	5	2	5	2	0	1	0
30日	4	3			6	2	2	3	1	3	5	4	4	4	0	5	0	0	3	0	7	1	2	1
31日	5	4			7	3			2	4			5	5	1	0			4	1			3	2

1982年

	1月		2月		3月		4月		5月		6月		7月		8月		9月		10月		11月		12月	
	A	B	A	B	A	B	A	B	A	B	A	B	A	B	A	B	A	B	A	B	A	B	A	B
1日	4	3	0	4	6	2	2	3	1	3	5	4	4	4	0	5	0	0	3	0	7	1	6	1
2日	5	4	1	5	7	3	3	4	2	4	6	5	5	5	1	0	5	1	4	1	0	2	7	2
3日	6	5	2	0	0	4	4	5	3	5	7	0	6	0	2	1	6	2	5	2	1	3	0	3
4日	7	0	5	1	1	5	5	0	4	0	0	1	3	1	3	2	7	3	6	3	2	4	1	4
5日	4	1	6	2	2	0	7	1	1	1	1	2	4	2	4	3	0	4	7	4	3	5	2	5
6日	6	2	7	3	0	1	0	2	3	2	3	3	5	3	5	4	1	5	0	5	4	0	3	0
7日	7	3	0	4	1	2	1	3	4	3	4	4	7	4	6	5	2	0	1	0	5	1	5	1
8日	0	4	1	5	2	3	2	4	5	4	5	5	0	5	0	0	4	1	6	1	7	2	6	2
9日	1	5	2	0	3	4	3	5	6	5	6	0	1	0	5	1	5	2	0	2	0	3	7	3
10日	2	0	7	1	4	5	4	0	7	0	3	1	2	1	6	2	6	3	1	3	1	4	0	4
11日	3	1	0	2	5	0	1	1	0	1	4	2	3	2	7	3	7	4	2	4	2	5	1	5
12日	4	2	1	3	6	1	2	2	1	2	5	3	4	3	0	4	0	5	3	5	3	0	2	0
13日	5	3	2	4	7	2	3	3	2	3	6	4	5	4	1	5	1	0	4	0	0	1	3	1
14日	6	4	3	5	0	3	4	4	3	4	7	5	6	5	2	0	6	1	5	1	1	2	4	2
15日	7	5	4	0	1	4	5	5	4	5	0	0	7	0	3	1	7	2	6	2	2	3	5	3
16日	0	0	5	1	2	5	6	0	5	0	1	1	4	1	4	2	0	3	7	3	3	4	6	4
17日	5	1	6	2	3	0	7	1	2	1	2	2	5	2	5	3	1	4	0	4	4	5	7	5
18日	6	2	7	3	0	1	0	2	3	2	3	3	6	3	6	4	2	5	1	5	5	0	0	0
19日	7	3	0	4	1	2	1	3	4	3	4	4	7	4	7	5	3	0	2	0	6	1	5	1
20日	0	4	1	5	2	3	2	4	5	4	5	5	0	5	0	0	4	1	7	1	7	2	6	2
21日	1	5	2	0	3	4	3	5	6	5	6	0	1	0	5	1	5	2	0	2	0	3	7	3
22日	2	0	7	1	4	5	4	0	7	0	3	1	2	1	6	2	6	3	1	3	1	4	0	4
23日	3	1	0	2	5	0	1	1	0	1	4	2	3	2	7	3	7	4	2	4	2	5	1	5
24日	4	2	1	3	6	1	2	2	1	2	5	3	4	3	0	4	0	5	3	5	3	0	2	0
25日	5	3	2	4	7	2	3	3	2	3	6	4	5	4	1	5	1	0	4	0	0	1	3	1
26日	6	4	3	5	0	3	4	4	3	4	7	5	6	5	2	0	6	1	5	1	1	2	4	2
27日	7	5	4	0	1	4	5	5	4	5	0	0	7	0	3	1	7	2	6	2	2	3	5	3
28日	0	0	5	1	2	5	6	0	5	0	1	1	4	1	4	2	0	3	7	3	3	4	6	4
29日	5	1			3	0	7	1	2	1	2	2	5	2	5	3	1	4	0	4	4	5	7	5
30日	6	2			0	1	0	2	3	2	3	3	6	3	6	4	2	5	1	5	5	0	0	0
31日	7	3			1	2			4	3			7	4	7	5			2	0			5	1

1983年

	1月		2月		3月		4月		5月		6月		7月		8月		9月		10月		11月		12月	
	A	B	A	B	A	B	A	B	A	B	A	B	A	B	A	B	A	B	A	B	A	B	A	B
1日	6	2	6	3	0	1	0	2	3	2	3	3	6	3	6	4	2	5	1	5	5	0	4	0
2日	7	3	7	4	1	2	1	3	4	3	4	4	7	4	7	5	3	0	2	0	6	1	1	1
3日	0	4	0	5	2	3	2	4	5	4	5	5	0	5	0	0	4	1	7	1	7	2	2	2
4日	1	5	3	0	3	4	3	5	6	5	6	0	1	0	5	1	5	2	0	2	0	3	3	3
5日	2	0	0	1	4	5	5	0	7	0	3	1	2	1	6	2	6	3	1	3	1	4	4	4
6日	4	1	1	2	6	0	2	1	1	1	5	2	3	2	7	3	7	4	2	4	2	5	5	5
7日	5	2	2	3	7	1	3	2	2	2	6	3	4	3	0	4	0	5	3	5	3	0	6	0
8日	6	3	3	4	0	2	4	3	3	3	7	4	6	4	2	5	2	0	4	0	1	1	4	1
9日	7	4	4	5	1	3	5	4	4	4	0	5	7	5	3	0	7	1	6	1	2	2	5	2
10日	0	5	5	0	2	4	6	5	5	5	1	0	0	0	4	1	0	2	7	2	3	3	6	3
11日	1	0	6	1	3	5	7	0	6	0	2	1	5	1	5	2	1	3	0	3	4	4	7	4
12日	6	1	7	2	4	0	0	1	3	1	3	2	6	2	6	3	2	4	1	4	5	5	0	5
13日	7	2	0	3	1	1	1	2	4	2	4	3	7	3	7	4	3	5	2	5	6	0	1	0
14日	0	3	1	4	2	2	2	3	5	3	5	4	0	4	0	5	4	0	3	0	7	1	6	1
15日	1	4	2	5	3	3	3	4	6	4	6	5	1	5	1	0	5	1	0	1	0	2	7	2
16日	2	5	3	0	4	4	4	5	7	5	7	0	2	0	6	1	6	2	1	2	1	3	0	3
17日	3	0	0	1	5	5	5	0	0	0	4	1	3	1	7	2	7	3	2	3	2	4	1	4
18日	4	1	1	2	6	0	2	1	1	1	5	2	4	2	0	3	0	4	3	4	3	5	2	5
19日	5	2	2	3	7	1	3	2	2	2	6	3	5	3	1	4	1	5	4	5	4	0	3	0
20日	6	3	3	4	0	2	4	3	3	3	7	4	6	4	2	5	2	0	5	0	1	1	4	1
21日	7	4	4	5	1	3	5	4	4	4	0	5	7	5	3	0	7	1	6	1	2	2	5	2
22日	0	5	5	0	2	4	6	5	5	5	1	0	0	0	4	1	0	2	7	2	3	3	6	3
23日	1	0	6	1	3	5	7	0	6	0	2	1	5	1	5	2	1	3	0	3	4	4	7	4
24日	6	1	7	2	4	0	0	1	3	1	3	2	6	2	6	3	2	4	1	4	5	5	0	5
25日	7	2	0	3	1	1	1	2	4	2	4	3	7	3	7	4	3	5	2	5	6	0	1	0
26日	0	3	1	4	2	2	2	3	5	3	5	4	0	4	0	5	4	0	3	0	7	1	6	1
27日	1	4	2	5	3	3	3	4	6	4	6	5	1	5	1	0	5	1	0	1	0	2	7	2
28日	2	5	3	0	4	4	4	5	7	5	7	0	2	0	6	1	6	2	1	2	1	3	0	3
29日	3	0			5	5	5	0	0	0	4	1	3	1	7	2	7	3	2	3	2	4	1	4
30日	4	1			6	0	2	1	1	1	5	2	4	2	0	3	0	4	3	4	3	5	2	5
31日	5	2			7	1			2	2			5	3	1	4			4	5			3	0

1984年

	1月		2月		3月		4月		5月		6月		7月		8月		9月		10月		11月		12月	
	A	B	A	B	A	B	A	B	A	B	A	B	A	B	A	B	A	B	A	B	A	B	A	B
1日	4	1	0	2	3	1	7	2	6	2	2	3	1	3	5	4	5	5	0	5	0	0	3	0
2日	5	2	1	3	4	2	0	3	7	3	3	4	2	4	6	5	6	0	1	0	5	1	4	1
3日	6	3	2	4	5	3	1	4	0	4	4	5	3	5	7	0	3	1	2	1	6	2	5	2
4日	7	4	3	5	6	4	1	5	1	5	5	0	4	0	0	1	4	2	3	2	7	3	6	3
5日	0	5	2	0	0	5	4	0	3	0	7	1	1	1	1	2	5	3	4	3	0	4	7	4
6日	2	0	3	1	1	0	5	1	0	1	0	2	2	2	2	3	6	4	5	4	1	5	0	5
7日	7	1	4	2	6	1	6	2	1	2	1	3	4	3	4	4	0	5	6	5	3	0	6	0
8日	0	2	5	3	7	2	7	3	2	3	2	4	5	4	5	5	1	0	0	0	4	1	3	1
9日	1	3	6	4	0	3	0	4	3	4	3	5	6	5	6	0	2	1	5	1	5	2	4	2
10日	2	4	7	5	1	4	1	5	4	5	4	0	7	0	3	1	3	2	6	2	6	3	5	3
11日	3	5	0	0	2	5	2	0	5	0	1	1	0	1	4	2	4	3	7	3	7	4	6	4
12日	4	0	5	1	3	0	7	1	6	1	2	2	1	2	5	3	5	4	0	4	0	5	7	5
13日	5	1	6	2	4	1	0	2	7	2	3	3	2	3	6	4	6	5	1	5	1	0	0	0
14日	6	2	7	3	5	2	1	3	0	3	4	4	3	4	7	5	7	0	2	0	6	1	1	1
15日	7	3	0	4	6	3	2	4	1	4	5	5	4	5	0	0	4	1	3	1	7	2	2	2
16日	0	4	1	5	7	4	3	5	2	5	6	0	5	0	1	1	5	2	4	2	0	3	3	3
17日	1	5	2	0	0	5	4	0	3	0	7	1	2	1	2	2	6	3	5	3	1	4	4	4
18日	2	0	3	1	1	0	5	1	0	1	0	2	3	2	3	3	7	4	6	4	2	5	5	5
19日	7	1	4	2	6	1	6	2	1	2	1	3	4	3	4	4	0	5	7	5	3	0	6	0
20日	0	2	5	3	7	2	7	3	2	3	2	4	5	4	5	5	1	0	0	0	4	1	3	1
21日	1	3	6	4	0	3	0	4	3	4	3	5	6	5	6	0	2	1	5	1	5	2	4	2
22日	2	4	7	5	1	4	1	5	4	5	4	0	7	0	3	1	3	2	6	2	6	3	5	3
23日	3	5	0	0	2	5	2	0	5	0	1	1	0	1	4	2	4	3	7	3	7	4	6	4
24日	4	0	5	1	3	0	7	1	6	1	2	2	1	2	5	3	5	4	0	4	0	5	7	5
25日	5	1	6	2	4	1	0	2	7	2	3	3	2	3	6	4	6	5	1	5	1	0	0	0
26日	6	2	7	3	5	2	1	3	0	3	4	4	3	4	7	5	7	0	2	0	6	1	1	1
27日	7	3	0	4	6	3	2	4	1	4	5	5	4	5	0	0	4	1	3	1	7	2	2	2
28日	0	4	1	5	7	4	3	5	2	5	6	0	5	0	1	1	5	2	4	2	0	3	3	3
29日	1	5	2	0	0	5	4	0	3	0	7	1	2	1	2	2	6	3	5	3	1	4	4	4
30日	2	0			1	0	5	1	0	1	0	2	3	2	3	3	7	4	6	4	2	5	5	5
31日	7	1			6	1			1	2			4	3	4	4			7	5			6	0

年月日早見表

1985年

	1月		2月		3月		4月		5月		6月		7月		8月		9月		10月		11月		12月	
	A	B	A	B	A	B	A	B	A	B	A	B	A	B	A	B	A	B	A	B	A	B	A	B
1日	3	1	3	2	1	0	5	1	0	1	0	2	3	2	3	3	7	4	6	4	2	5	1	5
2日	4	2	4	3	6	1	6	2	1	2	1	3	4	3	4	4	0	5	7	5	3	0	2	0
3日	5	3	5	4	7	2	7	3	2	3	2	4	5	4	5	5	1	0	0	0	4	1	7	1
4日	6	4	0	5	0	3	0	4	3	4	3	5	6	5	6	0	2	1	5	1	5	2	0	2
5日	0	5	1	0	1	4	2	5	5	5	4	0	7	0	3	1	3	2	6	2	6	3	1	3
6日	1	0	6	1	3	5	3	0	6	0	2	1	0	1	4	2	4	3	7	3	7	4	2	4
7日	2	1	7	2	4	0	0	1	7	1	3	2	2	2	6	3	5	4	0	4	1	5	0	5
8日	3	2	0	3	5	1	1	2	0	2	4	3	3	3	7	4	7	5	2	5	2	0	1	0
9日	4	3	1	4	6	2	2	3	1	3	5	4	4	4	0	5	0	0	3	0	7	1	2	1
10日	5	4	2	5	7	3	3	4	2	4	6	5	5	5	1	0	5	1	4	1	0	2	3	2
11日	6	5	3	0	0	4	4	5	3	5	7	0	6	0	2	1	6	2	5	2	1	3	4	3
12日	7	0	4	1	1	5	5	0	4	0	0	1	3	1	3	2	7	3	6	3	2	4	5	4
13日	4	1	5	2	2	0	6	1	1	1	1	2	4	2	4	3	0	4	7	4	3	5	6	5
14日	5	2	6	3	7	1	7	2	2	2	2	3	5	3	5	4	1	5	0	5	4	0	7	0
15日	6	3	7	4	0	2	0	3	3	3	3	4	6	4	6	5	2	0	1	0	5	1	4	1
16日	7	4	0	5	1	3	1	4	4	4	4	5	7	5	7	0	3	1	6	1	6	2	5	2
17日	0	5	1	0	2	4	2	5	5	5	5	0	0	0	4	1	4	2	7	2	7	3	6	3
18日	1	0	6	1	3	5	3	0	6	0	2	1	1	1	5	2	5	3	0	3	0	4	7	4
19日	2	1	7	2	4	0	0	1	7	1	3	2	2	2	6	3	6	4	1	4	1	5	0	5
20日	3	2	0	3	5	1	1	2	0	2	4	3	3	3	7	4	7	5	2	5	2	0	1	0
21日	4	3	1	4	6	2	2	3	1	3	5	4	4	4	0	5	0	0	3	0	7	1	2	1
22日	5	4	2	5	7	3	3	4	2	4	6	5	5	5	1	0	5	1	4	1	0	2	3	2
23日	6	5	3	0	0	4	4	5	3	5	7	0	6	0	2	1	6	2	5	2	1	3	4	3
24日	7	0	4	1	1	5	5	0	4	0	0	1	3	1	3	2	7	3	6	3	2	4	5	4
25日	4	1	5	2	2	0	6	1	1	1	1	2	4	2	4	3	0	4	7	4	3	5	6	5
26日	5	2	6	3	7	1	7	2	2	2	2	3	5	3	5	4	1	5	0	5	4	0	7	0
27日	6	3	7	4	0	2	0	3	3	3	3	4	6	4	6	5	2	0	1	0	5	1	4	1
28日	7	4	0	5	1	3	1	4	4	4	4	5	7	5	7	0	3	1	6	1	6	2	5	2
29日	0	5			2	4	2	5	5	5	5	0	0	0	4	1	4	2	7	2	7	3	6	3
30日	1	0			3	5	3	0	6	0	2	1	1	1	5	2	5	3	0	3	0	4	7	4
31日	2	1			4	0			7	1			2	2	6	3			1	4			0	5

	1月		2月		3月		4月		5月		6月		7月		8月		9月		10月		11月		12月	
	A	B	A	B	A	B	A	B	A	B	A	B	A	B	A	B	A	B	A	B	A	B	A	B
1日	1	0	5	1	3	5	3	0	6	0	2	1	1	1	5	2	5	3	0	3	0	4	3	4
2日	2	1	6	2	4	0	0	1	7	1	3	2	2	2	6	3	6	4	1	4	1	5	4	5
3日	3	2	7	3	5	1	1	2	0	2	4	3	3	3	7	4	7	5	2	5	2	0	5	0
4日	4	3	2	4	6	2	2	3	1	3	5	4	4	4	0	5	0	0	3	0	7	1	6	1
5日	5	4	3	5	7	3	4	4	2	4	6	5	5	5	1	0	5	1	4	1	0	2	7	2
6日	7	5	4	0	1	4	5	5	4	5	0	0	6	0	2	1	6	2	5	2	1	3	0	3
7日	0	0	5	1	2	5	6	0	5	0	1	1	4	1	3	2	7	3	6	3	2	4	6	4
8日	5	1	6	2	3	0	7	1	2	1	2	2	5	2	5	3	1	4	0	4	4	5	7	5
9日	6	2	7	3	0	1	0	2	3	2	3	3	6	3	6	4	2	5	1	5	5	0	0	0
10日	7	3	0	4	1	2	1	3	4	3	4	4	7	4	7	5	3	0	2	0	6	1	5	1
11日	0	4	1	5	2	3	2	4	5	4	5	5	0	5	0	0	4	1	7	1	7	2	6	2
12日	1	5	2	0	3	4	3	5	6	5	6	0	1	0	5	1	5	2	0	2	0	3	7	3
13日	2	0	7	1	4	5	4	0	7	0	3	1	2	1	6	2	6	3	1	3	1	4	0	4
14日	3	1	0	2	5	0	1	1	0	1	4	2	3	2	7	3	7	4	2	4	2	5	1	5
15日	4	2	1	3	6	1	2	2	1	2	5	3	4	3	0	4	0	5	3	5	3	0	2	0
16日	5	3	2	4	7	2	3	3	2	3	6	4	5	4	1	5	1	0	4	0	0	1	3	1
17日	6	4	3	5	0	3	4	4	3	4	7	5	6	5	2	0	6	1	5	1	1	2	4	2
18日	7	5	4	0	1	4	5	5	4	5	0	0	7	0	3	1	7	2	6	2	2	3	5	3
19日	0	0	5	1	2	5	6	0	5	0	1	1	4	1	4	2	0	3	7	3	3	4	6	4
20日	5	1	6	2	3	0	7	1	2	1	2	2	5	2	5	3	1	4	0	4	4	5	7	5
21日	6	2	7	3	0	1	0	2	3	2	3	3	6	3	6	4	2	5	1	5	5	0	0	0
22日	7	3	0	4	1	2	1	3	4	3	4	4	7	4	7	5	3	0	2	0	6	1	5	1
23日	0	4	1	5	2	3	2	4	5	4	5	5	0	5	0	0	4	1	7	1	7	2	6	2
24日	1	5	2	0	3	4	3	5	6	5	6	0	1	0	5	1	5	2	0	2	0	3	7	3
25日	2	0	7	1	4	5	4	0	7	0	3	1	2	1	6	2	6	3	1	3	1	4	0	4
26日	3	1	0	2	5	0	1	1	0	1	4	2	3	2	7	3	7	4	2	4	2	5	1	5
27日	4	2	1	3	6	1	2	2	1	2	5	3	4	3	0	4	0	5	3	5	3	0	2	0
28日	5	3	2	4	7	2	3	3	2	3	6	4	5	4	1	5	1	0	4	0	0	1	3	1
29日	6	4			0	3	4	4	3	4	7	5	6	5	2	0	6	1	5	1	1	2	4	2
30日	7	5			1	4	5	5	4	5	0	0	7	0	3	1	7	2	6	2	2	3	5	3
31日	0	0			2	5			5	0			4	1	4	2			7	3			6	4

1987年

	1月		2月		3月		4月		5月		6月		7月		8月		9月		10月		11月		12月	
	A	B	A	B	A	B	A	B	A	B	A	B	A	B	A	B	A	B	A	B	A	B	A	B
1日	7	5	3	0	1	4	5	5	4	5	0	0	7	0	3	1	7	2	6	2	2	3	1	3
2日	0	0	4	1	2	5	6	0	5	0	1	1	4	1	4	2	0	3	7	3	3	4	2	4
3日	5	1	5	2	3	0	7	1	2	1	2	2	5	2	5	3	1	4	0	4	4	5	3	5
4日	6	2	0	3	0	1	0	2	3	2	3	3	6	3	6	4	2	5	1	5	5	0	4	0
5日	7	3	1	4	1	2	2	3	4	3	4	4	7	4	7	5	3	0	2	0	6	1	1	1
6日	1	4	2	5	3	3	3	4	6	4	6	5	0	5	0	0	4	1	7	1	7	2	2	2
7日	2	5	3	0	4	4	4	5	7	5	7	0	1	0	5	1	5	2	0	2	0	3	3	3
8日	3	0	0	1	5	5	5	0	0	0	4	1	3	1	7	2	7	3	1	3	2	4	1	4
9日	4	1	1	2	6	0	2	1	1	1	5	2	4	2	0	3	0	4	3	4	3	5	2	5
10日	5	2	2	3	7	1	3	2	2	2	6	3	5	3	1	4	1	5	4	5	4	0	3	0
11日	6	3	3	4	0	2	4	3	3	3	7	4	6	4	2	5	2	0	5	0	1	1	4	1
12日	7	4	4	5	1	3	5	4	4	4	0	5	7	5	3	0	7	1	6	1	2	2	5	2
13日	0	5	5	0	2	4	6	5	5	5	1	0	0	0	4	1	0	2	7	2	3	3	6	3
14日	1	0	6	1	3	5	7	0	6	0	2	1	5	1	5	2	1	3	0	3	4	4	7	4
15日	6	1	7	2	4	0	0	1	3	1	3	2	6	2	6	3	2	4	1	4	5	5	0	5
16日	7	2	0	3	1	1	1	2	4	2	4	3	7	3	7	4	3	5	2	5	6	0	1	0
17日	0	3	1	4	2	2	2	3	5	3	5	4	0	4	0	5	4	0	3	0	7	1	6	1
18日	1	4	2	5	3	3	3	4	6	4	6	5	1	5	1	0	5	1	0	1	0	2	7	2
19日	2	5	3	0	4	4	4	5	7	5	7	0	2	0	6	1	6	2	1	2	1	3	0	3
20日	3	0	0	1	5	5	5	0	0	0	4	1	3	1	7	2	7	3	2	3	2	4	1	4
21日	4	1	1	2	6	0	2	1	1	1	5	2	4	2	0	3	0	4	3	4	3	5	2	5
22日	5	2	2	3	7	1	3	2	2	2	6	3	5	3	1	4	1	5	4	5	4	0	3	0
23日	6	3	3	4	0	2	4	3	3	3	7	4	6	4	2	5	2	0	5	0	1	1	4	1
24日	7	4	4	5	1	3	5	4	4	4	0	5	7	5	3	0	7	1	6	1	2	2	5	2
25日	0	5	5	0	2	4	6	5	5	5	1	0	0	0	4	1	0	2	7	2	3	3	6	3
26日	1	0	6	1	3	5	7	0	6	0	2	1	5	1	5	2	1	3	0	3	4	4	7	4
27日	6	1	7	2	4	0	0	1	3	1	3	2	6	2	6	3	2	4	1	4	5	5	0	5
28日	7	2	0	3	1	1	1	2	4	2	4	3	7	3	7	4	3	5	2	5	6	0	1	0
29日	0	3			2	2	2	3	5	3	5	4	0	4	0	5	4	0	3	0	7	1	6	1
30日	1	4			3	3	3	4	6	4	6	5	1	5	1	0	5	1	0	1	0	2	7	2
31日	2	5			4	4			7	5			2	0	6	1			1	2			0	3

年月日早見表

1988 年

	1月		2月		3月		4月		5月		6月		7月		8月		9月		10月		11月		12月	
	A	B	A	B	A	B	A	B	A	B	A	B	A	B	A	B	A	B	A	B	A	B	A	B
1日	1	4	1	5	4	4	4	5	7	5	7	0	2	0	6	1	6	2	1	2	1	3	4	3
2日	2	5	2	0	5	5	5	0	0	0	4	1	3	1	7	2	7	3	2	3	2	4	5	4
3日	3	0	7	1	6	0	2	1	1	1	5	2	4	2	0	3	0	4	3	4	3	5	6	5
4日	4	1	2	2	7	1	4	2	2	2	6	3	5	3	1	4	1	5	4	5	4	0	7	0
5日	5	2	3	3	1	2	5	3	4	3	0	4	6	4	2	5	2	0	5	0	1	1	0	1
6日	7	3	4	4	2	3	6	4	5	4	1	5	7	5	3	0	7	1	6	1	2	2	1	2
7日	0	4	5	5	3	4	7	5	6	5	2	0	1	0	5	1	1	2	7	2	4	3	7	3
8日	1	5	6	0	4	5	0	0	7	0	3	1	6	1	6	2	2	3	1	3	5	4	0	4
9日	2	0	7	1	5	0	1	1	4	1	4	2	7	2	7	3	3	4	2	4	6	5	1	5
10日	7	1	0	2	2	1	2	2	5	2	5	3	0	3	0	4	4	5	3	5	7	0	2	0
11日	0	2	1	3	3	2	3	3	6	3	6	4	1	4	1	5	5	0	4	0	0	1	7	1
12日	1	3	2	4	4	3	4	4	7	4	7	5	2	5	2	0	6	1	1	1	1	2	0	2
13日	2	4	3	5	5	4	5	5	0	5	0	0	3	0	7	1	7	2	2	2	2	3	1	3
14日	3	5	4	0	6	5	6	0	1	0	5	1	4	1	0	2	0	3	3	3	3	4	2	4
15日	4	0	1	1	7	0	3	1	2	1	6	2	5	2	1	3	1	4	4	4	4	5	3	5
16日	5	1	2	2	0	1	4	2	3	2	7	3	6	3	2	4	2	5	5	5	5	0	4	0
17日	6	2	3	3	1	2	5	3	4	3	0	4	7	4	3	5	3	0	6	0	2	1	5	1
18日	7	3	4	4	2	3	6	4	5	4	1	5	0	5	4	0	0	1	7	1	3	2	6	2
19日	0	4	5	5	3	4	7	5	6	5	2	0	1	0	5	1	1	2	0	2	4	3	7	3
20日	1	5	6	0	4	5	0	0	7	0	3	1	6	1	6	2	2	3	1	3	5	4	0	4
21日	2	0	7	1	5	0	1	1	4	1	4	2	7	2	7	3	3	4	2	4	6	5	1	5
22日	7	1	0	2	2	1	2	2	5	2	5	3	0	3	0	4	4	5	3	5	7	0	2	0
23日	0	2	1	3	3	2	3	3	6	3	6	4	1	4	1	5	5	0	4	0	0	1	7	1
24日	1	3	2	4	4	3	4	4	7	4	7	5	2	5	2	0	6	1	1	1	1	2	0	2
25日	2	4	3	5	5	4	5	5	0	5	0	0	3	0	7	1	7	2	2	2	2	3	1	3
26日	3	5	4	0	6	5	6	0	1	0	5	1	4	1	0	2	0	3	3	3	3	4	2	4
27日	4	0	1	1	7	0	3	1	2	1	6	2	5	2	1	3	1	4	4	4	4	5	3	5
28日	5	1	2	2	0	1	4	2	3	2	7	3	6	3	2	4	2	5	5	5	5	0	4	0
29日	6	2	3	3	1	2	5	3	4	3	0	4	7	4	3	5	3	0	6	0	2	1	5	1
30日	7	3			2	3	6	4	5	4	1	5	0	5	4	0	0	1	7	1	3	2	6	2
31日	0	4			3	4			6	5			1	0	5	1			0	2			7	3

年月日早見表

1989 年

	1月		2月		3月		4月		5月		6月		7月		8月		9月		10月		11月		12月	
	A	B	A	B	A	B	A	B	A	B	A	B	A	B	A	B	A	B	A	B	A	B	A	B
1日	0	4	4	5	2	3	6	4	5	4	1	5	0	5	4	0	0	1	7	1	3	2	2	2
2日	1	5	5	0	3	4	7	5	6	5	2	0	1	0	5	1	1	2	0	2	4	3	3	3
3日	2	0	6	1	4	5	0	0	7	0	3	1	6	1	6	2	2	3	1	3	5	4	4	4
4日	7	1	1	2	5	0	1	1	4	1	4	2	7	2	7	3	3	4	2	4	6	5	5	5
5日	1	2	2	3	3	1	3	2	6	2	5	3	0	3	0	4	4	5	3	5	7	0	6	0
6日	2	3	3	4	4	2	4	3	7	3	6	4	1	4	1	5	5	0	4	0	0	1	3	1
7日	3	4	4	5	5	3	5	4	0	4	0	5	3	5	3	0	6	1	1	1	2	2	1	2
8日	4	5	5	0	6	4	6	5	1	5	1	0	4	0	0	1	0	2	3	2	3	3	2	3
9日	5	0	2	1	7	5	7	0	2	0	6	1	5	1	1	2	1	3	4	3	4	4	3	4
10日	6	1	3	2	0	0	4	1	3	1	7	2	6	2	2	3	2	4	5	4	5	5	4	5
11日	7	2	4	3	1	1	5	2	4	2	0	3	7	3	3	4	3	5	6	5	6	0	5	0
12日	0	3	5	4	2	2	6	3	5	3	1	4	0	4	4	5	4	0	7	0	3	1	6	1
13日	1	4	6	5	3	3	7	4	6	4	2	5	1	5	5	0	1	1	0	1	4	2	7	2
14日	2	5	7	0	4	4	0	5	7	5	3	0	2	0	6	1	2	2	1	2	5	3	0	3
15日	3	0	0	1	5	5	1	0	0	0	4	1	7	1	7	2	3	3	2	3	6	4	1	4
16日	0	1	1	2	6	0	2	1	5	1	5	2	0	2	0	3	4	4	3	4	7	5	2	5
17日	1	2	2	3	3	1	3	2	6	2	6	3	1	3	1	4	5	5	4	5	0	0	3	0
18日	2	3	3	4	4	2	4	3	7	3	7	4	2	4	2	5	6	0	5	0	1	1	0	1
19日	3	4	4	5	5	3	5	4	0	4	0	5	3	5	3	0	7	1	2	1	2	2	1	2
20日	4	5	5	0	6	4	6	5	1	5	1	0	4	0	0	1	0	2	3	2	3	3	2	3
21日	5	0	2	1	7	5	7	0	2	0	6	1	5	1	1	2	1	3	4	3	4	4	3	4
22日	6	1	3	2	0	0	4	1	3	1	7	2	6	2	2	3	2	4	5	4	5	5	4	5
23日	7	2	4	3	1	1	5	2	4	2	0	3	7	3	3	4	3	5	6	5	6	0	5	0
24日	0	3	5	4	2	2	6	3	5	3	1	4	0	4	4	5	4	0	7	0	3	1	6	1
25日	1	4	6	5	3	3	7	4	6	4	2	5	1	5	5	0	1	1	0	1	4	2	7	2
26日	2	5	7	0	4	4	0	5	7	5	3	0	2	0	6	1	2	2	1	2	5	3	0	3
27日	3	0	0	1	5	5	1	0	0	0	4	1	7	1	7	2	3	3	2	3	6	4	1	4
28日	0	1	1	2	6	0	2	1	5	1	5	2	0	2	0	3	4	4	3	4	7	5	2	5
29日	1	2			3	1	3	2	6	2	6	3	1	3	1	4	5	5	4	5	0	0	3	0
30日	2	3			4	2	4	3	7	3	7	4	2	4	2	5	6	0	5	0	1	1	0	1
31日	3	4			5	3			0	4			3	5	3	0			2	1			1	2

1990年	1月		2月		3月		4月		5月		6月		7月		8月		9月		10月		11月		12月	
	A	B	A	B	A	B	A	B	A	B	A	B	A	B	A	B	A	B	A	B	A	B	A	B
1日	2	3	2	4	4	2	4	3	7	3	7	4	2	4	2	5	6	0	5	0	1	1	4	1
2日	3	4	3	5	5	3	5	4	0	4	0	5	3	5	3	0	7	1	2	1	2	2	5	2
3日	4	5	4	0	6	4	6	5	1	5	1	0	4	0	0	1	0	2	3	2	3	3	6	3
4日	5	0	3	1	7	5	7	0	2	0	6	1	5	1	1	2	1	3	4	3	4	4	7	4
5日	7	1	4	2	0	0	5	1	3	1	7	2	6	2	2	3	2	4	5	4	5	5	0	5
6日	0	2	5	3	2	1	6	2	5	2	1	3	7	3	3	4	3	5	6	5	6	0	1	0
7日	1	3	6	4	3	2	7	3	6	3	2	4	1	4	4	5	4	0	7	0	3	1	7	1
8日	2	4	7	5	4	3	0	4	7	4	3	5	2	5	6	0	2	1	1	1	5	2	0	2
9日	3	5	0	0	5	4	1	5	0	5	4	0	3	0	7	1	3	2	2	2	6	3	1	3
10日	4	0	1	1	6	5	2	0	1	0	5	1	0	1	0	2	4	3	3	3	7	4	2	4
11日	1	1	2	2	7	0	3	1	6	1	6	2	1	2	1	3	5	4	4	4	0	5	3	5
12日	2	2	3	3	4	1	4	2	7	2	7	3	2	3	2	4	6	5	5	5	1	0	4	0
13日	3	3	4	4	5	2	5	3	0	3	0	4	3	4	3	5	7	0	6	0	2	1	1	1
14日	4	4	5	5	6	3	6	4	1	4	1	5	4	5	4	0	0	1	3	1	3	2	2	2
15日	5	5	6	0	7	4	7	5	2	5	2	0	5	0	1	1	1	2	4	2	4	3	3	3
16日	6	0	3	1	0	5	0	0	3	0	7	1	6	1	2	2	2	3	5	3	5	4	4	4
17日	7	1	4	2	1	0	5	1	4	1	0	2	7	2	3	3	3	4	6	4	6	5	5	5
18日	0	2	5	3	2	1	6	2	5	2	1	3	0	3	4	4	4	5	7	5	7	0	6	0
19日	1	3	6	4	3	2	7	3	6	3	2	4	1	4	5	5	5	0	0	0	4	1	7	1
20日	2	4	7	5	4	3	0	4	7	4	3	5	2	5	6	0	2	1	1	1	5	2	0	2
21日	3	5	0	0	5	4	1	5	0	5	4	0	3	0	7	1	3	2	2	2	6	3	1	3
22日	4	0	1	1	6	5	2	0	1	0	5	1	0	1	0	2	4	3	3	3	7	4	2	4
23日	1	1	2	2	7	0	3	1	6	1	6	2	1	2	1	3	5	4	4	4	0	5	3	5
24日	2	2	3	3	4	1	4	2	7	2	7	3	2	3	2	4	6	5	5	5	1	0	4	0
25日	3	3	4	4	5	2	5	3	0	3	0	4	3	4	3	5	7	0	6	0	2	1	1	1
26日	4	4	5	5	6	3	6	4	1	4	1	5	4	5	4	0	0	1	3	1	3	2	2	2
27日	5	5	6	0	7	4	7	5	2	5	2	0	5	0	1	1	1	2	4	2	4	3	3	3
28日	6	0	3	1	0	5	0	0	3	0	7	1	6	1	2	2	2	3	5	3	5	4	4	4
29日	7	1			1	0	5	1	4	1	0	2	7	2	3	3	3	4	6	4	6	5	5	5
30日	0	2			2	1	6	2	5	2	1	3	0	3	4	4	4	5	7	5	7	0	6	0
31日	1	3			3	2			6	3			1	4	5	5			0	0			7	1

1991年	1月		2月		3月		4月		5月		6月		7月		8月		9月		10月		11月		12月	
	A	B	A	B	A	B	A	B	A	B	A	B	A	B	A	B	A	B	A	B	A	B	A	B
1日	0	2	4	3	2	1	6	2	5	2	1	3	0	3	4	4	4	5	7	5	7	0	2	0
2日	1	3	5	4	3	2	7	3	6	3	2	4	1	4	5	5	5	0	0	0	4	1	3	1
3日	2	4	6	5	4	3	0	4	7	4	3	5	2	5	6	0	2	1	1	1	5	2	4	2
4日	3	5	1	0	5	4	1	5	0	5	4	0	3	0	7	1	3	2	2	2	6	3	5	3
5日	4	0	2	1	6	5	3	0	1	0	5	1	0	1	0	2	4	3	3	3	7	4	6	4
6日	2	1	3	2	0	0	4	1	7	1	7	2	1	2	1	3	5	4	4	4	0	5	7	5
7日	3	2	4	3	5	1	5	2	0	2	0	3	3	3	2	4	6	5	5	5	1	0	5	0
8日	4	3	5	4	6	2	6	3	1	3	1	4	4	4	4	5	0	0	6	0	3	1	2	1
9日	5	4	6	5	7	3	7	4	2	4	2	5	5	5	5	0	1	1	4	1	4	2	3	2
10日	6	5	7	0	0	4	0	5	3	5	3	0	6	0	2	1	2	2	5	2	5	3	4	3
11日	7	0	4	1	1	5	1	0	4	0	0	1	7	1	3	2	3	3	6	3	6	4	5	4
12日	0	1	5	2	2	0	6	1	5	1	1	2	0	2	4	3	4	4	7	4	7	5	6	5
13日	1	2	6	3	3	1	7	2	6	2	2	3	1	3	5	4	5	5	0	5	0	0	7	0
14日	2	3	7	4	4	2	0	3	7	3	3	4	2	4	6	5	6	0	1	0	5	1	0	1
15日	3	4	0	5	5	3	1	4	0	4	4	5	3	5	7	0	3	1	2	1	6	2	1	2
16日	4	5	1	0	6	4	2	5	1	5	5	0	4	0	0	1	4	2	3	2	7	3	2	3
17日	5	0	2	1	7	5	3	0	2	0	6	1	1	1	1	2	5	3	4	3	0	4	3	4
18日	2	1	3	2	0	0	4	1	7	1	7	2	2	2	2	3	6	4	5	4	1	5	4	5
19日	3	2	4	3	5	1	5	2	0	2	0	3	3	3	3	4	7	5	6	5	2	0	5	0
20日	4	3	5	4	6	2	6	3	1	3	1	4	4	4	4	5	0	0	7	0	3	1	2	1
21日	5	4	6	5	7	3	7	4	2	4	2	5	5	5	5	0	1	1	4	1	4	2	3	2
22日	6	5	7	0	0	4	0	5	3	5	3	0	6	0	2	1	2	2	5	2	5	3	4	3
23日	7	0	4	1	1	5	1	0	4	0	0	1	7	1	3	2	3	3	6	3	6	4	5	4
24日	0	1	5	2	2	0	6	1	5	1	1	2	0	2	4	3	4	4	7	4	7	5	6	5
25日	1	2	6	3	3	1	7	2	6	2	2	3	1	3	5	4	5	5	0	5	0	0	7	0
26日	2	3	7	4	4	2	0	3	7	3	3	4	2	4	6	5	6	0	1	0	5	1	0	1
27日	3	4	0	5	5	3	1	4	0	4	4	5	3	5	7	0	3	1	2	1	6	2	1	2
28日	4	5	1	0	6	4	2	5	1	5	5	0	4	0	0	1	4	2	3	2	7	3	2	3
29日	5	0			7	5	3	0	2	0	6	1	1	1	1	2	5	3	4	3	0	4	3	4
30日	2	1			0	0	4	1	7	1	7	2	2	2	2	3	6	4	5	4	1	5	4	5
31日	3	2			5	1			0	2			3	3	3	4			6	5			5	0

年月日早見表	1992 年																							
	1月		2月		3月		4月		5月		6月		7月		8月		9月		10月		11月		12月	
	A	B	A	B	A	B	A	B	A	B	A	B	A	B	A	B	A	B	A	B	A	B	A	B
1日	2	1	2	2	5	1	5	2	0	2	0	3	3	3	3	4	7	5	6	5	2	0	1	0
2日	3	2	3	3	6	2	6	3	1	3	1	4	4	4	4	5	0	0	7	0	3	1	6	1
3日	4	3	4	4	7	3	7	4	2	4	2	5	5	5	5	0	1	1	4	1	4	2	7	2
4日	5	4	7	5	0	4	1	5	3	5	3	0	6	0	2	1	2	2	5	2	5	3	0	3
5日	6	5	0	0	2	5	2	0	5	0	1	1	7	1	3	2	3	3	6	3	6	4	1	4
6日	0	0	5	1	3	0	7	1	6	1	2	2	0	2	4	3	4	4	7	4	7	5	2	5
7日	1	1	6	2	4	1	0	2	7	2	3	3	2	3	6	4	6	5	0	5	1	0	0	0
8日	2	2	7	3	5	2	1	3	0	3	4	4	3	4	7	5	7	0	2	0	6	1	1	1
9日	3	3	0	4	6	3	2	4	1	4	5	5	4	5	0	0	4	1	3	1	7	2	2	2
10日	4	4	1	5	7	4	3	5	2	5	6	0	5	0	1	1	5	2	4	2	0	3	3	3
11日	5	5	2	0	0	5	4	0	3	0	7	1	2	1	2	2	6	3	5	3	1	4	4	4
12日	6	0	3	1	1	0	5	1	0	1	0	2	3	2	3	3	7	4	6	4	2	5	5	5
13日	3	1	4	2	6	1	6	2	1	2	1	3	4	3	4	4	0	5	7	5	3	0	6	0
14日	4	2	5	3	7	2	7	3	2	3	2	4	5	4	5	5	1	0	0	0	4	1	3	1
15日	5	3	6	4	0	3	0	4	3	4	3	5	6	5	6	0	2	1	5	1	5	2	4	2
16日	6	4	7	5	1	4	1	5	4	5	4	0	7	0	3	1	3	2	6	2	6	3	5	3
17日	7	5	0	0	2	5	2	0	5	0	1	1	0	1	4	2	4	3	7	3	7	4	6	4
18日	0	0	5	1	3	0	7	1	6	1	2	2	1	2	5	3	5	4	0	4	0	5	7	5
19日	1	1	6	2	4	1	0	2	7	2	3	3	2	3	6	4	6	5	1	5	1	0	0	0
20日	2	2	7	3	5	2	1	3	0	3	4	4	3	4	7	5	7	0	2	0	6	1	1	1
21日	3	3	0	4	6	3	2	4	1	4	5	5	4	5	0	0	4	1	3	1	7	2	2	2
22日	4	4	1	5	7	4	3	5	2	5	6	0	5	0	1	1	5	2	4	2	0	3	3	3
23日	5	5	2	0	0	5	4	0	3	0	7	1	2	1	2	2	6	3	5	3	1	4	4	4
24日	6	0	3	1	1	0	5	1	0	1	0	2	3	2	3	3	7	4	6	4	2	5	5	5
25日	3	1	4	2	6	1	6	2	1	2	1	3	4	3	4	4	0	5	7	5	3	0	6	0
26日	4	2	5	3	7	2	7	3	2	3	2	4	5	4	5	5	1	0	0	0	4	1	3	1
27日	5	3	6	4	0	3	0	4	3	4	3	5	6	5	6	0	2	1	5	1	5	2	4	2
28日	6	4	7	5	1	4	1	5	4	5	4	0	7	0	3	1	3	2	6	2	6	3	5	3
29日	7	5	0	0	2	5	2	0	5	0	1	1	0	1	4	2	4	3	7	3	7	4	6	4
30日	0	0			3	0	7	1	6	1	2	2	1	2	5	3	5	4	0	4	0	5	7	5
31日	1	1			4	1			7	2			2	3	6	4			1	5			0	0

年月日早見表	1993 年																							
	1月		2月		3月		4月		5月		6月		7月		8月		9月		10月		11月		12月	
	A	B	A	B	A	B	A	B	A	B	A	B	A	B	A	B	A	B	A	B	A	B	A	B
1日	1	1	5	2	3	0	7	1	6	1	2	2	1	2	5	3	5	4	0	4	0	5	3	5
2日	2	2	6	3	4	1	0	2	7	2	3	3	2	3	6	4	6	5	1	5	1	0	4	0
3日	3	3	7	4	5	2	1	3	0	3	4	4	3	4	7	5	7	0	2	0	6	1	5	1
4日	4	4	2	5	6	3	2	4	1	4	5	5	4	5	0	0	4	1	3	1	7	2	6	2
5日	6	5	3	0	0	4	4	5	3	5	6	0	5	0	1	1	5	2	4	2	0	3	7	3
6日	7	0	4	1	1	5	5	0	4	0	0	1	2	1	2	2	6	3	5	3	1	4	0	4
7日	4	1	5	2	2	0	6	1	1	1	1	2	4	2	4	3	7	4	6	4	3	5	6	5
8日	5	2	6	3	7	1	7	2	2	2	2	3	5	3	5	4	1	5	0	5	4	0	7	0
9日	6	3	7	4	0	2	0	3	3	3	3	4	6	4	6	5	2	0	1	0	5	1	4	1
10日	7	4	0	5	1	3	1	4	4	4	4	5	7	5	7	0	3	1	6	1	6	2	5	2
11日	0	5	1	0	2	4	2	5	5	5	5	0	0	0	4	1	4	2	7	2	7	3	6	3
12日	1	0	6	1	3	5	3	0	6	0	2	1	1	1	5	2	5	3	0	3	0	4	7	4
13日	2	1	7	2	4	0	0	1	7	1	3	2	2	2	6	3	6	4	1	4	1	5	0	5
14日	3	2	0	3	5	1	1	2	0	2	4	3	3	3	7	4	7	5	2	5	2	0	1	0
15日	4	3	1	4	6	2	2	3	1	3	5	4	4	4	0	5	0	0	3	0	7	1	2	1
16日	5	4	2	5	7	3	3	4	2	4	6	5	5	5	1	0	5	1	4	1	0	2	3	2
17日	6	5	3	0	0	4	4	5	3	5	7	0	6	0	2	1	6	2	5	2	1	3	4	3
18日	7	0	4	1	1	5	5	0	4	0	0	1	3	1	3	2	7	3	6	3	2	4	5	4
19日	4	1	5	2	2	0	6	1	1	1	1	2	4	2	4	3	0	4	7	4	3	5	6	5
20日	5	2	6	3	7	1	7	2	2	2	2	3	5	3	5	4	1	5	0	5	4	0	7	0
21日	6	3	7	4	0	2	0	3	3	3	3	4	6	4	6	5	2	0	1	0	5	1	4	1
22日	7	4	0	5	1	3	1	4	4	4	4	5	7	5	7	0	3	1	6	1	6	2	5	2
23日	0	5	1	0	2	4	2	5	5	5	5	0	0	0	4	1	4	2	7	2	7	3	6	3
24日	1	0	6	1	3	5	3	0	6	0	2	1	1	1	5	2	5	3	0	3	0	4	7	4
25日	2	1	7	2	4	0	0	1	7	1	3	2	2	2	6	3	6	4	1	4	1	5	0	5
26日	3	2	0	3	5	1	1	2	0	2	4	3	3	3	7	4	7	5	2	5	2	0	1	0
27日	4	3	1	4	6	2	2	3	1	3	5	4	4	4	0	5	0	0	3	0	7	1	2	1
28日	5	4	2	5	7	3	3	4	2	4	6	5	5	5	1	0	5	1	4	1	0	2	3	2
29日	6	5			0	4	4	5	3	5	7	0	6	0	2	1	6	2	5	2	1	3	4	3
30日	7	0			1	5	5	0	4	0	0	1	3	1	3	2	7	3	6	3	2	4	5	4
31日	4	1			2	0			1	1			4	2	4	3			7	4			6	5

1994年	1月		2月		3月		4月		5月		6月		7月		8月		9月		10月		11月		12月	
	A	B	A	B	A	B	A	B	A	B	A	B	A	B	A	B	A	B	A	B	A	B	A	B
1日	7	0	3	1	1	5	5	0	4	0	0	1	3	1	3	2	7	3	6	3	2	4	1	4
2日	4	1	4	2	2	0	6	1	1	1	1	2	4	2	4	3	0	4	7	4	3	5	2	5
3日	5	2	5	3	7	1	7	2	2	2	2	3	5	3	5	4	1	5	0	5	4	0	3	0
4日	6	3	0	4	0	2	0	3	3	3	3	4	6	4	6	5	2	0	1	0	5	1	0	1
5日	0	4	1	5	1	3	2	4	4	4	4	5	7	5	7	0	3	1	6	1	6	2	1	2
6日	1	5	2	0	3	4	3	5	6	5	6	0	0	0	4	1	4	2	7	2	7	3	2	3
7日	2	0	7	1	4	5	4	0	7	0	3	1	2	1	5	2	5	3	0	3	0	4	0	4
8日	3	1	0	2	5	0	1	1	0	1	4	2	3	2	7	3	7	4	2	4	2	5	1	5
9日	4	2	1	3	6	1	2	2	1	2	5	3	4	3	0	4	0	5	3	5	3	0	2	0
10日	5	3	2	4	7	2	3	3	2	3	6	4	5	4	1	5	1	0	4	0	0	1	3	1
11日	6	4	3	5	0	3	4	4	3	4	7	5	6	5	2	0	6	1	5	1	1	2	4	2
12日	7	5	4	0	1	4	5	5	4	5	0	0	7	0	3	1	7	2	6	2	2	3	5	3
13日	0	0	5	1	2	5	6	0	5	0	1	1	4	1	4	2	0	3	7	3	3	4	6	4
14日	5	1	6	2	3	0	7	1	2	1	2	2	5	2	5	3	1	4	0	4	4	5	7	5
15日	6	2	7	3	0	1	0	2	3	2	3	3	6	3	6	4	2	5	1	5	5	0	0	0
16日	7	3	0	4	1	2	1	3	4	3	4	4	7	4	7	5	3	0	2	0	6	1	5	1
17日	0	4	1	5	2	3	2	4	5	4	5	5	0	5	0	0	4	1	7	1	7	2	6	2
18日	1	5	2	0	3	4	3	5	6	5	6	0	1	0	5	1	5	2	0	2	0	3	7	3
19日	2	0	7	1	4	5	4	0	7	0	3	1	2	1	6	2	6	3	1	3	1	4	0	4
20日	3	1	0	2	5	0	1	1	0	1	4	2	3	2	7	3	7	4	2	4	2	5	1	5
21日	4	2	1	3	6	1	2	2	1	2	5	3	4	3	0	4	0	5	3	5	3	0	2	0
22日	5	3	2	4	7	2	3	3	2	3	6	4	5	4	1	5	1	0	4	0	0	1	3	1
23日	6	4	3	5	0	3	4	4	3	4	7	5	6	5	2	0	6	1	5	1	1	2	4	2
24日	7	5	4	0	1	4	5	5	4	5	0	0	7	0	3	1	7	2	6	2	2	3	5	3
25日	0	0	5	1	2	5	6	0	5	0	1	1	4	1	4	2	0	3	7	3	3	4	6	4
26日	5	1	6	2	3	0	7	1	2	1	2	2	5	2	5	3	1	4	0	4	4	5	7	5
27日	6	2	7	3	0	1	0	2	3	2	3	3	6	3	6	4	2	5	1	5	5	0	0	0
28日	7	3	0	4	1	2	1	3	4	3	4	4	7	4	7	5	3	0	2	0	6	1	5	1
29日	0	4			2	3	2	4	5	4	5	5	0	5	0	0	4	1	7	1	7	2	6	2
30日	1	5			3	4	3	5	6	5	6	0	1	0	5	1	5	2	0	2	0	3	7	3
31日	2	0			4	5			7	0			2	1	6	2			1	3			0	4

1995年	1月		2月		3月		4月		5月		6月		7月		8月		9月		10月		11月		12月	
	A	B	A	B	A	B	A	B	A	B	A	B	A	B	A	B	A	B	A	B	A	B	A	B
1日	1	5	1	0	3	4	3	5	6	5	6	0	1	0	5	1	5	2	0	2	0	3	3	3
2日	2	0	6	1	4	5	4	0	7	0	3	1	2	1	6	2	6	3	1	3	1	4	4	4
3日	3	1	7	2	5	0	1	1	0	1	4	2	3	2	7	3	7	4	2	4	2	5	5	5
4日	4	2	2	3	6	1	2	2	1	2	5	3	4	3	0	4	0	5	3	5	3	0	6	0
5日	5	3	3	4	7	2	4	3	2	3	6	4	5	4	1	5	1	0	4	0	0	1	7	1
6日	7	4	4	5	1	3	5	4	4	4	0	5	6	5	2	0	6	1	5	1	1	2	0	2
7日	0	5	5	0	2	4	6	5	5	5	1	0	0	0	3	1	7	2	6	2	2	3	6	3
8日	1	0	6	1	3	5	7	0	6	0	2	1	5	1	5	2	1	3	7	3	4	4	7	4
9日	6	1	7	2	4	0	0	1	3	1	3	2	6	2	6	3	2	4	1	4	5	5	0	5
10日	7	2	0	3	1	1	1	2	4	2	4	3	7	3	7	4	3	5	2	5	6	0	1	0
11日	0	3	1	4	2	2	2	3	5	3	5	4	0	4	0	5	4	0	3	0	7	1	6	1
12日	1	4	2	5	3	3	3	4	6	4	6	5	1	5	1	0	5	1	0	1	0	2	7	2
13日	2	5	3	0	4	4	4	5	7	5	7	0	2	0	6	1	6	2	1	2	1	3	0	3
14日	3	0	0	1	5	5	5	0	0	0	4	1	3	1	7	2	7	3	2	3	2	4	1	4
15日	4	1	1	2	6	0	2	1	1	1	5	2	4	2	0	3	0	4	3	4	3	5	2	5
16日	5	2	2	3	7	1	3	2	2	2	6	3	5	3	1	4	1	5	4	5	4	0	3	0
17日	6	3	3	4	0	2	4	3	3	3	7	4	6	4	2	5	2	0	5	0	1	1	4	1
18日	7	4	4	5	1	3	5	4	4	4	0	5	7	5	3	0	7	1	6	1	2	2	5	2
19日	0	5	5	0	2	4	6	5	5	5	1	0	0	0	4	1	0	2	7	2	3	3	6	3
20日	1	0	6	1	3	5	7	0	6	0	2	1	5	1	5	2	1	3	0	3	4	4	7	4
21日	6	1	7	2	4	0	0	1	3	1	3	2	6	2	6	3	2	4	1	4	5	5	0	5
22日	7	2	0	3	1	1	1	2	4	2	4	3	7	3	7	4	3	5	2	5	6	0	1	0
23日	0	3	1	4	2	2	2	3	5	3	5	4	0	4	0	5	4	0	3	0	7	1	6	1
24日	1	4	2	5	3	3	3	4	6	4	6	5	1	5	1	0	5	1	0	1	0	2	7	2
25日	2	5	3	0	4	4	4	5	7	5	7	0	2	0	6	1	6	2	1	2	1	3	0	3
26日	3	0	0	1	5	5	5	0	0	0	4	1	3	1	7	2	7	3	2	3	2	4	1	4
27日	4	1	1	2	6	0	2	1	1	1	5	2	4	2	0	3	0	4	3	4	3	5	2	5
28日	5	2	2	3	7	1	3	2	2	2	6	3	5	3	1	4	1	5	4	5	4	0	3	0
29日	6	3			0	2	4	3	3	3	7	4	6	4	2	5	2	0	5	0	1	1	4	1
30日	7	4			1	3	5	4	4	4	0	5	7	5	3	0	7	1	6	1	2	2	5	2
31日	0	5			2	4			5	5			0	0	4	1			7	2			6	3

年月日早見表

1996 年

	1月		2月		3月		4月		5月		6月		7月		8月		9月		10月		11月		12月	
	A	B	A	B	A	B	A	B	A	B	A	B	A	B	A	B	A	B	A	B	A	B	A	B
1日	7	4	3	5	6	4	2	5	1	5	5	0	4	0	0	1	4	2	3	2	7	3	6	3
2日	0	5	4	0	7	5	3	0	2	0	6	1	1	1	1	2	5	3	4	3	0	4	7	4
3日	1	0	5	1	0	0	4	1	7	1	7	2	2	2	2	3	6	4	5	4	1	5	0	5
4日	6	1	4	2	5	1	6	2	0	2	0	3	3	3	3	4	7	5	6	5	2	0	1	0
5日	7	2	5	3	7	2	7	3	2	3	2	4	4	4	4	5	0	0	7	0	3	1	6	1
6日	1	3	6	4	0	3	0	4	3	4	3	5	5	5	5	0	1	1	4	1	4	2	7	2
7日	2	4	7	5	1	4	1	5	4	5	4	0	7	0	3	1	3	2	5	2	6	3	5	3
8日	3	5	0	0	2	5	2	0	5	0	1	1	0	1	4	2	4	3	7	3	7	4	6	4
9日	4	0	5	1	3	0	7	1	6	1	2	2	1	2	5	3	5	4	0	4	0	5	7	5
10日	5	1	6	2	4	1	0	2	7	2	3	3	2	3	6	4	6	5	1	5	1	0	0	0
11日	6	2	7	3	5	2	1	3	0	3	4	4	3	4	7	5	7	0	2	0	6	1	1	1
12日	7	3	0	4	6	3	2	4	1	4	5	5	4	5	0	0	4	1	3	1	7	2	2	2
13日	0	4	1	5	7	4	3	5	2	5	6	0	5	0	1	1	5	2	4	2	0	3	3	3
14日	1	5	2	0	0	5	4	0	3	0	7	1	2	1	2	2	6	3	5	3	1	4	4	4
15日	2	0	3	1	1	0	5	1	0	1	0	2	3	2	3	3	7	4	6	4	2	5	5	5
16日	7	1	4	2	6	1	6	2	1	2	1	3	4	3	4	4	0	5	7	5	3	0	6	0
17日	0	2	5	3	7	2	7	3	2	3	2	4	5	4	5	5	1	0	0	0	4	1	3	1
18日	1	3	6	4	0	3	0	4	3	4	3	5	6	5	6	0	2	1	5	1	5	2	4	2
19日	2	4	7	5	1	4	1	5	4	5	4	0	7	0	3	1	3	2	6	2	6	3	5	3
20日	3	5	0	0	2	5	2	0	5	0	1	1	0	1	4	2	4	3	7	3	7	4	6	4
21日	4	0	5	1	3	0	7	1	6	1	2	2	1	2	5	3	5	4	0	4	0	5	7	5
22日	5	1	6	2	4	1	0	2	7	2	3	3	2	3	6	4	6	5	1	5	1	0	0	0
23日	6	2	7	3	5	2	1	3	0	3	4	4	3	4	7	5	7	0	2	0	6	1	1	1
24日	7	3	0	4	6	3	2	4	1	4	5	5	4	5	0	0	4	1	3	1	7	2	2	2
25日	0	4	1	5	7	4	3	5	2	5	6	0	5	0	1	1	5	2	4	2	0	3	3	3
26日	1	5	2	0	0	5	4	0	3	0	7	1	2	1	2	2	6	3	5	3	1	4	4	4
27日	2	0	3	1	1	0	5	1	0	1	0	2	3	2	3	3	7	4	6	4	2	5	5	5
28日	7	1	4	2	6	1	6	2	1	2	1	3	4	3	4	4	0	5	7	5	3	0	6	0
29日	0	2	5	3	7	2	7	3	2	3	2	4	5	4	5	5	1	0	0	0	4	1	3	1
30日	1	3			0	3	0	4	3	4	3	5	6	5	6	0	2	1	5	1	5	2	4	2
31日	2	4			1	4			4	5			7	0	3	1			6	2			5	3

年月日早見表

1997 年

	1月		2月		3月		4月		5月		6月		7月		8月		9月		10月		11月		12月	
	A	B	A	B	A	B	A	B	A	B	A	B	A	B	A	B	A	B	A	B	A	B	A	B
1日	6	4	6	5	0	3	0	4	3	4	3	5	6	5	6	0	2	1	5	1	5	2	0	2
2日	7	5	7	0	1	4	1	5	4	5	4	0	7	0	3	1	3	2	6	2	6	3	1	3
3日	0	0	4	1	2	5	2	0	5	0	1	1	0	1	4	2	4	3	7	3	7	4	2	4
4日	1	1	7	2	3	0	7	1	6	1	2	2	1	2	5	3	5	4	0	4	0	5	3	5
5日	3	2	0	3	5	1	1	2	0	2	3	3	2	3	6	4	6	5	1	5	1	0	4	0
6日	4	3	1	4	6	2	2	3	1	3	5	4	3	4	7	5	7	0	2	0	6	1	5	1
7日	5	4	2	5	7	3	3	4	2	4	6	5	5	5	1	0	5	1	3	1	0	2	3	2
8日	6	5	3	0	0	4	4	5	3	5	7	0	6	0	2	1	6	2	5	2	1	3	4	3
9日	7	0	4	1	1	5	5	0	4	0	0	1	3	1	3	2	7	3	6	3	2	4	5	4
10日	4	1	5	2	2	0	6	1	1	1	1	2	4	2	4	3	0	4	7	4	3	5	6	5
11日	5	2	6	3	7	1	7	2	2	2	2	3	5	3	5	4	1	5	0	5	4	0	7	0
12日	6	3	7	4	0	2	0	3	3	3	3	4	6	4	6	5	2	0	1	0	5	1	4	1
13日	7	4	0	5	1	3	1	4	4	4	4	5	7	5	7	0	3	1	6	1	6	2	5	2
14日	0	5	1	0	2	4	2	5	5	5	5	0	0	0	4	1	4	2	7	2	7	3	6	3
15日	1	0	6	1	3	5	3	0	6	0	2	1	1	1	5	2	5	3	0	3	0	4	7	4
16日	2	1	7	2	4	0	0	1	7	1	3	2	2	2	6	3	6	4	1	4	1	5	0	5
17日	3	2	0	3	5	1	1	2	0	2	4	3	3	3	7	4	7	5	2	5	2	0	1	0
18日	4	3	1	4	6	2	2	3	1	3	5	4	4	4	0	5	0	0	3	0	7	1	2	1
19日	5	4	2	5	7	3	3	4	2	4	6	5	5	5	1	0	5	1	4	1	0	2	3	2
20日	6	5	3	0	0	4	4	5	3	5	7	0	6	0	2	1	6	2	5	2	1	3	4	3
21日	7	0	4	1	1	5	5	0	4	0	0	1	3	1	3	2	7	3	6	3	2	4	5	4
22日	4	1	5	2	2	0	6	1	1	1	1	2	4	2	4	3	0	4	7	4	3	5	6	5
23日	5	2	6	3	7	1	7	2	2	2	2	3	5	3	5	4	1	5	0	5	4	0	7	0
24日	6	3	7	4	0	2	0	3	3	3	3	4	6	4	6	5	2	0	1	0	5	1	4	1
25日	7	4	0	5	1	3	1	4	4	4	4	5	7	5	7	0	3	1	6	1	6	2	5	2
26日	0	5	1	0	2	4	2	5	5	5	5	0	0	0	4	1	4	2	7	2	7	3	6	3
27日	1	0	6	1	3	5	3	0	6	0	2	1	1	1	5	2	5	3	0	3	0	4	7	4
28日	2	1	7	2	4	0	0	1	7	1	3	2	2	2	6	3	6	4	1	4	1	5	0	5
29日	3	2			5	1	1	2	0	2	4	3	3	3	7	4	7	5	2	5	2	0	1	0
30日	4	3			6	2	2	3	1	3	5	4	4	4	0	5	0	0	3	0	7	1	2	1
31日	5	4			7	3			2	4			5	5	1	0			4	1			3	2

	1月		2月		3月		4月		5月		6月		7月		8月		9月		10月		11月		12月	
	A	B	A	B	A	B	A	B	A	B	A	B	A	B	A	B	A	B	A	B	A	B	A	B
1日	4	3	0	4	6	2	2	3	1	3	5	4	4	4	0	5	0	0	3	0	7	1	6	1
2日	5	4	1	5	7	3	3	4	2	4	6	5	5	5	1	0	5	1	4	1	0	2	7	2
3日	6	5	2	0	0	4	4	5	3	5	7	0	6	0	2	1	6	2	5	2	1	3	0	3
4日	7	0	5	1	1	5	5	0	4	0	0	1	3	1	3	2	7	3	6	3	2	4	1	4
5日	5	1	6	2	2	0	7	1	1	1	1	2	4	2	4	3	0	4	7	4	3	5	2	5
6日	6	2	7	3	0	1	0	2	3	2	3	3	5	3	5	4	1	5	0	5	4	0	3	0
7日	7	3	0	4	1	2	1	3	4	3	4	4	7	4	6	5	2	0	1	0	5	1	5	1
8日	0	4	1	5	2	3	2	4	5	4	5	5	0	5	0	0	4	1	7	1	7	2	6	2
9日	1	5	2	0	3	4	3	5	6	5	6	0	1	0	5	1	5	2	0	2	0	3	7	3
10日	2	0	7	1	4	5	4	0	7	0	3	1	2	1	6	2	6	3	1	3	1	4	0	4
11日	3	1	0	2	5	0	1	1	0	1	4	2	3	2	7	3	7	4	2	4	2	5	1	5
12日	4	2	1	3	6	1	2	2	1	2	5	3	4	3	0	4	0	5	3	5	3	0	2	0
13日	5	3	2	4	7	2	3	3	2	3	6	4	5	4	1	5	1	0	4	0	0	1	3	1
14日	6	4	3	5	0	3	4	4	3	4	7	5	6	5	2	0	6	1	5	1	1	2	4	2
15日	7	5	4	0	1	4	5	5	4	5	0	0	7	0	3	1	7	2	6	2	2	3	5	3
16日	0	0	5	1	2	5	6	0	5	0	1	1	4	1	4	2	0	3	7	3	3	4	6	4
17日	5	1	6	2	3	0	7	1	2	1	2	2	5	2	5	3	1	4	0	4	4	5	7	5
18日	6	2	7	3	0	1	0	2	3	2	3	3	6	3	6	4	2	5	1	5	5	0	0	0
19日	7	3	0	4	1	2	1	3	4	3	4	4	7	4	7	5	3	0	2	0	6	1	5	1
20日	0	4	1	5	2	3	2	4	5	4	5	5	0	5	0	0	4	1	7	1	7	2	6	2
21日	1	5	2	0	3	4	3	5	6	5	6	0	1	0	5	1	5	2	0	2	0	3	7	3
22日	2	0	7	1	4	5	4	0	7	0	3	1	2	1	6	2	6	3	1	3	1	4	0	4
23日	3	1	0	2	5	0	1	1	0	1	4	2	3	2	7	3	7	4	2	4	2	5	1	5
24日	4	2	1	3	6	1	2	2	1	2	5	3	4	3	0	4	0	5	3	5	3	0	2	0
25日	5	3	2	4	7	2	3	3	2	3	6	4	5	4	1	5	1	0	4	0	0	1	3	1
26日	6	4	3	5	0	3	4	4	3	4	7	5	6	5	2	0	6	1	5	1	1	2	4	2
27日	7	5	4	0	1	4	5	5	4	5	0	0	7	0	3	1	7	2	6	2	2	3	5	3
28日	0	0	5	1	2	5	6	0	5	0	1	1	4	1	4	2	0	3	7	3	3	4	6	4
29日	5	1			3	0	7	1	2	1	2	2	5	2	5	3	1	4	0	4	4	5	7	5
30日	6	2			0	1	0	2	3	2	3	3	6	3	6	4	2	5	1	5	5	0	0	0
31日	7	3			1	2			4	3			7	4	7	5			2	0			5	1

1999年

	1月		2月		3月		4月		5月		6月		7月		8月		9月		10月		11月		12月	
	A	B	A	B	A	B	A	B	A	B	A	B	A	B	A	B	A	B	A	B	A	B	A	B
1日	6	2	6	3	0	1	0	2	3	2	3	3	6	3	6	4	2	5	1	5	5	0	4	0
2日	7	3	7	4	1	2	1	3	4	3	4	4	7	4	7	5	3	0	2	0	6	1	1	1
3日	0	4	0	5	2	3	2	4	5	4	5	5	0	5	0	0	4	1	7	1	7	2	2	2
4日	1	5	3	0	3	4	3	5	6	5	6	0	1	0	5	1	5	2	0	2	0	3	3	3
5日	2	0	0	1	4	5	5	0	7	0	3	1	2	1	6	2	6	3	1	3	1	4	4	4
6日	4	1	1	2	6	0	2	1	1	1	5	2	3	2	7	3	7	4	2	4	2	5	5	5
7日	5	2	2	3	7	1	3	2	2	2	6	3	5	3	0	4	0	5	3	5	3	0	3	0
8日	6	3	3	4	0	2	4	3	3	3	7	4	6	4	2	5	2	0	4	0	1	1	4	1
9日	7	4	4	5	1	3	5	4	4	4	0	5	7	5	3	0	7	1	6	1	2	2	5	2
10日	0	5	5	0	2	4	6	5	5	5	1	0	0	0	4	1	0	2	7	2	3	3	6	3
11日	1	0	6	1	3	5	7	0	6	0	2	1	5	1	5	2	1	3	0	3	4	4	7	4
12日	6	1	7	2	4	0	0	1	3	1	3	2	6	2	6	3	2	4	1	4	5	5	0	5
13日	7	2	0	3	1	1	1	2	4	2	4	3	7	3	7	4	3	5	2	5	6	0	1	0
14日	0	3	1	4	2	2	2	3	5	3	5	4	0	4	0	5	4	0	3	0	7	1	6	1
15日	1	4	2	5	3	3	3	4	6	4	6	5	1	5	1	0	5	1	0	1	0	2	7	2
16日	2	5	3	0	4	4	4	5	7	5	7	0	2	0	6	1	6	2	1	2	1	3	0	3
17日	3	0	0	1	5	5	5	0	0	0	4	1	3	1	7	2	7	3	2	3	2	4	1	4
18日	4	1	1	2	6	0	2	1	1	1	5	2	4	2	0	3	0	4	3	4	3	5	2	5
19日	5	2	2	3	7	1	3	2	2	2	6	3	5	3	1	4	1	5	4	5	4	0	3	0
20日	6	3	3	4	0	2	4	3	3	3	7	4	6	4	2	5	2	0	5	0	1	1	4	1
21日	7	4	4	5	1	3	5	4	4	4	0	5	7	5	3	0	7	1	6	1	2	2	5	2
22日	0	5	5	0	2	4	6	5	5	5	1	0	0	0	4	1	0	2	7	2	3	3	6	3
23日	1	0	6	1	3	5	7	0	6	0	2	1	5	1	5	2	1	3	0	3	4	4	7	4
24日	6	1	7	2	4	0	0	1	3	1	3	2	6	2	6	3	2	4	1	4	5	5	0	5
25日	7	2	0	3	1	1	1	2	4	2	4	3	7	3	7	4	3	5	2	5	6	0	1	0
26日	0	3	1	4	2	2	2	3	5	3	5	4	0	4	0	5	4	0	3	0	7	1	6	1
27日	1	4	2	5	3	3	3	4	6	4	6	5	1	5	1	0	5	1	0	1	0	2	7	2
28日	2	5	3	0	4	4	4	5	7	5	7	0	2	0	6	1	6	2	1	2	1	3	0	3
29日	3	0			5	5	5	0	0	0	4	1	3	1	7	2	7	3	2	3	2	4	1	4
30日	4	1			6	0	2	1	1	1	5	2	4	2	0	3	0	4	3	4	3	5	2	5
31日	5	2			7	1			2	2			5	3	1	4			4	5			3	0

年月日早見表

2000 年

	1月		2月		3月		4月		5月		6月		7月		8月		9月		10月		11月		12月	
	A	B	A	B	A	B	A	B	A	B	A	B	A	B	A	B	A	B	A	B	A	B	A	B
1日	4	1	0	2	7	1	3	2	2	2	6	3	5	3	1	4	1	5	4	5	4	0	7	0
2日	5	2	1	3	0	2	4	3	3	3	7	4	6	4	2	5	2	0	5	0	1	1	0	1
3日	6	3	2	4	1	3	5	4	4	4	0	5	7	5	3	0	7	1	6	1	2	2	1	2
4日	7	4	3	5	2	4	7	5	5	5	1	0	0	0	4	1	0	2	7	2	3	3	2	3
5日	0	5	6	0	4	5	0	0	7	0	3	1	5	1	5	2	1	3	0	3	4	4	3	4
6日	2	0	7	1	5	0	1	1	4	1	4	2	6	2	6	3	2	4	1	4	5	5	4	5
7日	7	1	0	2	2	1	2	2	5	2	5	3	0	3	0	4	4	5	2	5	7	0	2	0
8日	0	2	1	3	3	2	3	3	6	3	6	4	1	4	1	5	5	0	4	0	0	1	7	1
9日	1	3	2	4	4	3	4	4	7	4	7	5	2	5	2	0	6	1	1	1	1	2	0	2
10日	2	4	3	5	5	4	5	5	0	5	0	0	3	0	7	1	7	2	2	2	2	3	1	3
11日	3	5	4	0	6	5	6	0	1	0	5	1	4	1	0	2	0	3	3	3	3	4	2	4
12日	4	0	1	1	7	0	3	1	2	1	6	2	5	2	1	3	1	4	4	4	4	5	3	5
13日	5	1	2	2	0	1	4	2	3	2	7	3	6	3	2	4	2	5	5	5	5	0	4	0
14日	6	2	3	3	1	2	5	3	4	3	0	4	7	4	3	5	3	0	6	0	2	1	5	1
15日	7	3	4	4	2	3	6	4	5	4	1	5	0	5	4	0	0	1	7	1	3	2	6	2
16日	0	4	5	5	3	4	7	5	6	5	2	0	1	0	5	1	1	2	0	2	4	3	7	3
17日	1	5	6	0	4	5	0	0	7	0	3	1	6	1	6	2	2	3	1	3	5	4	0	4
18日	2	0	7	1	5	0	1	1	4	1	4	2	7	2	7	3	3	4	2	4	6	5	1	5
19日	7	1	0	2	2	1	2	2	5	2	5	3	0	3	0	4	4	5	3	5	7	0	2	0
20日	0	2	1	3	3	2	3	3	6	3	6	4	1	4	1	5	5	0	4	0	0	1	7	1
21日	1	3	2	4	4	3	4	4	7	4	7	5	2	5	2	0	6	1	1	1	1	2	0	2
22日	2	4	3	5	5	4	5	5	0	5	0	0	3	0	7	1	7	2	2	2	2	3	1	3
23日	3	5	4	0	6	5	6	0	1	0	5	1	4	1	0	2	0	3	3	3	3	4	2	4
24日	4	0	1	1	7	0	3	1	2	1	6	2	5	2	1	3	1	4	4	4	4	5	3	5
25日	5	1	2	2	0	1	4	2	3	2	7	3	6	3	2	4	2	5	5	5	5	0	4	0
26日	6	2	3	3	1	2	5	3	4	3	0	4	7	4	3	5	3	0	6	0	2	1	5	1
27日	7	3	4	4	2	3	6	4	5	4	1	5	0	5	4	0	0	1	7	1	3	2	6	2
28日	0	4	5	5	3	4	7	5	6	5	2	0	1	0	5	1	1	2	0	2	4	3	7	3
29日	1	5	6	0	4	5	0	0	7	0	3	1	6	1	6	2	2	3	1	3	5	4	0	4
30日	2	0			5	0	1	1	4	1	4	2	7	2	7	3	3	4	2	4	6	5	1	5
31日	7	1			2	1			5	2			0	3	0	4			3	5			2	0

年月日早見表

2001 年

	1月		2月		3月		4月		5月		6月		7月		8月		9月		10月		11月		12月	
	A	B	A	B	A	B	A	B	A	B	A	B	A	B	A	B	A	B	A	B	A	B	A	B
1日	7	1	7	2	5	0	1	1	4	1	4	2	7	2	7	3	3	4	2	4	6	5	5	5
2日	0	2	0	3	2	1	2	2	5	2	5	3	0	3	0	4	4	5	3	5	7	0	6	0
3日	1	3	1	4	3	2	3	3	6	3	6	4	1	4	1	5	5	0	4	0	0	1	3	1
4日	2	4	4	5	4	3	4	4	7	4	7	5	2	5	2	0	6	1	1	1	1	2	4	2
5日	4	5	5	0	6	4	6	5	1	5	1	0	3	0	7	1	7	2	2	2	2	3	5	3
6日	5	0	2	1	7	5	7	0	2	0	6	1	4	1	0	2	0	3	3	3	3	4	6	4
7日	6	1	3	2	0	0	4	1	3	1	7	2	6	2	2	3	2	4	4	4	5	5	4	5
8日	7	2	4	3	1	1	5	2	4	2	0	3	7	3	3	4	3	5	6	5	6	0	5	0
9日	0	3	5	4	2	2	6	3	5	3	1	4	0	4	4	5	4	0	7	0	3	1	6	1
10日	1	4	6	5	3	3	7	4	6	4	2	5	1	5	5	0	1	1	0	1	4	2	7	2
11日	2	5	7	0	4	4	0	5	7	5	3	0	2	0	6	1	2	2	1	2	5	3	0	3
12日	3	0	0	1	5	5	1	0	0	0	4	1	7	1	7	2	3	3	2	3	6	4	1	4
13日	0	1	1	2	6	0	2	1	5	1	5	2	0	2	0	3	4	4	3	4	7	5	2	5
14日	1	2	2	3	3	1	3	2	6	2	6	3	1	3	1	4	5	5	4	5	0	0	3	0
15日	2	3	3	4	4	2	4	3	7	3	7	4	2	4	2	5	6	0	5	0	1	1	0	1
16日	3	4	4	5	5	3	5	4	0	4	0	5	3	5	3	0	7	1	2	1	2	2	1	2
17日	4	5	5	0	6	4	6	5	1	5	1	0	4	0	0	1	0	2	3	2	3	3	2	3
18日	5	0	2	1	7	5	7	0	2	0	6	1	5	1	1	2	1	3	4	3	4	4	3	4
19日	6	1	3	2	0	0	4	1	3	1	7	2	6	2	2	3	2	4	5	4	5	5	4	5
20日	7	2	4	3	1	1	5	2	4	2	0	3	7	3	3	4	3	5	6	5	6	0	5	0
21日	0	3	5	4	2	2	6	3	5	3	1	4	0	4	4	5	4	0	7	0	3	1	6	1
22日	1	4	6	5	3	3	7	4	6	4	2	5	1	5	5	0	1	1	0	1	4	2	7	2
23日	2	5	7	0	4	4	0	5	7	5	3	0	2	0	6	1	2	2	1	2	5	3	0	3
24日	3	0	0	1	5	5	1	0	0	0	4	1	7	1	7	2	3	3	2	3	6	4	1	4
25日	0	1	1	2	6	0	2	1	5	1	5	2	0	2	0	3	4	4	3	4	7	5	2	5
26日	1	2	2	3	3	1	3	2	6	2	6	3	1	3	1	4	5	5	4	5	0	0	3	0
27日	2	3	3	4	4	2	4	3	7	3	7	4	2	4	2	5	6	0	5	0	1	1	0	1
28日	3	4	4	5	5	3	5	4	0	4	0	5	3	5	3	0	7	1	2	1	2	2	1	2
29日	4	5			6	4	6	5	1	5	1	0	4	0	0	1	0	2	3	2	3	3	2	3
30日	5	0			7	5	7	0	2	0	6	1	5	1	1	2	1	3	4	3	4	4	3	4
31日	6	1			0	0			3	1			6	2	2	3			5	4			4	5

2002年	1月		2月		3月		4月		5月		6月		7月		8月		9月		10月		11月		12月	
	A	B	A	B	A	B	A	B	A	B	A	B	A	B	A	B	A	B	A	B	A	B	A	B
1日	5	0	1	1	7	5	7	0	2	0	6	1	5	1	1	2	1	3	4	3	4	4	7	4
2日	6	1	2	2	0	0	4	1	3	1	7	2	6	2	2	3	2	4	5	4	5	5	0	5
3日	7	2	3	3	1	1	5	2	4	2	0	3	7	3	3	4	3	5	6	5	6	0	1	0
4日	0	3	6	4	2	2	6	3	5	3	1	4	0	4	4	5	4	0	7	0	3	1	2	1
5日	2	4	7	5	3	3	0	4	6	4	2	5	1	5	5	0	1	1	0	1	4	2	3	2
6日	3	5	0	0	5	4	1	5	0	5	4	0	2	0	6	1	2	2	1	2	5	3	4	3
7日	4	0	1	1	6	5	2	0	1	0	5	1	0	1	7	2	3	3	2	3	7	4	2	4
8日	1	1	2	2	7	0	3	1	6	1	6	2	1	2	1	3	5	4	4	4	0	5	3	5
9日	2	2	3	3	4	1	4	2	7	2	7	3	2	3	2	4	6	5	5	5	1	0	4	0
10日	3	3	4	4	5	2	5	3	0	3	0	4	3	4	3	5	7	0	6	0	2	1	1	1
11日	4	4	5	5	6	3	6	4	1	4	1	5	4	5	4	0	0	1	3	1	3	2	2	2
12日	5	5	6	0	7	4	7	5	2	5	2	0	5	0	1	1	1	2	4	2	4	3	3	3
13日	6	0	3	1	0	5	0	0	3	0	7	1	6	1	2	2	2	3	5	3	5	4	4	4
14日	7	1	4	2	1	0	5	1	4	1	0	2	7	2	3	3	3	4	6	4	6	5	5	5
15日	0	2	5	3	2	1	6	2	5	2	1	3	0	3	4	4	4	5	7	5	7	0	6	0
16日	1	3	6	4	3	2	7	3	6	3	2	4	1	4	5	5	5	0	0	0	4	1	7	1
17日	2	4	7	5	4	3	0	4	7	4	3	5	2	5	6	0	2	1	1	1	5	2	0	2
18日	3	5	0	0	5	4	1	5	0	5	4	0	3	0	7	1	3	2	2	2	6	3	1	3
19日	4	0	1	1	6	5	2	0	1	0	5	1	0	1	0	2	4	3	3	3	7	4	2	4
20日	1	1	2	2	7	0	3	1	6	1	6	2	1	2	1	3	5	4	4	4	0	5	3	5
21日	2	2	3	3	4	1	4	2	7	2	7	3	2	3	2	4	6	5	5	5	1	0	4	0
22日	3	3	4	4	5	2	5	3	0	3	0	4	3	4	3	5	7	0	6	0	2	1	1	1
23日	4	4	5	5	6	3	6	4	1	4	1	5	4	5	4	0	0	1	3	1	3	2	2	2
24日	5	5	6	0	7	4	7	5	2	5	2	0	5	0	1	1	1	2	4	2	4	3	3	3
25日	6	0	3	1	0	5	0	0	3	0	7	1	6	1	2	2	2	3	5	3	5	4	4	4
26日	7	1	4	2	1	0	5	1	4	1	0	2	7	2	3	3	3	4	6	4	6	5	5	5
27日	0	2	5	3	2	1	6	2	5	2	1	3	0	3	4	4	4	5	7	5	7	0	6	0
28日	1	3	6	4	3	2	7	3	6	3	2	4	1	4	5	5	5	0	0	0	4	1	7	1
29日	2	4			4	3	0	4	7	4	3	5	2	5	6	0	2	1	1	1	5	2	0	2
30日	3	5			5	4	1	5	0	5	4	0	3	0	7	1	3	2	2	2	6	3	1	3
31日	4	0			6	5			1	0			0	1	0	2			3	3			2	4

2003年	1月		2月		3月		4月		5月		6月		7月		8月		9月		10月		11月		12月	
	A	B	A	B	A	B	A	B	A	B	A	B	A	B	A	B	A	B	A	B	A	B	A	B
1日	3	5	7	0	5	4	1	5	0	5	4	0	3	0	7	1	3	2	2	2	6	3	5	3
2日	4	0	0	1	6	5	2	0	1	0	5	1	0	1	0	2	4	3	3	3	7	4	6	4
3日	1	1	1	2	7	0	3	1	6	1	6	2	1	2	1	3	5	4	4	4	0	5	7	5
4日	2	2	4	3	4	1	4	2	7	2	7	3	2	3	2	4	6	5	5	5	1	0	0	0
5日	3	3	5	4	5	2	6	3	0	3	0	4	3	4	3	5	7	0	6	0	2	1	5	1
6日	5	4	6	5	7	3	7	4	2	4	2	5	4	5	4	0	0	1	3	1	3	2	6	2
7日	6	5	7	0	0	4	0	5	3	5	3	0	6	0	1	1	1	2	4	2	4	3	4	3
8日	7	0	4	1	1	5	1	0	4	0	0	1	7	1	3	2	3	3	5	3	6	4	5	4
9日	0	1	5	2	2	0	6	1	5	1	1	2	0	2	4	3	4	4	7	4	7	5	6	5
10日	1	2	6	3	3	1	7	2	6	2	2	3	1	3	5	4	5	5	0	5	0	0	7	0
11日	2	3	7	4	4	2	0	3	7	3	3	4	2	4	6	5	6	0	1	0	5	1	0	1
12日	3	4	0	5	5	3	1	4	0	4	4	5	3	5	7	0	3	1	2	1	6	2	1	2
13日	4	5	1	0	6	4	2	5	1	5	5	0	4	0	0	1	4	2	3	2	7	3	2	3
14日	5	0	2	1	7	5	3	0	2	0	6	1	1	1	1	2	5	3	4	3	0	4	3	4
15日	2	1	3	2	0	0	4	1	7	1	7	2	2	2	2	3	6	4	5	4	1	5	4	5
16日	3	2	4	3	5	1	5	2	0	2	0	3	3	3	3	4	7	5	6	5	2	0	5	0
17日	4	3	5	4	6	2	6	3	1	3	1	4	4	4	4	5	0	0	7	0	3	1	2	1
18日	5	4	6	5	7	3	7	4	2	4	2	5	5	5	5	0	1	1	4	1	4	2	3	2
19日	6	5	7	0	0	4	0	5	3	5	3	0	6	0	2	1	2	2	5	2	5	3	4	3
20日	7	0	4	1	1	5	1	0	4	0	0	1	7	1	3	2	3	3	6	3	6	4	5	4
21日	0	1	5	2	2	0	6	1	5	1	1	2	0	2	4	3	4	4	7	4	7	5	6	5
22日	1	2	6	3	3	1	7	2	6	2	2	3	1	3	5	4	5	5	0	5	0	0	7	0
23日	2	3	7	4	4	2	0	3	7	3	3	4	2	4	6	5	6	0	1	0	5	1	0	1
24日	3	4	0	5	5	3	1	4	0	4	4	5	3	5	7	0	3	1	2	1	6	2	1	2
25日	4	5	1	0	6	4	2	5	1	5	5	0	4	0	0	1	4	2	3	2	7	3	2	3
26日	5	0	2	1	7	5	3	0	2	0	6	1	1	1	1	2	5	3	4	3	0	4	3	4
27日	2	1	3	2	0	0	4	1	7	1	7	2	2	2	2	3	6	4	5	4	1	5	4	5
28日	3	2	4	3	5	1	5	2	0	2	0	3	3	3	3	4	7	5	6	5	2	0	5	0
29日	4	3			6	2	6	3	1	3	1	4	4	4	4	5	0	0	7	0	3	1	2	1
30日	5	4			7	3	7	4	2	4	2	5	5	5	5	0	1	1	4	1	4	2	3	2
31日	6	5			0	4			3	5			6	0	2	1			5	2			4	3

2004 年

年月日早見表	1月		2月		3月		4月		5月		6月		7月		8月		9月		10月		11月		12月	
	A	B	A	B	A	B	A	B	A	B	A	B	A	B	A	B	A	B	A	B	A	B	A	B
1日	5	4	5	5	0	4	0	5	3	5	3	0	6	0	2	1	2	2	5	2	5	3	0	3
2日	6	5	6	0	1	5	1	0	4	0	0	1	7	1	3	2	3	3	6	3	6	4	1	4
3日	7	0	3	1	2	0	6	1	5	1	1	2	0	2	4	3	4	4	7	4	7	5	2	5
4日	0	1	6	2	3	1	0	2	6	2	2	3	1	3	5	4	5	5	0	5	0	0	3	0
5日	1	2	7	3	5	2	1	3	0	3	4	4	2	4	6	5	6	0	1	0	5	1	4	1
6日	3	3	0	4	6	3	2	4	1	4	5	5	3	5	7	0	3	1	2	1	6	2	5	2
7日	4	4	1	5	7	4	3	5	2	5	6	0	5	0	1	1	5	2	3	2	0	3	3	3
8日	5	5	2	0	0	5	4	0	3	0	7	1	2	1	2	2	6	3	5	3	1	4	4	4
9日	6	0	3	1	1	0	5	1	0	1	0	2	3	2	3	3	7	4	6	4	2	5	5	5
10日	3	1	4	2	6	1	6	2	1	2	1	3	4	3	4	4	0	5	7	5	3	0	6	0
11日	4	2	5	3	7	2	7	3	2	3	2	4	5	4	5	5	1	0	0	0	4	1	3	1
12日	5	3	6	4	0	3	0	4	3	4	3	5	6	5	6	0	2	1	5	1	5	2	4	2
13日	6	4	7	5	1	4	1	5	4	5	4	0	7	0	3	1	3	2	6	2	6	3	5	3
14日	7	5	0	0	2	5	2	0	5	0	1	1	0	1	4	2	4	3	7	3	7	4	6	4
15日	0	0	5	1	3	0	7	1	6	1	2	2	1	2	5	3	5	4	0	4	0	5	7	5
16日	1	1	6	2	4	1	0	2	7	2	3	3	2	3	6	4	6	5	1	5	1	0	0	0
17日	2	2	7	3	5	2	1	3	0	3	4	4	3	4	7	5	7	0	2	0	6	1	1	1
18日	3	3	0	4	6	3	2	4	1	4	5	5	4	5	0	0	4	1	3	1	7	2	2	2
19日	4	4	1	5	7	4	3	5	2	5	6	0	5	0	1	1	5	2	4	2	0	3	3	3
20日	5	5	2	0	0	5	4	0	3	0	7	1	2	1	2	2	6	3	5	3	1	4	4	4
21日	6	0	3	1	1	0	5	1	0	1	0	2	3	2	3	3	7	4	6	4	2	5	5	5
22日	3	1	4	2	6	1	6	2	1	2	1	3	4	3	4	4	0	5	7	5	3	0	6	0
23日	4	2	5	3	7	2	7	3	2	3	2	4	5	4	5	5	1	0	0	0	4	1	3	1
24日	5	3	6	4	0	3	0	4	3	4	3	5	6	5	6	0	2	1	5	1	5	2	4	2
25日	6	4	7	5	1	4	1	5	4	5	4	0	7	0	3	1	3	2	6	2	6	3	5	3
26日	7	5	0	0	2	5	2	0	5	0	1	1	0	1	4	2	4	3	7	3	7	4	6	4
27日	0	0	5	1	3	0	7	1	6	1	2	2	1	2	5	3	5	4	0	4	0	5	7	5
28日	1	1	6	2	4	1	0	2	7	2	3	3	2	3	6	4	6	5	1	5	1	0	0	0
29日	2	2	7	3	5	2	1	3	0	3	4	4	3	4	7	5	7	0	2	0	6	1	1	1
30日	3	3			6	3	2	4	1	4	5	5	4	5	0	0	4	1	3	1	7	2	2	2
31日	4	4			7	4			2	5			5	0	1	1			4	2			3	3

2005 年

年月日早見表	1月		2月		3月		4月		5月		6月		7月		8月		9月		10月		11月		12月	
	A	B	A	B	A	B	A	B	A	B	A	B	A	B	A	B	A	B	A	B	A	B	A	B
1日	4	4	0	5	6	3	2	4	1	4	5	5	4	5	0	0	4	1	3	1	7	2	6	2
2日	5	5	1	0	7	4	3	5	2	5	6	0	5	0	1	1	5	2	4	2	0	3	7	3
3日	6	0	2	1	0	5	4	0	3	0	7	1	2	1	2	2	6	3	5	3	1	4	0	4
4日	3	1	5	2	1	0	5	1	0	1	0	2	3	2	3	3	7	4	6	4	2	5	1	5
5日	5	2	6	3	7	1	7	2	2	2	3	3	4	3	4	4	0	5	7	5	3	0	2	0
6日	6	3	7	4	0	2	0	3	3	3	3	4	5	4	5	5	1	0	0	0	4	1	7	1
7日	7	4	0	5	1	3	1	4	4	4	4	5	7	5	7	0	3	1	5	1	6	2	5	2
8日	0	5	1	0	2	4	2	5	5	5	5	0	0	0	4	1	4	2	7	2	7	3	6	3
9日	1	0	6	1	3	5	3	0	6	0	2	1	1	1	5	2	5	3	0	3	0	4	7	4
10日	2	1	7	2	4	0	0	1	7	1	3	2	2	2	6	3	6	4	1	4	1	5	0	5
11日	3	2	0	3	5	1	1	2	0	2	4	3	3	3	7	4	7	5	2	5	2	0	1	0
12日	4	3	1	4	6	2	2	3	1	3	5	4	4	4	0	5	0	0	3	0	7	1	2	1
13日	5	4	2	5	7	3	3	4	2	4	6	5	5	5	1	0	5	1	4	1	0	2	3	2
14日	6	5	3	0	0	4	4	5	3	5	7	0	6	0	2	1	6	2	5	2	1	3	4	3
15日	7	0	4	1	1	5	5	0	4	0	0	1	3	1	3	2	7	3	6	3	2	4	5	4
16日	4	1	5	2	2	0	6	1	1	1	1	2	4	2	4	3	0	4	7	4	3	5	6	5
17日	5	2	6	3	7	1	7	2	2	2	2	3	5	3	5	4	1	5	0	5	4	0	7	0
18日	6	3	7	4	0	2	0	3	3	3	3	4	6	4	6	5	2	0	1	0	5	1	4	1
19日	7	4	0	5	1	3	1	4	4	4	4	5	7	5	7	0	3	1	6	1	6	2	5	2
20日	0	5	1	0	2	4	2	5	5	5	5	0	0	0	4	1	4	2	7	2	7	3	6	3
21日	1	0	6	1	3	5	3	0	6	0	2	1	1	1	5	2	5	3	0	3	0	4	7	4
22日	2	1	7	2	4	0	0	1	7	1	3	2	2	2	6	3	6	4	1	4	1	5	0	5
23日	3	2	0	3	5	1	1	2	0	2	4	3	3	3	7	4	7	5	2	5	2	0	1	0
24日	4	3	1	4	6	2	2	3	1	3	5	4	4	4	0	5	0	0	3	0	7	1	2	1
25日	5	4	2	5	7	3	3	4	2	4	6	5	5	5	1	0	5	1	4	1	0	2	3	2
26日	6	5	3	0	0	4	4	5	3	5	7	0	6	0	2	1	6	2	5	2	1	3	4	3
27日	7	0	4	1	1	5	5	0	4	0	0	1	3	1	3	2	7	3	6	3	2	4	5	4
28日	4	1	5	2	2	0	6	1	1	1	1	2	4	2	4	3	0	4	7	4	3	5	6	5
29日	5	2			7	1	7	2	2	2	2	3	5	3	5	4	1	5	0	5	4	0	7	0
30日	6	3			0	2	0	3	3	3	3	4	6	4	6	5	2	0	1	0	5	1	4	1
31日	7	4			1	3			4	4			7	5	7	0			6	1			5	2

2006 年	1月		2月		3月		4月		5月		6月		7月		8月		9月		10月		11月		12月	
	A	B	A	B	A	B	A	B	A	B	A	B	A	B	A	B	A	B	A	B	A	B	A	B
1日	6	3	6	4	0	2	0	3	3	3	3	4	6	4	6	5	2	0	1	0	5	1	0	1
2日	7	4	7	5	1	3	1	4	4	4	4	5	7	5	7	0	3	1	6	1	6	2	1	2
3日	0	5	0	0	2	4	2	5	5	5	5	0	0	0	4	1	4	2	7	2	7	3	2	3
4日	1	0	7	1	3	5	3	0	6	0	2	1	1	1	5	2	5	3	0	3	0	4	3	4
5日	3	1	0	2	4	0	1	1	7	1	3	2	2	2	6	3	6	4	1	4	1	5	4	5
6日	4	2	1	3	6	1	2	2	1	2	5	3	3	3	7	4	7	5	2	5	2	0	5	0
7日	5	3	2	4	7	2	3	3	2	3	6	4	5	4	0	5	0	0	3	0	0	1	3	1
8日	6	4	3	5	0	3	4	4	3	4	7	5	6	5	2	0	6	1	5	1	1	2	4	2
9日	7	5	4	0	1	4	5	5	4	5	0	0	7	0	3	1	7	2	6	2	2	3	5	3
10日	0	0	5	1	2	5	6	0	5	0	1	1	4	1	4	2	0	3	7	3	3	4	6	4
11日	5	1	6	2	3	0	7	1	2	1	2	2	5	2	5	3	1	4	0	4	4	5	7	5
12日	6	2	7	3	0	1	0	2	3	2	3	3	6	3	6	4	2	5	1	5	5	0	0	0
13日	7	3	0	4	1	2	1	3	4	3	4	4	7	4	7	5	3	0	2	0	6	1	5	1
14日	0	4	1	5	2	3	2	4	5	4	5	5	0	5	0	0	4	1	7	1	7	2	6	2
15日	1	5	2	0	3	4	3	5	6	5	6	0	1	0	5	1	5	2	0	2	0	3	7	3
16日	2	0	7	1	4	5	4	0	7	0	3	1	2	1	6	2	6	3	1	3	1	4	0	4
17日	3	1	0	2	5	0	1	1	0	1	4	2	3	2	7	3	7	4	2	4	2	5	1	5
18日	4	2	1	3	6	1	2	2	1	2	5	3	4	3	0	4	0	5	3	5	3	0	2	0
19日	5	3	2	4	7	2	3	3	2	3	6	4	5	4	1	5	1	0	4	0	0	1	3	1
20日	6	4	3	5	0	3	4	4	3	4	7	5	6	5	2	0	6	1	5	1	1	2	4	2
21日	7	5	4	0	1	4	5	5	4	5	0	0	7	0	3	1	7	2	6	2	2	3	5	3
22日	0	0	5	1	2	5	6	0	5	0	1	1	4	1	4	2	0	3	7	3	3	4	6	4
23日	5	1	6	2	3	0	7	1	2	1	2	2	5	2	5	3	1	4	0	4	4	5	7	5
24日	6	2	7	3	0	1	0	2	3	2	3	3	6	3	6	4	2	5	1	5	5	0	0	0
25日	7	3	0	4	1	2	1	3	4	3	4	4	7	4	7	5	3	0	2	0	6	1	5	1
26日	0	4	1	5	2	3	2	4	5	4	5	5	0	5	0	0	4	1	7	1	7	2	6	2
27日	1	5	2	0	3	4	3	5	6	5	6	0	1	0	5	1	5	2	0	2	0	3	7	3
28日	2	0	7	1	4	5	4	0	7	0	3	1	2	1	6	2	6	3	1	3	1	4	0	4
29日	3	1			5	0	1	1	0	1	4	2	3	2	7	3	7	4	2	4	2	5	1	5
30日	4	2			6	1	2	2	1	2	5	3	4	3	0	4	0	5	3	5	3	0	2	0
31日	5	3			7	2			2	3			5	4	1	5			4	0			3	1

2007 年	1月		2月		3月		4月		5月		6月		7月		8月		9月		10月		11月		12月	
	A	B	A	B	A	B	A	B	A	B	A	B	A	B	A	B	A	B	A	B	A	B	A	B
1日	4	2	0	3	6	1	2	2	1	2	5	3	4	3	0	4	0	5	3	5	3	0	6	0
2日	5	3	1	4	7	2	3	3	2	3	6	4	5	4	1	5	1	0	4	0	0	1	7	1
3日	6	4	2	5	0	3	4	4	3	4	7	5	6	5	2	0	6	1	5	1	1	2	0	2
4日	7	5	5	0	1	4	5	5	4	5	0	0	7	0	3	1	7	2	6	2	2	3	1	3
5日	0	0	6	1	2	5	7	0	5	0	1	1	4	1	4	2	0	3	7	3	3	4	2	4
6日	6	1	7	2	4	0	0	1	3	1	3	2	5	2	5	3	1	4	0	4	4	5	3	5
7日	7	2	0	3	1	1	1	2	4	2	4	3	7	3	6	4	2	5	1	5	5	0	1	0
8日	0	3	1	4	2	2	2	3	5	3	5	4	0	4	0	5	4	0	2	0	7	1	6	1
9日	1	4	2	5	3	3	3	4	6	4	6	5	1	5	1	0	5	1	0	1	0	2	7	2
10日	2	5	3	0	4	4	4	5	7	5	7	0	2	0	6	1	6	2	1	2	1	3	0	3
11日	3	0	0	1	5	5	5	0	0	0	4	1	3	1	7	2	7	3	2	3	2	4	1	4
12日	4	1	1	2	6	0	2	1	1	1	5	2	4	2	0	3	0	4	3	4	3	5	2	5
13日	5	2	2	3	7	1	3	2	2	2	6	3	5	3	1	4	1	5	4	5	4	0	3	0
14日	6	3	3	4	0	2	4	3	3	3	7	4	6	4	2	5	2	0	5	0	1	1	4	1
15日	7	4	4	5	1	3	5	4	4	4	0	5	7	5	3	0	7	1	6	1	2	2	5	2
16日	0	5	5	0	2	4	6	5	5	5	1	0	0	0	4	1	0	2	7	2	3	3	6	3
17日	1	0	6	1	3	5	7	0	6	0	2	1	5	1	5	2	1	3	0	3	4	4	7	4
18日	6	1	7	2	4	0	0	1	3	1	3	2	6	2	6	3	2	4	1	4	5	5	0	5
19日	7	2	0	3	1	1	1	2	4	2	4	3	7	3	7	4	3	5	2	5	6	0	1	0
20日	0	3	1	4	2	2	2	3	5	3	5	4	0	4	0	5	4	0	3	0	7	1	6	1
21日	1	4	2	5	3	3	3	4	6	4	6	5	1	5	1	0	5	1	0	1	0	2	7	2
22日	2	5	3	0	4	4	4	5	7	5	7	0	2	0	6	1	6	2	1	2	1	3	0	3
23日	3	0	0	1	5	5	5	0	0	0	4	1	3	1	7	2	7	3	2	3	2	4	1	4
24日	4	1	1	2	6	0	2	1	1	1	5	2	4	2	0	3	0	4	3	4	3	5	2	5
25日	5	2	2	3	7	1	3	2	2	2	6	3	5	3	1	4	1	5	4	5	4	0	3	0
26日	6	3	3	4	0	2	4	3	3	3	7	4	6	4	2	5	2	0	5	0	1	1	4	1
27日	7	4	4	5	1	3	5	4	4	4	0	5	7	5	3	0	7	1	6	1	2	2	5	2
28日	0	5	5	0	2	4	6	5	5	5	1	0	0	0	4	1	0	2	7	2	3	3	6	3
29日	1	0			3	5	7	0	6	0	2	1	5	1	5	2	1	3	0	3	4	4	7	4
30日	6	1			4	0	0	1	3	1	3	2	6	2	6	3	2	4	1	4	5	5	0	5
31日	7	2			1	1			4	2			7	3	7	4			2	5			1	0

年月日早見表

2008 年

	1月		2月		3月		4月		5月		6月		7月		8月		9月		10月		11月		12月	
	A	B	A	B	A	B	A	B	A	B	A	B	A	B	A	B	A	B	A	B	A	B	A	B
1日	6	1	6	2	5	1	5	2	0	2	0	3	3	3	3	4	7	5	6	5	2	0	1	0
2日	7	2	7	3	6	2	6	3	1	3	1	4	4	4	4	5	0	0	7	0	3	1	6	1
3日	0	3	0	4	7	3	7	4	2	4	2	5	5	5	5	0	1	1	4	1	4	2	7	2
4日	1	4	7	5	0	4	1	5	3	5	3	0	6	0	2	1	2	2	5	2	5	3	0	3
5日	2	5	0	0	2	5	2	0	5	0	1	1	7	1	3	2	3	3	6	3	6	4	1	4
6日	4	0	5	1	3	0	7	1	6	1	2	2	0	2	4	3	4	4	7	4	7	5	2	5
7日	5	1	6	2	4	1	0	2	7	2	3	3	2	3	6	4	6	5	0	5	1	0	0	0
8日	6	2	7	3	5	2	1	3	0	3	4	4	3	4	7	5	7	0	2	0	6	1	1	1
9日	7	3	0	4	6	3	2	4	1	4	5	5	4	5	0	0	4	1	3	1	7	2	2	2
10日	0	4	1	5	7	4	3	5	2	5	6	0	5	0	1	1	5	2	4	2	0	3	3	3
11日	1	5	2	0	0	5	4	0	3	0	7	1	2	1	2	2	6	3	5	3	1	4	4	4
12日	2	0	3	1	1	0	5	1	0	1	0	2	3	2	3	3	7	4	6	4	2	5	5	5
13日	7	1	4	2	6	1	6	2	1	2	1	3	4	3	4	4	0	5	7	5	3	0	6	0
14日	0	2	5	3	7	2	7	3	2	3	2	4	5	4	5	5	1	0	0	0	4	1	3	1
15日	1	3	6	4	0	3	0	4	3	4	3	5	6	5	6	0	2	1	5	1	5	2	4	2
16日	2	4	7	5	1	4	1	5	4	5	4	0	7	0	3	1	3	2	6	2	6	3	5	3
17日	3	5	0	0	2	5	2	0	5	0	1	1	0	1	4	2	4	3	7	3	7	4	6	4
18日	4	0	5	1	3	0	7	1	6	1	2	2	1	2	5	3	5	4	0	4	0	5	7	5
19日	5	1	6	2	4	1	0	2	7	2	3	3	2	3	6	4	6	5	1	5	1	0	0	0
20日	6	2	7	3	5	2	1	3	0	3	4	4	3	4	7	5	7	0	2	0	6	1	1	1
21日	7	3	0	4	6	3	2	4	1	4	5	5	4	5	0	0	4	1	3	1	7	2	2	2
22日	0	4	1	5	7	4	3	5	2	5	6	0	5	0	1	1	5	2	4	2	0	3	3	3
23日	1	5	2	0	0	5	4	0	3	0	7	1	2	1	2	2	6	3	5	3	1	4	4	4
24日	2	0	3	1	1	0	5	1	0	1	0	2	3	2	3	3	7	4	6	4	2	5	5	5
25日	7	1	4	2	6	1	6	2	1	2	1	3	4	3	4	4	0	5	7	5	3	0	6	0
26日	0	2	5	3	7	2	7	3	2	3	2	4	5	4	5	5	1	0	0	0	4	1	3	1
27日	1	3	6	4	0	3	0	4	3	4	3	5	6	5	6	0	2	1	5	1	5	2	4	2
28日	2	4	7	5	1	4	1	5	4	5	4	0	7	0	3	1	3	2	6	2	6	3	5	3
29日	3	5	0	0	2	5	2	0	5	0	1	1	0	1	4	2	4	3	7	3	7	4	6	4
30日	4	0			3	0	7	1	6	1	2	2	1	2	5	3	5	4	0	4	0	5	7	5
31日	5	1			4	1			7	2			2	3	6	4			1	5			0	0

年月日早見表

2009 年

	1月		2月		3月		4月		5月		6月		7月		8月		9月		10月		11月		12月	
	A	B	A	B	A	B	A	B	A	B	A	B	A	B	A	B	A	B	A	B	A	B	A	B
1日	1	1	5	2	3	0	7	1	6	1	2	2	1	2	5	3	5	4	0	4	0	5	3	5
2日	2	2	6	3	4	1	0	2	7	2	3	3	2	3	6	4	6	5	1	5	1	0	4	0
3日	3	3	7	4	5	2	1	3	0	3	4	4	3	4	7	5	7	0	2	0	6	1	5	1
4日	4	4	2	5	6	3	2	4	1	4	5	5	4	5	0	0	4	1	3	1	7	2	6	2
5日	6	5	3	0	0	4	4	5	3	5	7	0	5	0	1	1	5	2	4	2	0	3	7	3
6日	7	0	4	1	1	5	5	0	4	0	0	1	2	1	2	2	6	3	5	3	1	4	0	4
7日	4	1	5	2	2	0	6	1	1	1	1	2	4	2	4	3	0	4	6	4	3	5	6	5
8日	5	2	6	3	7	1	7	2	2	2	2	3	5	3	5	4	1	5	0	5	4	0	7	0
9日	6	3	7	4	0	2	0	3	3	3	3	4	6	4	6	5	2	0	1	0	5	1	4	1
10日	7	4	0	5	1	3	1	4	4	4	4	5	7	5	7	0	3	1	6	1	6	2	5	2
11日	0	5	1	0	2	4	2	5	5	5	5	0	0	0	4	1	4	2	7	2	7	3	6	3
12日	1	0	6	1	3	5	3	0	6	0	2	1	1	1	5	2	5	3	0	3	0	4	7	4
13日	2	1	7	2	4	0	0	1	7	1	3	2	2	2	6	3	6	4	1	4	1	5	0	5
14日	3	2	0	3	5	1	1	2	0	2	4	3	3	3	7	4	7	5	2	5	2	0	1	0
15日	4	3	1	4	6	2	2	3	1	3	5	4	4	4	0	5	0	0	3	0	7	1	2	1
16日	5	4	2	5	7	3	3	4	2	4	6	5	5	5	1	0	5	1	4	1	0	2	3	2
17日	6	5	3	0	0	4	4	5	3	5	7	0	6	0	2	1	6	2	5	2	1	3	4	3
18日	7	0	4	1	1	5	5	0	4	0	0	1	3	1	3	2	7	3	6	3	2	4	5	4
19日	4	1	5	2	2	0	6	1	1	1	1	2	4	2	4	3	0	4	7	4	3	5	6	5
20日	5	2	6	3	7	1	7	2	2	2	2	3	5	3	5	4	1	5	0	5	4	0	7	0
21日	6	3	7	4	0	2	0	3	3	3	3	4	6	4	6	5	2	0	1	0	5	1	4	1
22日	7	4	0	5	1	3	1	4	4	4	4	5	7	5	7	0	3	1	6	1	6	2	5	2
23日	0	5	1	0	2	4	2	5	5	5	5	0	0	0	4	1	4	2	7	2	7	3	6	3
24日	1	0	6	1	3	5	3	0	6	0	2	1	1	1	5	2	5	3	0	3	0	4	7	4
25日	2	1	7	2	4	0	0	1	7	1	3	2	2	2	6	3	6	4	1	4	1	5	0	5
26日	3	2	0	3	5	1	1	2	0	2	4	3	3	3	7	4	7	5	2	5	2	0	1	0
27日	4	3	1	4	6	2	2	3	1	3	5	4	4	4	0	5	0	0	3	0	7	1	2	1
28日	5	4	2	5	7	3	3	4	2	4	6	5	5	5	1	0	5	1	4	1	0	2	3	2
29日	6	5			0	4	4	5	3	5	7	0	6	0	2	1	6	2	5	2	1	3	4	3
30日	7	0			1	5	5	0	4	0	0	1	3	1	3	2	7	3	6	3	2	4	5	4
31日	4	1			2	0			1	1			4	2	4	3			7	4			6	5

2010 年

	1月		2月		3月		4月		5月		6月		7月		8月		9月		10月		11月		12月	
	A	B	A	B	A	B	A	B	A	B	A	B	A	B	A	B	A	B	A	B	A	B	A	B
1日	7	0	3	1	1	5	5	0	4	0	0	1	3	1	3	2	7	3	6	3	2	4	1	4
2日	4	1	4	2	2	0	6	1	1	1	1	2	4	2	4	3	0	4	7	4	3	5	2	5
3日	5	2	5	3	7	1	7	2	2	2	2	3	5	3	5	4	1	5	0	5	4	0	3	0
4日	6	3	0	4	0	2	0	3	3	3	3	4	6	4	6	5	2	0	1	0	5	1	0	1
5日	0	4	1	5	1	3	2	4	5	4	4	5	7	5	7	0	3	1	6	1	6	2	1	2
6日	1	5	2	0	3	4	3	5	6	5	6	0	0	0	4	1	4	2	7	2	7	3	2	3
7日	2	0	7	1	4	5	4	0	7	0	3	1	2	1	6	2	5	3	0	3	1	4	0	4
8日	3	1	0	2	5	0	1	1	0	1	4	2	3	2	7	3	7	4	2	4	2	5	1	5
9日	4	2	1	3	6	1	2	2	1	2	5	3	4	3	0	4	0	5	3	5	3	0	2	0
10日	5	3	2	4	7	2	3	3	2	3	6	4	5	4	1	5	1	0	4	0	0	1	3	1
11日	6	4	3	5	0	3	4	4	3	4	7	5	6	5	2	0	6	1	5	1	1	2	4	2
12日	7	5	4	0	1	4	5	5	4	5	0	0	7	0	3	1	7	2	6	2	2	3	5	3
13日	0	0	5	1	2	5	6	0	5	0	1	1	4	1	4	2	0	3	7	3	3	4	6	4
14日	5	1	6	2	3	0	7	1	2	1	2	2	5	2	5	3	1	4	0	4	4	5	7	5
15日	6	2	7	3	0	1	0	2	3	2	3	3	6	3	6	4	2	5	1	5	5	0	0	0
16日	7	3	0	4	1	2	1	3	4	3	4	4	7	4	7	5	3	0	2	0	6	1	5	1
17日	0	4	1	5	2	3	2	4	5	4	5	5	0	5	0	0	4	1	7	1	7	2	6	2
18日	1	5	2	0	3	4	3	5	6	5	6	0	1	0	5	1	5	2	0	2	0	3	7	3
19日	2	0	7	1	4	5	4	0	7	0	3	1	2	1	6	2	6	3	1	3	1	4	0	4
20日	3	1	0	2	5	0	1	1	0	1	4	2	3	2	7	3	7	4	2	4	2	5	1	5
21日	4	2	1	3	6	1	2	2	1	2	5	3	4	3	0	4	0	5	3	5	3	0	2	0
22日	5	3	2	4	7	2	3	3	2	3	6	4	5	4	1	5	1	0	4	0	0	1	3	1
23日	6	4	3	5	0	3	4	4	3	4	7	5	6	5	2	0	6	1	5	1	1	2	4	2
24日	7	5	4	0	1	4	5	5	4	5	0	0	7	0	3	1	7	2	6	2	2	3	5	3
25日	0	0	5	1	2	5	6	0	5	0	1	1	4	1	4	2	0	3	7	3	3	4	6	4
26日	5	1	6	2	3	0	7	1	2	1	2	2	5	2	5	3	1	4	0	4	4	5	7	5
27日	6	2	7	3	0	1	0	2	3	2	3	3	6	3	6	4	2	5	1	5	5	0	0	0
28日	7	3	0	4	1	2	1	3	4	3	4	4	7	4	7	5	3	0	2	0	6	1	5	1
29日	0	4			2	3	2	4	5	4	5	5	0	5	0	0	4	1	7	1	7	2	6	2
30日	1	5			3	4	3	5	6	5	6	0	1	0	5	1	5	2	0	2	0	3	7	3
31日	2	0			4	5			7	0			2	1	6	2			1	3			0	4

2011 年

	1月		2月		3月		4月		5月		6月		7月		8月		9月		10月		11月		12月	
	A	B	A	B	A	B	A	B	A	B	A	B	A	B	A	B	A	B	A	B	A	B	A	B
1日	1	5	1	0	3	4	3	5	6	5	6	0	1	0	5	1	5	2	0	2	0	3	3	3
2日	2	0	6	1	4	5	4	0	7	0	3	1	2	1	6	2	6	3	1	3	1	4	4	4
3日	3	1	7	2	5	0	1	1	0	1	4	2	3	2	7	3	7	4	2	4	2	5	5	5
4日	4	2	2	3	6	1	2	2	1	2	5	3	4	3	0	4	0	5	3	5	3	0	6	0
5日	5	3	3	4	7	2	4	3	2	3	6	4	5	4	1	5	1	0	4	0	0	1	7	1
6日	7	4	4	5	1	3	5	4	4	4	0	5	6	5	2	0	6	1	5	1	1	2	0	2
7日	0	5	5	0	2	4	6	5	5	5	1	0	0	0	3	1	7	2	6	2	2	3	6	3
8日	1	0	6	1	3	5	7	0	6	0	2	1	5	1	5	2	1	3	7	3	4	4	7	4
9日	6	1	7	2	4	0	0	1	3	1	3	2	6	2	6	3	2	4	1	4	5	5	0	5
10日	7	2	0	3	1	1	1	2	4	2	4	3	7	3	7	4	3	5	2	5	6	0	1	0
11日	0	3	1	4	2	2	2	3	5	3	5	4	0	4	0	5	4	0	3	0	7	1	6	1
12日	1	4	2	5	3	3	3	4	6	4	6	5	1	5	1	0	5	1	0	1	0	2	7	2
13日	2	5	3	0	4	4	4	5	7	5	7	0	2	0	6	1	6	2	1	2	1	3	0	3
14日	3	0	0	1	5	5	5	0	0	0	4	1	3	1	7	2	7	3	2	3	2	4	1	4
15日	4	1	1	2	6	0	2	1	1	1	5	2	4	2	0	3	0	4	3	4	3	5	2	5
16日	5	2	2	3	7	1	3	2	2	2	6	3	5	3	1	4	1	5	4	5	4	0	3	0
17日	6	3	3	4	0	2	4	3	3	3	7	4	6	4	2	5	2	0	5	0	1	1	4	1
18日	7	4	4	5	1	3	5	4	4	4	0	5	7	5	3	0	7	1	6	1	2	2	5	2
19日	0	5	5	0	2	4	6	5	5	5	1	0	0	0	4	1	0	2	7	2	3	3	6	3
20日	1	0	6	1	3	5	7	0	6	0	2	1	5	1	5	2	1	3	0	3	4	4	7	4
21日	6	1	7	2	4	0	0	1	3	1	3	2	6	2	6	3	2	4	1	4	5	5	0	5
22日	7	2	0	3	1	1	1	2	4	2	4	3	7	3	7	4	3	5	2	5	6	0	1	0
23日	0	3	1	4	2	2	2	3	5	3	5	4	0	4	0	5	4	0	3	0	7	1	6	1
24日	1	4	2	5	3	3	3	4	6	4	6	5	1	5	1	0	5	1	0	1	0	2	7	2
25日	2	5	3	0	4	4	4	5	7	5	7	0	2	0	6	1	6	2	1	2	1	3	0	3
26日	3	0	0	1	5	5	5	0	0	0	4	1	3	1	7	2	7	3	2	3	2	4	1	4
27日	4	1	1	2	6	0	2	1	1	1	5	2	4	2	0	3	0	4	3	4	3	5	2	5
28日	5	2	2	3	7	1	3	2	2	2	6	3	5	3	1	4	1	5	4	5	4	0	3	0
29日	6	3			0	2	4	3	3	3	7	4	6	4	2	5	2	0	5	0	1	1	4	1
30日	7	4			1	3	5	4	4	4	0	5	7	5	3	0	7	1	6	1	2	2	5	2
31日	0	5			2	4			5	5			0	0	4	1			7	2			6	3

年月日早見表

2012年

	1月A	1月B	2月A	2月B	3月A	3月B	4月A	4月B	5月A	5月B	6月A	6月B	7月A	7月B	8月A	8月B	9月A	9月B	10月A	10月B	11月A	11月B	12月A	12月B
1日	7	4	3	5	2	4	6	5	5	5	1	0	0	0	4	1	0	2	7	2	3	3	2	3
2日	0	5	4	0	3	5	7	0	6	0	2	1	5	1	5	2	1	3	0	3	4	4	3	4
3日	1	0	5	1	4	0	0	1	3	1	3	2	6	2	6	3	2	4	1	4	5	5	4	5
4日	6	1	0	2	1	1	2	2	4	2	4	3	7	3	7	4	3	5	2	5	6	0	5	0
5日	7	2	1	3	3	2	3	3	6	3	6	4	0	4	0	5	4	0	3	0	7	1	2	1
6日	1	3	2	4	4	3	4	4	7	4	7	5	1	5	1	0	5	1	0	1	0	2	3	2
7日	2	4	3	5	5	4	5	5	0	5	0	0	3	0	7	1	7	2	1	2	2	3	1	3
8日	3	5	4	0	6	5	6	0	1	0	5	1	4	1	0	2	0	3	3	3	3	4	2	4
9日	4	0	1	1	7	0	3	1	2	1	6	2	5	2	1	3	1	4	4	4	4	5	3	5
10日	5	1	2	2	0	1	4	2	3	2	7	3	6	3	2	4	2	5	5	5	5	0	4	0
11日	6	2	3	3	1	2	5	3	4	3	0	4	7	4	3	5	3	0	6	0	2	1	5	1
12日	7	3	4	4	2	3	6	4	5	4	1	5	0	5	4	0	0	1	7	1	3	2	6	2
13日	0	4	5	5	3	4	7	5	6	5	2	0	1	0	5	1	1	2	0	2	4	3	7	3
14日	1	5	6	0	4	5	0	0	7	0	3	1	6	1	6	2	2	3	1	3	5	4	0	4
15日	2	0	7	1	5	0	1	1	4	1	4	2	7	2	7	3	3	4	2	4	6	5	1	5
16日	7	1	0	2	2	1	2	2	5	2	5	3	0	3	0	4	4	5	3	5	7	0	2	0
17日	0	2	1	3	3	2	3	3	6	3	6	4	1	4	1	5	5	0	4	0	0	1	7	1
18日	1	3	2	4	4	3	4	4	7	4	7	5	2	5	2	0	6	1	1	1	1	2	0	2
19日	2	4	3	5	5	4	5	5	0	5	0	0	3	0	7	1	7	2	2	2	2	3	1	3
20日	3	5	4	0	6	5	6	0	1	0	5	1	4	1	0	2	0	3	3	3	3	4	2	4
21日	4	0	1	1	7	0	3	1	2	1	6	2	5	2	1	3	1	4	4	4	4	5	3	5
22日	5	1	2	2	0	1	4	2	3	2	7	3	6	3	2	4	2	5	5	5	5	0	4	0
23日	6	2	3	3	1	2	5	3	4	3	0	4	7	4	3	5	3	0	6	0	2	1	5	1
24日	7	3	4	4	2	3	6	4	5	4	1	5	0	5	4	0	0	1	7	1	3	2	6	2
25日	0	4	5	5	3	4	7	5	6	5	2	0	1	0	5	1	1	2	0	2	4	3	7	3
26日	1	5	6	0	4	5	0	0	7	0	3	1	6	1	6	2	2	3	1	3	5	4	0	4
27日	2	0	7	1	5	0	1	1	4	1	4	2	7	2	7	3	3	4	2	4	6	5	1	5
28日	7	1	0	2	2	1	2	2	5	2	5	3	0	3	0	4	4	5	3	5	7	0	2	0
29日	0	2	1	3	3	2	3	3	6	3	6	4	1	4	1	5	5	0	4	0	0	1	7	1
30日	1	3			4	3	4	4	7	4	7	5	2	5	2	0	6	1	1	1	1	2	0	2
31日	2	4			5	4			0	5			3	0	7	1			2	2			1	3

年月日早見表

2013年

	1月A	1月B	2月A	2月B	3月A	3月B	4月A	4月B	5月A	5月B	6月A	6月B	7月A	7月B	8月A	8月B	9月A	9月B	10月A	10月B	11月A	11月B	12月A	12月B
1日	2	4	2	5	4	3	4	4	7	4	7	5	2	5	2	0	6	1	1	1	1	2	4	2
2日	3	5	3	0	5	4	5	5	0	5	0	0	3	0	7	1	7	2	2	2	2	3	5	3
3日	4	0	0	1	6	5	6	0	1	0	5	1	4	1	0	2	0	3	3	3	3	4	6	4
4日	5	1	3	2	7	0	3	1	2	1	6	2	5	2	1	3	1	4	4	4	4	5	7	5
5日	7	2	4	3	1	1	5	2	4	2	0	3	6	3	2	4	2	5	5	5	5	0	0	0
6日	0	3	5	4	2	2	6	3	5	3	1	4	7	4	3	5	3	0	6	0	2	1	1	1
7日	1	4	6	5	3	3	7	4	6	4	2	5	1	5	5	0	1	1	7	1	4	2	7	2
8日	2	5	7	0	4	4	0	5	7	5	3	0	2	0	6	1	2	2	1	2	5	3	0	3
9日	3	0	0	1	5	5	1	0	0	0	4	1	7	1	7	2	3	3	2	3	6	4	1	4
10日	0	1	1	2	6	0	2	1	5	1	5	2	0	2	0	3	4	4	3	4	7	5	2	5
11日	1	2	2	3	3	1	3	2	6	2	6	3	1	3	1	4	5	5	4	5	0	0	3	0
12日	2	3	3	4	4	2	4	3	7	3	7	4	2	4	2	5	6	0	5	0	1	1	0	1
13日	3	4	4	5	5	3	5	4	0	4	0	5	3	5	3	0	7	1	2	1	2	2	1	2
14日	4	5	5	0	6	4	6	5	1	5	1	0	4	0	0	1	0	2	3	2	3	3	2	3
15日	5	0	2	1	7	5	7	0	2	0	6	1	5	1	1	2	1	3	4	3	4	4	3	4
16日	6	1	3	2	0	0	4	1	3	1	7	2	6	2	2	3	2	4	5	4	5	5	4	5
17日	7	2	4	3	1	1	5	2	4	2	0	3	7	3	3	4	3	5	6	5	6	0	5	0
18日	0	3	5	4	2	2	6	3	5	3	1	4	0	4	4	5	4	0	7	0	3	1	6	1
19日	1	4	6	5	3	3	7	4	6	4	2	5	1	5	5	0	1	1	0	1	4	2	7	2
20日	2	5	7	0	4	4	0	5	7	5	3	0	2	0	6	1	2	2	1	2	5	3	0	3
21日	3	0	0	1	5	5	1	0	0	0	4	1	7	1	7	2	3	3	2	3	6	4	1	4
22日	0	1	1	2	6	0	2	1	5	1	5	2	0	2	0	3	4	4	3	4	7	5	2	5
23日	1	2	2	3	3	1	3	2	6	2	6	3	1	3	1	4	5	5	4	5	0	0	3	0
24日	2	3	3	4	4	2	4	3	7	3	7	4	2	4	2	5	6	0	5	0	1	1	0	1
25日	3	4	4	5	5	3	5	4	0	4	0	5	3	5	3	0	7	1	2	1	2	2	1	2
26日	4	5	5	0	6	4	6	5	1	5	1	0	4	0	0	1	0	2	3	2	3	3	2	3
27日	5	0	2	1	7	5	7	0	2	0	6	1	5	1	1	2	1	3	4	3	4	4	3	4
28日	6	1	3	2	0	0	4	1	3	1	7	2	6	2	2	3	2	4	5	4	5	5	4	5
29日	7	2			1	1	5	2	4	2	0	3	7	3	3	4	3	5	6	5	6	0	5	0
30日	0	3			2	2	6	3	5	3	1	4	0	4	4	5	4	0	7	0	3	1	6	1
31日	1	4			3	3			6	4			1	5	5	0			0	1			7	2

年月日早見表

2014年

	1月A	1月B	2月A	2月B	3月A	3月B	4月A	4月B	5月A	5月B	6月A	6月B	7月A	7月B	8月A	8月B	9月A	9月B	10月A	10月B	11月A	11月B	12月A	12月B
1日	0	3	4	4	2	2	6	3	5	3	1	4	0	4	4	5	4	0	7	0	3	1	2	1
2日	1	4	5	5	3	3	7	4	6	4	2	5	1	5	5	0	1	1	0	1	4	2	3	2
3日	2	5	6	0	4	4	0	5	7	5	3	0	2	0	6	1	2	2	1	2	5	3	4	3
4日	3	0	1	1	5	5	1	0	0	0	4	1	7	1	7	2	3	3	2	3	6	4	5	4
5日	1	1	2	2	6	0	3	1	6	1	5	2	0	2	0	3	4	4	3	4	7	5	6	5
6日	2	2	3	3	4	1	4	2	7	2	7	3	1	3	1	4	5	5	4	5	0	0	7	0
7日	3	3	4	4	5	2	5	3	0	3	0	4	3	4	3	5	6	0	5	0	2	1	1	1
8日	4	4	5	5	6	3	6	4	1	4	1	5	4	5	4	0	0	1	3	1	3	2	2	2
9日	5	5	6	0	7	4	7	5	2	5	2	0	5	0	1	1	1	2	4	2	4	3	3	3
10日	6	0	3	1	0	5	0	0	3	0	7	1	6	1	2	2	2	3	5	3	5	4	4	4
11日	7	1	4	2	1	0	5	1	4	1	0	2	7	2	3	3	3	4	6	4	6	5	5	5
12日	0	2	5	3	2	1	6	2	5	2	1	3	0	3	4	4	4	5	7	5	7	0	6	0
13日	1	3	6	4	3	2	7	3	6	3	2	4	1	4	5	5	5	0	0	0	4	1	7	1
14日	2	4	7	5	4	3	0	4	7	4	3	5	2	5	6	0	2	1	1	1	5	2	0	2
15日	3	5	0	0	5	4	1	5	0	5	4	0	3	0	7	1	3	2	2	2	6	3	1	3
16日	4	0	1	1	6	5	2	0	1	0	5	1	0	1	0	2	4	3	3	3	7	4	2	4
17日	1	1	2	2	7	0	3	1	6	1	6	2	1	2	1	3	5	4	4	4	0	5	3	5
18日	2	2	3	3	4	1	4	2	7	2	7	3	2	3	2	4	6	5	5	5	1	0	4	0
19日	3	3	4	4	5	2	5	3	0	3	0	4	3	4	3	5	7	0	6	0	2	1	1	1
20日	4	4	5	5	6	3	6	4	1	4	1	5	4	5	4	0	0	1	3	1	3	2	2	2
21日	5	5	6	0	7	4	7	5	2	5	2	0	5	0	1	1	1	2	4	2	4	3	3	3
22日	6	0	3	1	0	5	0	0	3	0	7	1	6	1	2	2	2	3	5	3	5	4	4	4
23日	7	1	4	2	1	0	5	1	4	1	0	2	7	2	3	3	3	4	6	4	6	5	5	5
24日	0	2	5	3	2	1	6	2	5	2	1	3	0	3	4	4	4	5	7	5	7	0	6	0
25日	1	3	6	4	3	2	7	3	6	3	2	4	1	4	5	5	5	0	0	0	4	1	7	1
26日	2	4	7	5	4	3	0	4	7	4	3	5	2	5	6	0	2	1	1	1	5	2	0	2
27日	3	5	0	0	5	4	1	5	0	5	4	0	3	0	7	1	3	2	2	2	6	3	1	3
28日	4	0	1	1	6	5	2	0	1	0	5	1	0	1	0	2	4	3	3	3	7	4	2	4
29日	1	1			7	0	3	1	6	1	6	2	1	2	1	3	5	4	4	4	0	5	3	5
30日	2	2			4	1	4	2	7	2	7	3	2	3	2	4	6	5	5	5	1	0	4	0
31日	3	3			5	2			0	3			3	4	3	5			6	0			1	1

2015年

	1月A	1月B	2月A	2月B	3月A	3月B	4月A	4月B	5月A	5月B	6月A	6月B	7月A	7月B	8月A	8月B	9月A	9月B	10月A	10月B	11月A	11月B	12月A	12月B
1日	2	2	2	3	4	1	4	2	7	2	7	3	2	3	2	4	6	5	5	5	1	0	0	0
2日	3	3	3	4	5	2	5	3	0	3	0	4	3	4	3	5	7	0	6	0	2	1	5	1
3日	4	4	4	5	6	3	6	4	1	4	1	5	4	5	4	0	0	1	3	1	3	2	6	2
4日	5	5	7	0	7	4	7	5	2	5	2	0	5	0	1	1	1	2	4	2	4	3	7	3
5日	6	0	4	1	0	5	1	0	3	0	7	1	6	1	2	2	2	3	5	3	5	4	0	4
6日	0	1	5	2	2	0	6	1	5	1	1	2	7	2	3	3	3	4	6	4	6	5	1	5
7日	1	2	6	3	3	1	7	2	6	2	2	3	1	3	4	4	4	5	7	5	7	0	7	0
8日	2	3	7	4	4	2	0	3	7	3	3	4	2	4	6	5	6	0	1	0	5	1	0	1
9日	3	4	0	5	5	3	1	4	0	4	4	5	3	5	7	0	3	1	2	1	6	2	1	2
10日	4	5	1	0	6	4	2	5	1	5	5	0	4	0	0	1	4	2	3	2	7	3	2	3
11日	5	0	2	1	7	5	3	0	2	0	6	1	1	1	1	2	5	3	4	3	0	4	3	4
12日	2	1	3	2	0	0	4	1	7	1	7	2	2	2	2	3	6	4	5	4	1	5	4	5
13日	3	2	4	3	5	1	5	2	0	2	0	3	3	3	3	4	7	5	6	5	2	0	5	0
14日	4	3	5	4	6	2	6	3	1	3	1	4	4	4	4	5	0	0	7	0	3	1	2	1
15日	5	4	6	5	7	3	7	4	2	4	2	5	5	5	5	0	1	1	4	1	4	2	3	2
16日	6	5	7	0	0	4	0	5	3	5	3	0	6	0	2	1	2	2	5	2	5	3	4	3
17日	7	0	4	1	1	5	1	0	4	0	0	1	7	1	3	2	3	3	6	3	6	4	5	4
18日	0	1	5	2	2	0	6	1	5	1	1	2	0	2	4	3	4	4	7	4	7	5	6	5
19日	1	2	6	3	3	1	7	2	6	2	2	3	1	3	5	4	5	5	0	5	0	0	7	0
20日	2	3	7	4	4	2	0	3	7	3	3	4	2	4	6	5	6	0	1	0	5	1	0	1
21日	3	4	0	5	5	3	1	4	0	4	4	5	3	5	7	0	3	1	2	1	6	2	1	2
22日	4	5	1	0	6	4	2	5	1	5	5	0	4	0	0	1	4	2	3	2	7	3	2	3
23日	5	0	2	1	7	5	3	0	2	0	6	1	1	1	1	2	5	3	4	3	0	4	3	4
24日	2	1	3	2	0	0	4	1	7	1	7	2	2	2	2	3	6	4	5	4	1	5	4	5
25日	3	2	4	3	5	1	5	2	0	2	0	3	3	3	3	4	7	5	6	5	2	0	5	0
26日	4	3	5	4	6	2	6	3	1	3	1	4	4	4	4	5	0	0	7	0	3	1	2	1
27日	5	4	6	5	7	3	7	4	2	4	2	5	5	5	5	0	1	1	4	1	4	2	3	2
28日	6	5	7	0	0	4	0	5	3	5	3	0	6	0	2	1	2	2	5	2	5	3	4	3
29日	7	0			1	5	1	0	4	0	0	1	7	1	3	2	3	3	6	3	6	4	5	4
30日	0	1			2	0	6	1	5	1	1	2	0	2	4	3	4	4	7	4	7	5	6	5
31日	1	2			3	1			6	2			1	3	5	4			0	5			7	0

年月日早見表

2016 年

	1月		2月		3月		4月		5月		6月		7月		8月		9月		10月		11月		12月	
	A	B	A	B	A	B	A	B	A	B	A	B	A	B	A	B	A	B	A	B	A	B	A	B
1日	0	1	4	2	3	1	7	2	6	2	2	3	1	3	5	4	5	5	0	5	0	0	3	0
2日	1	2	5	3	4	2	0	3	7	3	3	4	2	4	6	5	6	0	1	0	5	1	4	1
3日	2	3	6	4	5	3	1	4	0	4	4	5	3	5	7	0	3	1	2	1	6	2	5	2
4日	3	4	1	5	6	4	3	5	1	5	5	0	4	0	0	1	4	2	3	2	7	3	6	3
5日	4	5	2	0	0	5	4	0	3	0	7	1	1	1	1	2	5	3	4	3	0	4	7	4
6日	6	0	3	1	1	0	5	1	0	1	0	2	2	2	2	3	6	4	5	4	1	5	0	5
7日	3	1	4	2	6	1	6	2	1	2	1	3	4	3	4	4	0	5	6	5	3	0	6	0
8日	4	2	5	3	7	2	7	3	2	3	2	4	5	4	5	5	1	0	0	0	4	1	3	1
9日	5	3	6	4	0	3	0	4	3	4	3	5	6	5	6	0	2	1	5	1	5	2	4	2
10日	6	4	7	5	1	4	1	5	4	5	4	0	7	0	3	1	3	2	6	2	6	3	5	3
11日	7	5	0	0	2	5	2	0	5	0	1	1	0	1	4	2	4	3	7	3	7	4	6	4
12日	0	0	5	1	3	0	7	1	6	1	2	2	1	2	5	3	5	4	0	4	0	5	7	5
13日	1	1	6	2	4	1	0	2	7	2	3	3	2	3	6	4	6	5	1	5	1	0	0	0
14日	2	2	7	3	5	2	1	3	0	3	4	4	3	4	7	5	7	0	2	0	6	1	1	1
15日	3	3	0	4	6	3	2	4	1	4	5	5	4	5	0	0	4	1	3	1	7	2	2	2
16日	4	4	1	5	7	4	3	5	2	5	6	0	5	0	1	1	5	2	4	2	0	3	3	3
17日	5	5	2	0	0	5	4	0	3	0	7	1	2	1	2	2	6	3	5	3	1	4	4	4
18日	6	0	3	1	1	0	5	1	0	1	0	2	3	2	3	3	7	4	6	4	2	5	5	5
19日	3	1	4	2	6	1	6	2	1	2	1	3	4	3	4	4	0	5	7	5	3	0	6	0
20日	4	2	5	3	7	2	7	3	2	3	2	4	5	4	5	5	1	0	0	0	4	1	3	1
21日	5	3	6	4	0	3	0	4	3	4	3	5	6	5	6	0	2	1	5	1	5	2	4	2
22日	6	4	7	5	1	4	1	5	4	5	4	0	7	0	3	1	3	2	6	2	6	3	5	3
23日	7	5	0	0	2	5	2	0	5	0	1	1	0	1	4	2	4	3	7	3	7	4	6	4
24日	0	0	5	1	3	0	7	1	6	1	2	2	1	2	5	3	5	4	0	4	0	5	7	5
25日	1	1	6	2	4	1	0	2	7	2	3	3	2	3	6	4	6	5	1	5	1	0	0	0
26日	2	2	7	3	5	2	1	3	0	3	4	4	3	4	7	5	7	0	2	0	6	1	1	1
27日	3	3	0	4	6	3	2	4	1	4	5	5	4	5	0	0	4	1	3	1	7	2	2	2
28日	4	4	1	5	7	4	3	5	2	5	6	0	5	0	1	1	5	2	4	2	0	3	3	3
29日	5	5	2	0	0	5	4	0	3	0	7	1	2	1	2	2	6	3	5	3	1	4	4	4
30日	6	0			1	0	5	1	0	1	0	2	3	2	3	3	7	4	6	4	2	5	5	5
31日	3	1			6	1			1	2			4	3	4	4			7	5			6	0

年月日早見表

2017 年

	1月		2月		3月		4月		5月		6月		7月		8月		9月		10月		11月		12月	
	A	B	A	B	A	B	A	B	A	B	A	B	A	B	A	B	A	B	A	B	A	B	A	B
1日	3	1	3	2	1	0	5	1	0	1	0	2	3	2	3	3	7	4	6	4	2	5	1	5
2日	4	2	4	3	6	1	6	2	1	2	1	3	4	3	4	4	0	5	7	5	3	0	2	0
3日	5	3	5	4	7	2	7	3	2	3	2	4	5	4	5	5	1	0	0	0	4	1	7	1
4日	6	4	0	5	0	3	1	4	3	4	3	5	6	5	6	0	2	1	5	1	5	2	0	2
5日	0	5	1	0	2	4	2	5	5	5	5	0	7	0	3	1	3	2	6	2	6	3	1	3
6日	1	0	6	1	3	5	3	0	6	0	2	1	0	1	4	2	4	3	7	3	7	4	2	4
7日	2	1	7	2	4	0	0	1	7	1	3	2	2	2	6	3	6	4	0	4	1	5	0	5
8日	3	2	0	3	5	1	1	2	0	2	4	3	3	3	7	4	7	5	2	5	2	0	1	0
9日	4	3	1	4	6	2	2	3	1	3	5	4	4	4	0	5	0	0	3	0	7	1	2	1
10日	5	4	2	5	7	3	3	4	2	4	6	5	5	5	1	0	5	1	4	1	0	2	3	2
11日	6	5	3	0	0	4	4	5	3	5	7	0	6	0	2	1	6	2	5	2	1	3	4	3
12日	7	0	4	1	1	5	5	0	4	0	0	1	3	1	3	2	7	3	6	3	2	4	5	4
13日	4	1	5	2	2	0	6	1	1	1	1	2	4	2	4	3	0	4	7	4	3	5	6	5
14日	5	2	6	3	7	1	7	2	2	2	2	3	5	3	5	4	1	5	0	5	4	0	7	0
15日	6	3	7	4	0	2	0	3	3	3	3	4	6	4	6	5	2	0	1	0	5	1	4	1
16日	7	4	0	5	1	3	1	4	4	4	4	5	7	5	7	0	3	1	6	1	6	2	5	2
17日	0	5	1	0	2	4	2	5	5	5	5	0	0	0	4	1	4	2	7	2	7	3	6	3
18日	1	0	6	1	3	5	3	0	6	0	2	1	1	1	5	2	5	3	0	3	0	4	7	4
19日	2	1	7	2	4	0	0	1	7	1	3	2	2	2	6	3	6	4	1	4	1	5	0	5
20日	3	2	0	3	5	1	1	2	0	2	4	3	3	3	7	4	7	5	2	5	2	0	1	0
21日	4	3	1	4	6	2	2	3	1	3	5	4	4	4	0	5	0	0	3	0	7	1	2	1
22日	5	4	2	5	7	3	3	4	2	4	6	5	5	5	1	0	5	1	4	1	0	2	3	2
23日	6	5	3	0	0	4	4	5	3	5	7	0	6	0	2	1	6	2	5	2	1	3	4	3
24日	7	0	4	1	1	5	5	0	4	0	0	1	3	1	3	2	7	3	6	3	2	4	5	4
25日	4	1	5	2	2	0	6	1	1	1	1	2	4	2	4	3	0	4	7	4	3	5	6	5
26日	5	2	6	3	7	1	7	2	2	2	2	3	5	3	5	4	1	5	0	5	4	0	7	0
27日	6	3	7	4	0	2	0	3	3	3	3	4	6	4	6	5	2	0	1	0	5	1	4	1
28日	7	4	0	5	1	3	1	4	4	4	4	5	7	5	7	0	3	1	6	1	6	2	5	2
29日	0	5			2	4	2	5	5	5	5	0	0	0	4	1	4	2	7	2	7	3	6	3
30日	1	0			3	5	3	0	6	0	2	1	1	1	5	2	5	3	0	3	0	4	7	4
31日	2	1			4	0			7	1			2	2	6	3			1	4			0	5

2018 年

	1月		2月		3月		4月		5月		6月		7月		8月		9月		10月		11月		12月	
	A	B	A	B	A	B	A	B	A	B	A	B	A	B	A	B	A	B	A	B	A	B	A	B
1日	1	0	5	1	3	5	3	0	6	0	2	1	1	1	5	2	5	3	0	3	0	4	3	4
2日	2	1	6	2	4	0	0	1	7	1	3	2	2	2	6	3	6	4	1	4	1	5	4	5
3日	3	2	7	3	5	1	1	2	0	2	4	3	3	3	7	4	7	5	2	5	2	0	5	0
4日	4	3	2	4	6	2	2	3	1	3	5	4	4	4	0	5	0	0	3	0	7	1	6	1
5日	6	4	3	5	7	3	4	4	3	4	6	5	5	5	1	0	5	1	4	1	0	2	7	2
6日	7	5	4	0	1	4	5	5	4	5	0	0	6	0	2	1	6	2	5	2	1	3	0	3
7日	0	0	5	1	2	5	6	0	5	0	1	1	4	1	4	2	7	3	6	3	3	4	6	4
8日	5	1	6	2	3	0	7	1	2	1	2	2	5	2	5	3	1	4	0	4	4	5	7	5
9日	6	2	7	3	0	1	0	2	3	2	3	3	6	3	6	4	2	5	1	5	5	0	0	0
10日	7	3	0	4	1	2	1	3	4	3	4	4	7	4	7	5	3	0	2	0	6	1	5	1
11日	0	4	1	5	2	3	2	4	5	4	5	5	0	5	0	0	4	1	7	1	7	2	6	2
12日	1	5	2	0	3	4	3	5	6	5	6	0	1	0	5	1	5	2	0	2	0	3	7	3
13日	2	0	7	1	4	5	4	0	7	0	3	1	2	1	6	2	6	3	1	3	1	4	0	4
14日	3	1	0	2	5	0	1	1	0	1	4	2	3	2	7	3	7	4	2	4	2	5	1	5
15日	4	2	1	3	6	1	2	2	1	2	5	3	4	3	0	4	0	5	3	5	3	0	2	0
16日	5	3	2	4	7	2	3	3	2	3	6	4	5	4	1	5	1	0	4	0	0	1	3	1
17日	6	4	3	5	0	3	4	4	3	4	7	5	6	5	2	0	6	1	5	1	1	2	4	2
18日	7	5	4	0	1	4	5	5	4	5	0	0	7	0	3	1	7	2	6	2	2	3	5	3
19日	0	0	5	1	2	5	6	0	5	0	1	1	4	1	4	2	0	3	7	3	3	4	6	4
20日	5	1	6	2	3	0	7	1	2	1	2	2	5	2	5	3	1	4	0	4	4	5	7	5
21日	6	2	7	3	0	1	0	2	3	2	3	3	6	3	6	4	2	5	1	5	5	0	0	0
22日	7	3	0	4	1	2	1	3	4	3	4	4	7	4	7	5	3	0	2	0	6	1	5	1
23日	0	4	1	5	2	3	2	4	5	4	5	5	0	5	0	0	4	1	7	1	7	2	6	2
24日	1	5	2	0	3	4	3	5	6	5	6	0	1	0	5	1	5	2	0	2	0	3	7	3
25日	2	0	7	1	4	5	4	0	7	0	3	1	2	1	6	2	6	3	1	3	1	4	0	4
26日	3	1	0	2	5	0	1	1	0	1	4	2	3	2	7	3	7	4	2	4	2	5	1	5
27日	4	2	1	3	6	1	2	2	1	2	5	3	4	3	0	4	0	5	3	5	3	0	2	0
28日	5	3	2	4	7	2	3	3	2	3	6	4	5	4	1	5	1	0	4	0	0	1	3	1
29日	6	4			0	3	4	4	3	4	7	5	6	5	2	0	6	1	5	1	1	2	4	2
30日	7	5			1	4	5	5	4	5	0	0	7	0	3	1	7	2	6	2	2	3	5	3
31日	0	0			2	5			5	0			4	1	4	2			7	3			6	4

2019 年

	1月		2月		3月		4月		5月		6月		7月		8月		9月		10月		11月		12月	
	A	B	A	B	A	B	A	B	A	B	A	B	A	B	A	B	A	B	A	B	A	B	A	B
1日	7	5	3	0	1	4	5	5	4	5	0	0	7	0	3	1	7	2	6	2	2	3	1	3
2日	0	0	4	1	2	5	6	0	5	0	1	1	4	1	4	2	0	3	7	3	3	4	2	4
3日	5	1	5	2	3	0	7	1	2	1	2	2	5	2	5	3	1	4	0	4	4	5	3	5
4日	6	2	0	3	0	1	0	2	3	2	3	3	6	3	6	4	2	5	1	5	5	0	4	0
5日	7	3	1	4	1	2	2	3	4	3	4	4	7	4	7	5	3	0	2	0	6	1	1	1
6日	1	4	2	5	3	3	3	4	6	4	6	5	0	5	0	0	4	1	7	1	7	2	2	2
7日	2	5	3	0	4	4	4	5	7	5	7	0	2	0	5	1	5	2	0	2	0	3	0	3
8日	3	0	0	1	5	5	5	0	0	0	4	1	3	1	7	2	7	3	2	3	2	4	1	4
9日	4	1	1	2	6	0	2	1	1	1	5	2	4	2	0	3	0	4	3	4	3	5	2	5
10日	5	2	2	3	7	1	3	2	2	2	6	3	5	3	1	4	1	5	4	5	4	0	3	0
11日	6	3	3	4	0	2	4	3	3	3	7	4	6	4	2	5	2	0	5	0	1	1	4	1
12日	7	4	4	5	1	3	5	4	4	4	0	5	7	5	3	0	7	1	6	1	2	2	5	2
13日	0	5	5	0	2	4	6	5	5	5	1	0	0	0	4	1	0	2	7	2	3	3	6	3
14日	1	0	6	1	3	5	7	0	6	0	2	1	5	1	5	2	1	3	0	3	4	4	7	4
15日	6	1	7	2	4	0	0	1	3	1	3	2	6	2	6	3	2	4	1	4	5	5	0	5
16日	7	2	0	3	1	1	1	2	4	2	4	3	7	3	7	4	3	5	2	5	6	0	1	0
17日	0	3	1	4	2	2	2	3	5	3	5	4	0	4	0	5	4	0	3	0	7	1	6	1
18日	1	4	2	5	3	3	3	4	6	4	6	5	1	5	1	0	5	1	0	1	0	2	7	2
19日	2	5	3	0	4	4	4	5	7	5	7	0	2	0	6	1	6	2	1	2	1	3	0	3
20日	3	0	0	1	5	5	5	0	0	0	4	1	3	1	7	2	7	3	2	3	2	4	1	4
21日	4	1	1	2	6	0	2	1	1	1	5	2	4	2	0	3	0	4	3	4	3	5	2	5
22日	5	2	2	3	7	1	3	2	2	2	6	3	5	3	1	4	1	5	4	5	4	0	3	0
23日	6	3	3	4	0	2	4	3	3	3	7	4	6	4	2	5	2	0	5	0	1	1	4	1
24日	7	4	4	5	1	3	5	4	4	4	0	5	7	5	3	0	7	1	6	1	2	2	5	2
25日	0	5	5	0	2	4	6	5	5	5	1	0	0	0	4	1	0	2	7	2	3	3	6	3
26日	1	0	6	1	3	5	7	0	6	0	2	1	5	1	5	2	1	3	0	3	4	4	7	4
27日	6	1	7	2	4	0	0	1	3	1	3	2	6	2	6	3	2	4	1	4	5	5	0	5
28日	7	2	0	3	1	1	1	2	4	2	4	3	7	3	7	4	3	5	2	5	6	0	1	0
29日	0	3			2	2	2	3	5	3	5	4	0	4	0	5	4	0	3	0	7	1	6	1
30日	1	4			3	3	3	4	6	4	6	5	1	5	1	0	5	1	0	1	0	2	7	2
31日	2	5			4	4			7	5			2	0	6	1			1	2			0	3

2時間ごとのあなたの運勢が
ズバリわかる！
守護神占い

2015年12月1日　初版第1刷発行

著　者　　　辻　光花
発行者　　　小堀　誠
編集者　　　中島幸子（名古屋リビング新聞社）
　　　　　　和田佳恵（名古屋リビング新聞社）

発行所　　　株式会社 MID-FM
　　　　　　〒460-0007 名古屋市中区新栄 1-6-15
　　　　　　☎ 052（238）9555

発売元　　　株式会社流行発信
　　　　　　〒460-8461 名古屋市中区新栄 1-6-15
　　　　　　☎ 052（269）9111

装丁・デザイン　髙木直子（日本プリコム）
イラスト　　響　冬花

印刷所　　　株式会社シナノパブリッシングプレス

定価はカバーに表示してあります。
乱丁・落丁本はお取替えいたします。

ISBN 978-4-89040-265-6